Police Visual Series

3訂版

ヴィジュアル法学

事例で学ぶ

刑事訴訟法

刑事法令研究会＝編
追浜コーヘイ＝作画

東京法令出版

はしがき

このたび、先に刊行したヴィジュアル法学シリーズの「警察官職務執行法」「刑法」「軽犯罪法」に続き、「刑事訴訟法」が刊行されることとなりました。

犯罪の捜査は、その基本的手続法である刑事訴訟法に則って行われるものですから、刑事訴訟法を正しく理解することが、犯罪捜査を行う場合の大前提です。いかに事件を検挙しても、逮捕や捜索・差押えなどの刑事手続が適正に行われないとしたら、それは被疑者の人権を侵害するという結果になるばかりか、公判廷において問題とされることにもなります。

基本的人権を全うしつつ事案の真相を明らかにするというのが犯罪捜査の基本理念ですが、捜査現場のさまざまな局面で、個人の自由と捜査上の要請とがぶつかり合い、判断に迷うことがあります。このような場合に、その手続の根拠規定についての解釈、なかでも捜査員が行うことのできる処分の程度や範囲、判例上示されている考え方などをよく理解していれば、おのずから何をどうなすべきかという結論が導き出されることになります。

本書は、各テーマごとに漫画によりその手続上の問題点を提起し、その後、「キーポイント」を示して解説しています。解説は、当該手続の基本となる考え方、捜査実務上問題となりそうな場合についての対応方策、手続を進める上で留意すべき事項などについて、その指針となるべき判例を豊富に引用し、実務的にかつ理解しやすいように努めました。

実際に、逮捕や捜索・差押えなどの捜査手続を行う警察官が、最低限理解していなければならない刑事訴訟法に関する知識は、本書により十分に修得できるものと確信しています。また、昇任試験に出題される頻度の高い問題点についてもできるだけ取り上げていますから、本書を学ぶことにより、自然に昇任試験対策も行っているということにもなります。

平成一〇年六月

刑事法令研究会

目次

第二章　緊急逮捕

第三章　現行犯逮捕

第四章　準現行犯人

第五章　令状による捜索・差押え・検証

凡　例

本書において使用した法令名の略称と正式名称は、次のとおりである。

＊憲　　憲　法
＊民　　民　法
＊刑　　刑　法
＊刑訴　刑事訴訟法
＊警職　警察官職務執行法
＊暴力行為等処罰法　暴力行為等処罰ニ関スル法律
＊刑訴規　刑事訴訟規則
＊犯捜規　犯罪捜査規範

第1章

通常逮捕

通常逮捕の要件

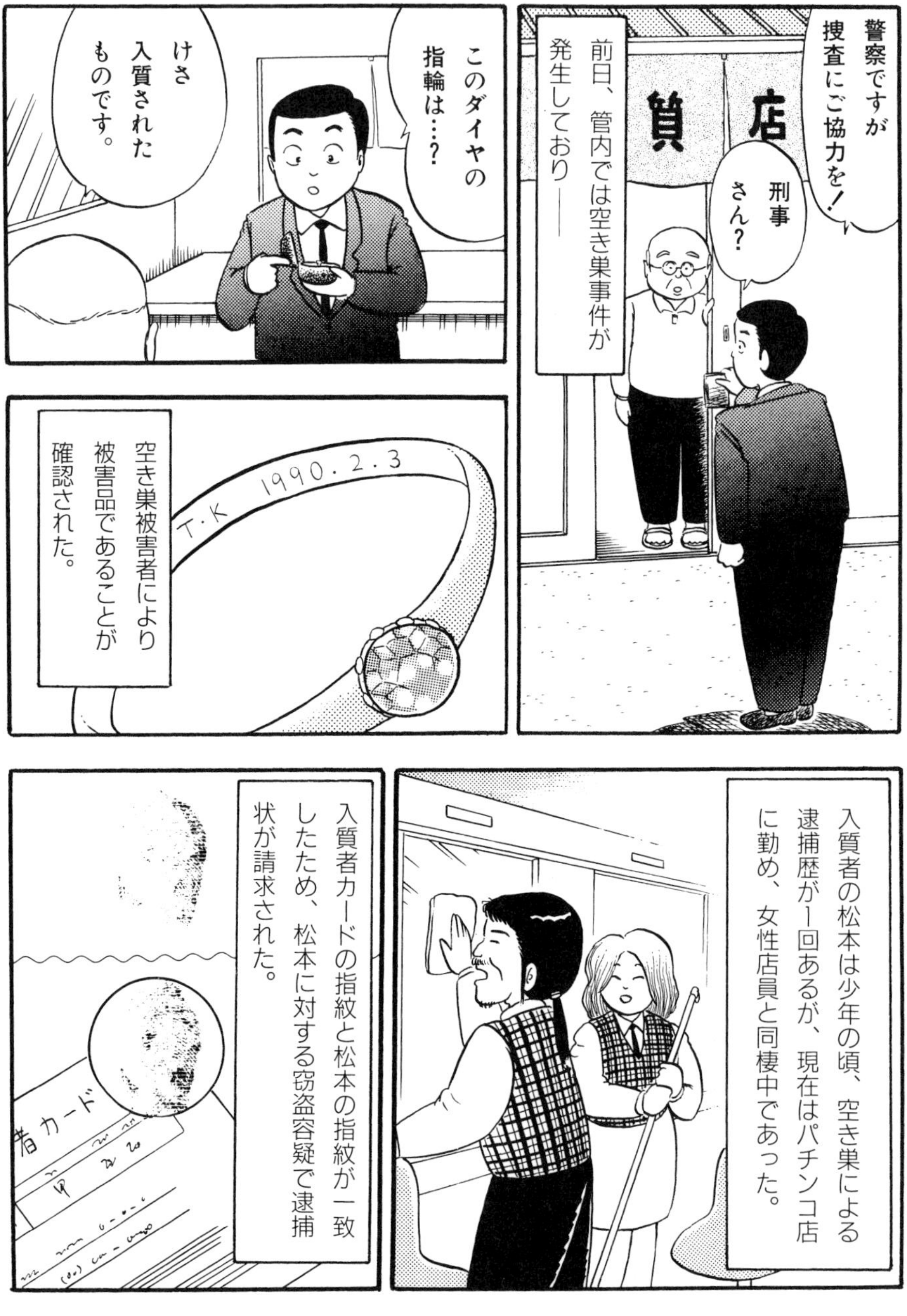
警察ですが捜査にご協力を！

刑事さん？

前日、管内では空き巣事件が発生しており――

このダイヤの指輪は…？

けさ入質されたものです。

T・K 1990.2.3
空き巣被害者により被害品であることが確認された。

入質者の松本は少年の頃、空き巣による逮捕歴が1回あるが、現在はパチンコ店に勤め、女性店員と同棲中であった。

入質者カードの指紋と松本の指紋が一致したため、松本に対する窃盗容疑で逮捕状が請求された。

質
店

キーポイント
① 通常逮捕の意義
② 逮捕の理由
③ 逮捕の必要性

通常逮捕の意義

司法警察職員は、被疑者が罪を犯したことを疑うに足りる相当な理由があるときは、裁判官のあらかじめ発する逮捕状により、これを逮捕することができる（刑訴一九九Ⅰ）。憲法第三三条は逮捕における令状主義を示し、「令状による逮捕」を原則としているが、それがこの通常逮捕である。したがって、被疑者を通常逮捕するためには、あらかじめ裁判官に逮捕状の請求をし、その発付を受ける必要がある。

通常逮捕状の請求をすることができるのは、検察官又は指定司法警察員（警部以上）に限られている（刑訴一九九Ⅱ）。これらの請求権者が、逮捕状請求書によって、請求者の所属する官公署の所在地を管轄する地方裁判所又は簡易裁判所等の裁判官に対して請求する。

通常逮捕の要件としては、「逮捕の理由」と「逮捕の必要性」とがあり、この両方の要件が充足されていないと通常逮捕することが許されない。

逮捕の理由

逮捕の理由というのは、「被疑者が罪を犯したことを疑うに足りる相当な理由」のことであり、その内容としては、「被疑者が罪を犯したこと」と「相当な理由」との二面がある。

○　**被疑者が罪を犯したこと**

その者が逮捕しなければならない被疑者であるといえるためには、当然、その者に罪を犯したという疑いがなければならない。そして、その罪は「何らかの罪」を犯したという疑いでは足りない。

例えば、人を殺したとか、他人の物を盗んだというように、特定の犯罪を犯したという疑いでなければならない。したがって、逮捕状を請求する場合には、

・　特定の法令に触れる行為であること
・　被疑者・被害者や犯行の日時・場所・方法等が

特定されていること
を明らかにしておく必要がある。

○　**相当な理由**

相当な理由というのは、犯罪の合理的な疑いを意味し、捜査官の単なる主観的な容疑では不十分で、疎明資料に基づく相当高度な客観的・合理的な嫌疑がなければならない。

しかし、逮捕段階での嫌疑であるからその程度は、検察官が公訴を提起するに足るほどの嫌疑や、緊急逮捕の要件である「充分な理由」ほど厳格なものである必要はない。

内容的には、特定の犯罪が成立することと、被疑事実と被疑者との間に関連があることの二面について疎明する必要がある。

・　特定の犯罪の成立

特定の犯罪が行われたということの疎明は、具体的には、犯罪の日時・場所及び方法、被疑者・被害者、被害の状況等を捜査して、特定の犯罪が行われたことを客観的に明らかにしなければならない。疎明の方法は、例えば、捜査報告書・供述調書・被害届・実況見分調書・診断書等を逮捕状請求書に添付して行う。

・　被疑事実と被疑者との関連性

被疑者がその被疑事実を犯した者であるという関連性を捜査し、被疑者を特定する必要がある。指紋等の明確な特定資料があればよいが、目撃者や共犯者の供述を鵜呑みにしたり、身分証明書の名義人というだけで被疑者と即断したりしてはならない。特に、写真面割による被疑者の特定の場合は、それのみに頼ることなく、他の特定のための資料を収集するなど、被疑者以外の者が犯人である可能性を否定する資料についても慎重に収集する必要がある。

逮捕の必要性

逮捕の必要性の内容については、法律上の直接の規定はないが、「罪証隠滅」又は「逃亡」のおそれがある場合とされている（なお、軽微な犯罪についての逮捕は、これらの要件に加えて、住居不定又は正当な理由なき出頭拒否という事由（刑訴一九九Ⅰただし書）の存在が要求される。）。したがって、被疑者を逮捕する場合にその必要性があるかどうかを判断するには、その者の年齢・境遇や犯罪の軽重・態様など諸般の事情に照らして、罪証隠滅や逃亡のおそれの有無を検討しなければならない。そして、逮捕の必要性があると判断した場合には、裁判官に逮捕状を請求する際に、この点を資料によって明らかにしておく必要がある。

○ **必要性の判断要素**

逮捕の必要性の有無は、さまざまな要素を総合的に検討して判断することになるが、その検討事項としては、次のようなものがある。

・ 年　齢

被疑者が高齢者や、親等の監護下にある年少者などの場合には、事案が特に悪質・重大であるなど特別の事情がない限り、身柄を拘束すること自体が問題であるとされ、逮捕の必要性は薄いとされている。

・ 境　遇

被疑者の経歴や身分・職業、家庭の状況等も逮捕の必要性判断の重要な要素となる。例えば、被疑者が学生であったり、きちんとした企業の家族持ちのサラリーマンであったりすれば、一般的に逮捕の必要性は薄いといえるし、被疑者に前科・前歴があったり、暴力団員であったりすれば、逮捕の必要性が強いといえる。

・ 犯罪の軽重

一般的に、逮捕されれば重い刑を科せられる重大事件の被疑者ほど、軽微な犯罪の被疑者に比べて罪証隠滅や逃亡のおそれが強い。その意味で、重大事件であればあるほど、その被疑者についての逮捕の必要性が濃いといえる。

・ 犯罪の態様

犯罪の規模が大きいこと、共犯者が多数いること、犯行の方法が複雑・巧妙であること、余罪が多数あること、常習者による犯罪であることなど、犯罪の態様によって逮捕の必要性が判断されることが多い。

・ その他の事情

被疑者が病気で入院中であるとか、乳飲み子を抱えて他に保護者がいないなど被疑者の身辺の事情や、被害者との間に示談が成立しているとか、自首してきたなどという事情は、逮捕の必要性が薄いということを判断する要素となる。

○ **罪証隠滅のおそれ**

罪証隠滅のおそれというのは、文字どおり被疑者が当該事件に関する罪証を隠滅するような行為をするおそれのあることである。

ここで隠滅されるおそれのある罪証というのは、当然、当該事件の犯罪に関するものであり、罪証隠滅の対象となるものは、その罪責に影響するような証拠でなければならない。例えば、犯行状況そのものについての証拠、被疑者と犯行との結び付きについての証拠、共犯との主従関係についての証拠、犯行の動機などである。

罪証隠滅のおそれがあるといえるためには、抽象的に罪責を免れるための何らかの工作をするかもしれないというおそれがあるだけでは足りず、ある程度具体的に罪証を隠滅するような行為が予想される状況が存在しなければならない。例えば、物的証拠の毀棄・隠匿、共犯者との通謀、目撃者・参考人に対し威迫等をするおそれがその典型である。

○　**逃亡のおそれ**

逃亡のおそれは、被疑者が自らその所在をくらますおそれであり、単なる不出頭とは異なる。

被疑者が所在不明になるおそれとしては、事件そのものとは直接関係のない事情（例えば、住居が持ち家かアパートか、家族構成、職業、財産の有無等）と当該事件が直接の原因となって所在不明となるもの（例えば、事案の性質・軽重、背後関係、余罪、暴力団への所属等）とがある。

被疑者が、住居不定であったり、現に逃走中である場合には、当然に逃亡のおそれがあると認められる。

事例の検討

本事例の「逮捕の理由」で問題となるのは、被疑事実と被疑者・松本との結び付きである。空き巣被害品である指輪を入質したのは、運転免許証と指紋とで松本であることが証明されているが、それは被疑事実そのものとの関連ではない。しかし、入質されたのが被害の翌朝であり、同人には被疑事実と同一手口の「空き巣」の前歴があることから、その関連性が十分に推定できる。

「逮捕の必要性」としては、松本には前歴があり、パチンコ店に勤めているとはいえ気軽に転職可能な職種であることなどから、捜査が身辺に及んだことを察知すればそのまま逃走するおそれがあると判断される。

したがって、本件の逮捕状の請求は、妥当な手続であると認められる。

2　再逮捕

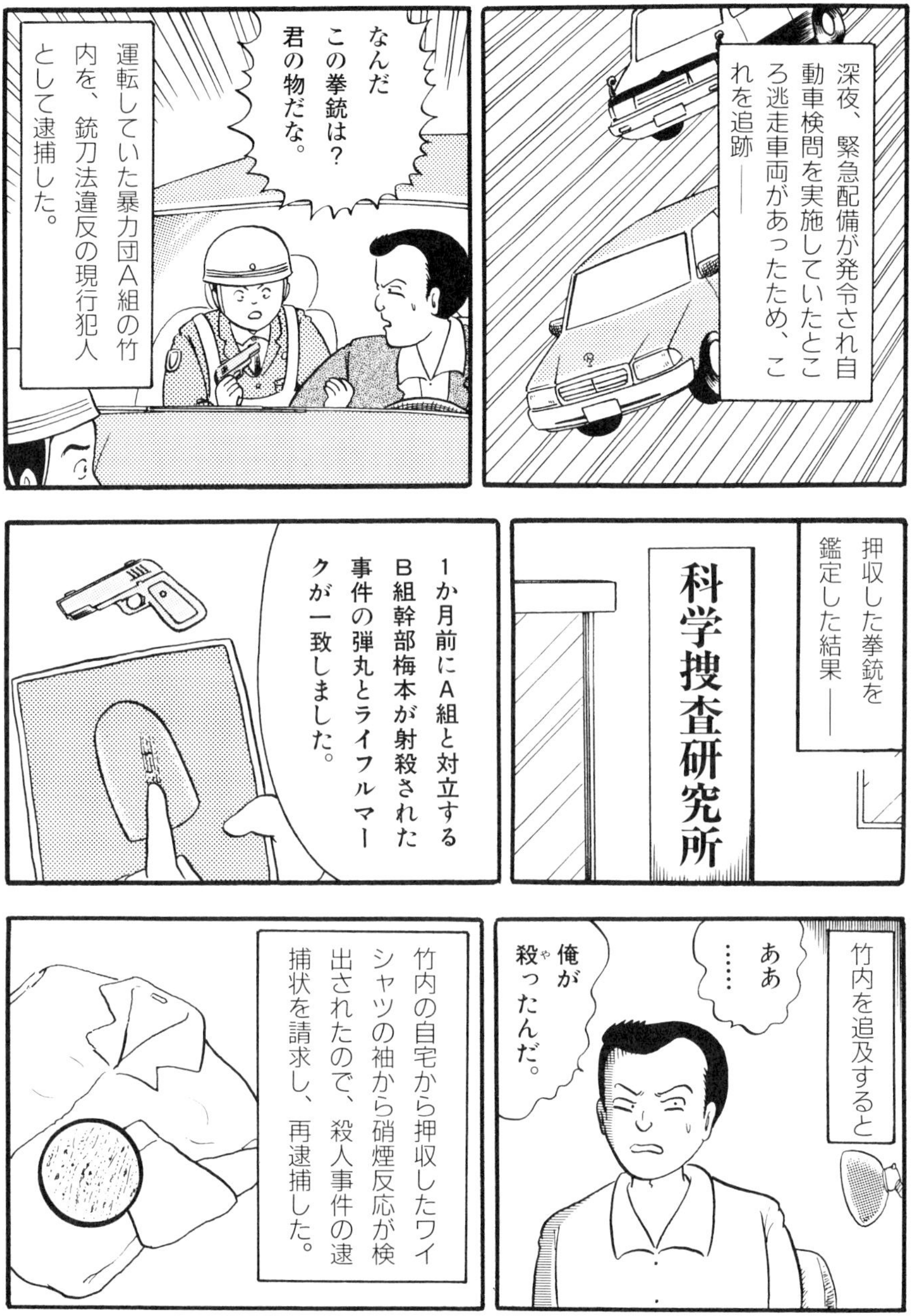
深夜、緊急配備が発令され自動車検問を実施していたところ逃走車両があったため、これを追跡――

なんだ この拳銃は？ 君の物だな。

運転していた暴力団A組の竹内を、銃刀法違反の現行犯人として逮捕した。

押収した拳銃を鑑定した結果――

科学捜査研究所
1か月前にA組と対立するB組幹部梅本が射殺された事件の弾丸とライフルマークが一致しました。

竹内を追及すると
ああ……

俺が殺《や》ったんだ。

竹内の自宅から押収したワイシャツの袖から硝煙反応が検出されたので、殺人事件の逮捕状を請求し、再逮捕した。

キーポイント
① 再逮捕の意義
② 同一被疑事実による再逮捕
③ 余罪による再逮捕

再逮捕の意義

被疑者の身体の拘束については、いわゆる「一罪一逮捕・一勾留の原則」がある。これは、捜査の対象となっている被疑事実について一回だけ逮捕・勾留が許されるという原則である。被疑者の身体を拘束することのできる期間については、刑事訴訟法第二〇三条以下に厳格に規定されているが、もし同一事件で何回も逮捕を繰り返したり、これを細切れにして何回も逮捕状を請求するということになると、被疑者の人権保障を目指したこの規定の趣旨に反することになる。

逮捕とは、実力によって人の身体を拘束することであるから、いったん逮捕して身体の拘束を完了すれば、通常は、その後再び被疑者を逮捕する必要はない。しかし、逮捕した被疑者がそのまま順調に捜査手続に乗って起訴されるなど、単純に事件処理されるのであれば何ら問題はないが、手続の途中で釈放されたり、余罪が多数あったりした場合には問題となる。

一罪一逮捕の原則があるといっても、嫌疑不十分で釈放した後に有力な証拠が出てきたような場合に、逮捕の理由や必要性があるのに、一度逮捕したことがあるからというだけで、その被疑者を逮捕できないというのでは不合理である。

刑事訴訟法は、この点について直接規定はしていないが、同一被疑者について前に逮捕状の発付があったのと同一の被疑事実で再逮捕する必要性のあることを認める趣旨の規定をしている（刑訴一九九III）。この規定は、逮捕状の請求時並びにこれに引き続く勾留請求時に、裁判官がチェックするという制度的保障のもとに、「公共の福祉と人権の保障との統一調和をはかる」という趣旨で再逮捕を認めるものであると解されている（東京地決昭33・2・22）。したがって、「再び逮捕しなければならないという合理的な特別の事情」がある場合には、被疑者を再逮捕することが許される。

同一被疑事実による再逮捕

合理的な理由があれば、いったん逮捕し釈放した被疑者について、同一の被疑事実によって再び逮捕することが許されているが、その合理的理由の認められるものとしては、次のような態様のものがある。いずれも、不当な逮捕の繰り返しとならない限度で再逮捕が認められているものである。

○　A被疑事実で逮捕し取り調べたところ、嫌疑不十分であったのでいったん釈放したが、後日、新たに有力な証拠が出てきた場合には、再びA事実で逮捕状の再発付を受け再逮捕することが許される。しかし、新たな証拠が出たわけでもないのに、前と同じ資料で逮捕状の請求をすることは、不当な逮捕の繰り返しとなり許されない。

○　A被疑事実で逮捕したが、被疑者に罪証隠滅や逃亡のおそれがないものと判断していったん釈放したところ、情勢が変わり、被疑者が罪証隠滅行為や逃亡をしたりそのおそれが出てきた場合には、不当な逮捕の繰り返しと認められない限り、同一被疑事実で再逮捕することが許される。

○　法律上は一罪として評価される犯罪であるが、社会的には異なった事実と評価されるときには、逮捕の理由・必要性があれば、それぞれの事実により再逮捕することが許される。

例えば、常習傷害罪（暴力行為等処罰法一ノ三Ⅰ）や常習賭博罪（刑一八六）は、いわゆる〝常習犯〟として、法律上はいくつかの傷害行為や賭博行為がまとめて一罪として評価されることになるが、常習傷害罪で逮捕・起訴され、保釈中に、当該常習傷害と一罪とされる別の傷害事件を起こしたときは、これについて逮捕することが許されるとされている（福岡高決昭42・3・24）。

○　逮捕手続の違法を理由に勾留請求が却下され、被疑者が釈放されたような場合でも、逮捕の理由と必要性が認められる限り同一被疑事実で再逮捕することが許される場合がある。

例えば、勾留却下の理由が「犯罪の嫌疑がない」とか「勾留の必要性がない」という場合以外の「緊急逮捕すべきところを現行犯逮捕した」とか「緊急速捕状の請求が遅延した」というような逮捕手続の違法を理由とする場合である。このような場合には、逮捕手続のスタートに戻るという意味の再逮捕となる。

○ 逮捕した被疑者に逃亡された場合は、いったん逮捕行為がなされた以上、当該逮捕状の効力は失効してしまうので、その逮捕状の効力としてそのまま再逮捕することは許されない。しかし、同一被疑事実で緊急逮捕又は通常逮捕するなど、再逮捕することは許される。また、逃走の罪（刑九七・九八）で逮捕状を請求し、逃亡した被疑者を逮捕することができるのは当然である。

なお、A被疑事実で逮捕し、取り調べたところ、それが実はB被疑事実であることが判明した場合には、直ちに釈放するとともにB被疑事実の逮捕状の発付を受けて再逮捕する必要があるが、AB両被疑事実に同一性が認められる場合には、このような手続をとる必要はないとされている。

例えば、金銭を騙取したとして詐欺罪で逮捕して取り調べたところ、騙した事実はなく横領罪であることが判明した場合について判例は、「特定した金員の騙取というも、その横領というも、結局不正領得をいうのであってその異なるところは、行為の様態にすぎず、その基本たる事実に何ら変わりがない」（仙台高判昭27・10・31）として、新たに再逮捕し直す必要はないとしている。

別罪による再逮捕

A被疑事実によって被疑者を逮捕し、取り調べたところ、さらにB被疑事実の余罪が発覚した場合は、原則としてA被疑事実の逮捕を利用して勾留請求等を行い取り調べるべきであるとされている。

余罪の被疑事実一つひとつについて四八時間ごとに逮捕を繰り返すようなことは、不当な再逮捕であり許されないからである。刑事訴訟規則第一四二条一項八号が「現に捜査中である他の犯罪事実についてその被疑者に対し前に逮捕状の請求又はその発付があったとき」は、その旨を逮捕状請求書に記載することを要求しているのは、このような余罪による逮捕の反復を防止する趣旨のものである。

しかし、それは余罪について再逮捕することが全て許されないとするものではない。余罪について、逮捕の理由・逮捕の必要性があれば、その被疑事実について逮捕状を請求し再逮捕することができるのは当然である。

この場合、発覚したB被疑事実以下の余罪が、A被疑事実と同種同程度のものであれば問題はないが、それが重要・特異な犯罪である場合には、新たな逮捕手続に乗せ直す必要がある。例えば、空き巣事件の被疑事実で逮捕した被疑者を取り調べていたところ、同一手口の別の空き巣事件の余罪が発覚し、同時処理ができるような場合はさらに、再逮捕し直す必要はないが、被疑者が殺人事件を犯していたことが発覚したような場合は、新たに殺人の被疑事実で逮捕状請求をし、再逮捕をする必要がある。

もし、そのまま殺人事件の取調べを続けた場合には、逮捕事実である空き巣事件よりも余罪事件の方が、取調べはもちろん、捜索や他の捜査手続に対する比重が重くなるだけでなく、いわゆる〝別件逮捕〟の疑いをもたれて、取調べ自体が違法であると非難されるおそれが生ずるからである。

事例の検討

本事例は、別罪による再逮捕の事例である。

最初に竹内を逮捕した被疑事実は、拳銃を所持していたという銃砲刀剣類所持等取締法違反の被疑事実である。

竹内は一か月前に、この拳銃を使用して殺人罪という被疑事実を犯したのであるが、同人が犯行当時から引き続き拳銃を所持していたのであれば、拳銃を所持してこれを使用し、殺人を犯すという両事実は社会的事実としては一つの事実にみえる。しかし、法的にみると、それぞれの事実は、別々の異なった罪を構成する別個の事実である。そして、拳銃は所持すること自体が目的ではなく、殺人を犯すための手段として所持していたものであり、しかも、その刑は殺人罪の方が重罪である。

したがって、竹内を殺人罪で再逮捕せずにそのまま銃砲刀剣類所持等取締法違反の余罪として殺人罪の被疑事実を取り調べるのではなく、殺人罪の被疑事実で再逮捕する必要がある。

3　別件逮捕

深夜、新築家屋を狙う放火事件が連続して発生――

連続放火事件捜査本部
消火作業を見物する野次馬の写真を検討したところほとんどの現場に…

この男が写っています。

男の身元が割れました。

A町に住む大山という男で30歳。3年前に放火の前歴があります。

大山を尾行したが、犯行現場を押さえることができず、放火事件もストップした。しかし――

そうそう、この男！夜中に勝手にうちの庭に入って来て…

私が注意したら逃げて行きました。

大山を住居侵入の疑いで逮捕し、他の放火事件について取り調べることにした。

キーポイント
①　別件逮捕の意義
②　別件逮捕の問題点
③　別件逮捕の留意事項

別件逮捕の意義

「別件逮捕」というのは、一般的に「未だ逮捕状を請求するだけの証拠のそろっていないA罪について被疑者を拘束して取り調べる目的で、証拠のそろっているB罪について逮捕状を請求し逮捕すること」をいうとされている。これは、法律上規定された正規の用語ではなく、捜査実務の運用上生まれてきた概念である。

この捜査手法は、裁判官から発付された逮捕状によって合法的に被疑者を逮捕するのであるから、外形的には何ら問題はないように見える。それではなぜ問題にされるのかというと、それは「A罪について取り調べる目的」で「B罪で逮捕する」からである。つまり、逮捕・勾留の理由となっているのがB罪の事実なのに、その理由となっていないA罪の事実を取り調べることが許されるのかどうかが問題となるのである。

この点について判例は、強盗殺人事件の十分な証拠収集ができなかったので、別件の私文書偽造・詐欺等の罪で起訴勾留した上、強盗殺人事件を取り調べたいわゆる帝銀事件についての判決において、弁護人が、「被疑者を或犯罪について令状によって逮捕勾留した後、更に他の犯罪の嫌疑のため、捜査する必要があると思料するときは、改めてその他の犯罪（理由となっている犯罪）を〈犯罪事実の要旨〉として記載している令状によって逮捕、勾留しその犯罪を捜査すべきであって、先の犯罪についての逮捕、勾留を利用し……被疑者を取調べることは、……右憲法の精神に違反した捜査であり……」と主張したのに対し、「本件においては、検事がはじめから帝銀事件の取調に利用する目的または意図をもってことさらに日本堂事件を起訴し……事実は認められず……。されば、本件において、検事がまず日本堂事件につき起訴勾留の手続をとった後、帝銀事件につきさらに被告人の取調をしたからといって、これを違法違憲と解すべき理由はなく……」

（最判昭30・4・6）とし、逮捕・勾留自体が適法であれば、その間に別件について取調べをすることの合法性を認めている。

もし、別件逮捕が違法であると判断された場合には、違法な逮捕・勾留中の取調べによって得られたA事実についての自白は、いわゆる違法収集自白とされ、個々の取調状況いかんに関係なく証拠能力が否定される場合があるとするのが裁判実務の傾向である。

別件逮捕の問題点

別件逮捕について、それが許される態様のものであるかどうかを判断するには、それぞれのケースごとに検討する必要があるが、具体的には、次のような点が問題の争点となる。

○　**令状主義の潜脱**

令状主義の理念からいえば、A罪の事実を取り調べるためには、A罪の事実で逮捕状の請求をして逮捕しなければならないが、それができないため被疑者をB罪の事実で逮捕して取り調べようというのであるから、それは令状主義を潜脱するものではないかという点である。逮捕・勾留中にB罪の事実を取り調べると同時にA罪についても取り調べることは、余罪の取調べとして許されている。しかし、B罪の取調べの必要性もないのにそのままA罪の事実の取調べを進めるなど、B罪よりももっぱらA罪の事実だけを取り調べるのであれば、それは憲法第三三条に規定された令状主義を潜脱するものとなる。

○　**拘束期間の潜脱**

別件逮捕は、B罪の事実で逮捕しながら、事後A罪の事実によって逮捕することがあらかじめ見込まれている点において、厳しい時間的制約を設けた刑事訴訟法の規定を潜脱するもので違法であるという見方がある。実質的には、逮捕の理由となる犯罪事実を明示する令状によることなく身柄を拘束すると同視できるものであり、抑留・拘禁に関する保障を定める憲法第三四条に違反するものであるとされる（蛸島事件金沢地七尾支判昭44・6・3）。

○　**任意性の逸脱**

逮捕されたB事実については、それが「逮捕の理由」になっているのであるから、被疑者には取調受忍義務がある。しかし、Ａ事実は逮捕の理由にはなっていないのであるから被疑者に取調受忍義務はなく、Ａ事実の取調べが始まれば、被疑者は自己の意思でいつでも退去することが許される。

ところが、被疑者がそのまま取調べに応じた場合、それは任意捜査の一環であるとみることができるが、被疑者としてはＡ事実の取調べに変わったからといって、拘束されていることによる心理的圧迫から、急に異なった態度はとれず、実質的には強制捜査と変わりがないというのである。

○　**逮捕目的の逸脱**

別件逮捕は、Ａ事実についての自白を得ることを目的に行われるものであるが、逮捕・勾留の目的は逃亡や罪証隠滅の防止のためであって、自白を得ることではない。まして、別件逮捕を逮捕事実以外の証拠収集に利用するようなことは、逮捕の目的を逸脱するもので、刑事訴訟法の精神にもとるということになる。

しかし、逮捕・勾留の直接の目的が逃亡や罪証隠滅の防止にあったとしても、その間、被疑者を取り調べることが法的に全く許されないというものではない。

別件逮捕の留意事項

別件逮捕を考える場合には、違法とされる次のような要素を排除しながら慎重に行う必要がある。

○　**逮捕する被疑事実自体に逮捕の理由・必要性のあることを明らかにすること**

逮捕する事実が極めて軽微で、逮捕の理由・必要性も薄く、本来であれば逮捕するまでもなく任意捜査でもこと足りる事実で逮捕したような場合は、逮捕自体が違法であるとされている。判例も、いわゆる東十条事件について、「当初より専ら本件捜査に利用する目的のもとに、……単なるツケの未払にすぎないとも思われるような無銭飲食詐欺事件を探し出して来て逮捕、勾留するという意図をも明白に認めることができるのであって、いわば不当な見込捜査であり、いわゆる違法な別件逮捕、勾留に該当するものというべきである」（東京地判昭42・4・12）と判示している。したがって、逮捕する事実については十分に吟味し、それ自体独立して逮捕・勾留・起訴に耐え得る事件を選定する必要がある。

○　A罪の事実の取調べはB罪の事実の取調べと併行的・付随的に行うこと

逮捕の理由となっている事実以外の取調べが許されるといっても、被疑者を逮捕している根拠はあくまでもB罪であるから、もっぱらA罪の事実だけを取り調べることは許されない。したがって、その取調べ方法については、B罪の事実の取調べと併行して行う必要がある。判例も、「被疑者の逮捕・勾留中に、逮捕・勾留の基礎となった被疑事実以外の事件について当該被疑者の取調べを行うこと自体は法の禁ずるところではないが、それはあくまでも逮捕・勾留の基礎となった被疑事実の取調べに付随し、これと併行してなされる限度において許される……」（前掲金沢地七尾支判）とその限度を示している。

○　B罪の事実についての取調べが終わり身柄を拘束しておく必要がなくなった場合には、A事実で再逮捕するなどの配慮をすること

B事実で逮捕しておく必要もないのに、そのまま拘束を続けA事実について取り調べることは、正しく令状主義を潜脱するものであり違法となる。したがって、速やかに逮捕の必要性を判断して、再逮捕等の適正な措置をとるべきで、いたずらに身柄拘束を継続してはならない。ただし、B事実とA事実とが社会的事実として一連の密接な関係にあるようなときは、このような取調べも違法とはいえないとされている。

事例の検討

事例の被疑者・大山は、連続放火事件の容疑者であるが、同事件について逮捕状請求するだけの証拠がそろわなかったため、捜査の過程で現認した住居侵入罪で逮捕したものである。この住居侵入罪は、深夜、民家の庭に入り込んだというもので、被疑者の性癖や事件の態様を考えると、それ自体悪質・危険なものであり、独立して罪を問う価値があるといえる。

逮捕後の取調べに当たっては、住居侵入をした目的の追及などから、放火事件との関連を明らかにさせるなど、付随的・併行的に取調べを進める配意が必要で、同事件の取調べが終わったときは、それまでの取調べで得た資料等をもとに速やかに逮捕状を請求し、放火事件で再逮捕するなどの措置をとる必要がある。

4　逮捕状の効力

おい！指名手配中の中山だな！
企業恐喝事件の犯人として逮捕する。逮捕状はこのとおりだ！
B組
クソッ！誰かたれ込みやがったな！
あっ！
ダ
タッタッタッ
待てぇ！
付近を捜索中——愛人の運転する車に乗った中山を発見した。
渋滞の中で信号待ちか…
よし！前後の車に協力を求めよう。
動けないわ！
クソッ！挟みうちかよ！
ブーブーブー
その後、中山を車外へ引き出し、再び逮捕状を呈示し逮捕した。

キーポイント
① 逮捕の意義
② 逮捕状の性質
③ 逮捕状の効力

逮捕の意義

刑事訴訟法にいう「逮捕」というのは、「捜査機関又は私人が、被疑者の身体の移動の自由を拘束する行為及び引き続き一定期間抑留すること」をいう。

行政目的を実現するために、人の身体を実力により拘束する手続は、強制保護行為（警職三）等、各種行政法規により個別に規定されているが、「逮捕」は、司法目的を実現するために認められている身体の拘束である。そして、司法目的のための身体の拘束は、全てここにいう「逮捕」行為としてなされることになる。逮捕のための要件や手続は刑事訴訟法に具体的に定められている。

ところで、被疑者を逮捕する目的や性質については、それが、デュープロセスを重視する英米法型か実体的真実の発見を重視する大陸法型かによって相違している。英米法上の逮捕は、公判への出頭を確保するためのものであり、捜査の必要性とは無関係で、逃走のおそれの有無が拘束を継続する要件となる。これに対し、大陸法における逮捕は、取調べのためのものであり、証拠収集の手段としてのものである。そのため、自白獲得など捜査の必要がある限度で拘束が許されることになる。これらのうち、どちらに視座を置くかによって、逮捕や取調べに対する基本的態度が異なってくることになる。

刑事訴訟法は、逮捕について令状主義を採っているが、これは捜査機関に対し逮捕の権限を与える性格のものである。そして、逮捕した後についても必要により、司法警察員に四八時間、検察官に二四時間の留置を認め、さらに裁判官の勾留状により一〇～二〇日の勾留を認めている（二〇三～二〇八の二）。また、第一九八条一項ただし書で被疑者に取調受忍義務を予定していることなどから、刑事訴訟法にいう逮捕の目的・性質については、「被疑者の逃亡を防止し、その身柄を保全することだけを目的とするものではなく、証拠の保全すなわち被疑者の罪証隠滅行為を防止するとともに、被疑者を取り調べることも認めるものである。」と解されている。

逮捕行為は、実力により被疑者の身体を拘束することであるが、それは被疑者の腕をつかむとか手錠を掛けたりするというように物理的に実力を行使する態様のものばかりではない。被疑者を数人で取り囲むことによって逮捕する場合もあるし、任意同行であってもそれが強制力を用いるものであれば、逮捕したものとみなされる場合がある。

逮捕行為は、被疑者の身体を拘束するための具体的行動を始めたときにその着手があったものとされる。したがって、通常は「被疑者に逮捕する旨を告知したとき」「逮捕のために被疑者に逮捕状を示したとき」「逮捕するため被疑者の身体に近づいたとき」などに着手があったといえる。そして、被疑者の身体の拘束を完了し、その行動の自由を逮捕者の実力支配下におさめ終わったときに逮捕が完了する。

もし、逮捕着手後、被疑者に逃走された場合でも、それが逮捕完了前なのか後なのかによってその後の手続が異なってくる。つまり、完了前であれば逮捕行為はそのまま継続するのであるが、完了した後であれば新たな逮捕行為を開始することになるからである。

逮捕状の性質

逮捕状がどのような性質を持つものであるかについては、それが「命令状」であるか「許可状」であるかという学説上の争いがある。

逮捕状が命令状であるとすれば、それは裁判官の逮捕命令書という性格をもつものであり、捜査機関は自らの判断で逮捕を遅らせたり回避したりすることは許されず、必ず執行しなければならないということになる。逆に、許可状であるということになれば、それは裁判官が捜査機関に逮捕することを許した逮捕許可書という性格をもつものであり、捜査機関が自らの判断で、逮捕の可否を決定することが許されるということになる。

強制処分はもともと裁判官の権限であるとする英米法流の考え方によると、それは裁判官の「命令状」ということになり、捜査機関にも強制処分の権限があるとする大陸法流の考え方によれば、それは「許可状」であるということになる。

命令状説は、元来裁判官に属する逮捕権限を捜査機関が補助するという基本的な考え方に基づくもので、「憲法が令状主義をとったのは、裁判官だけが強制処分ができるとしたもので、令状は当然に命令状であることが予定されている。」（平野龍一「刑事訴訟法」八四頁）というものである。

許可状説は、「逮捕状は弾劾的捜査観をとる以上は命令状だと解されているけれども、英米法の逮捕状のように二四時間以内に裁判官の下に連れて来いという命令ではなくて、警察官が四八時間はその身柄を拘束してもよい（刑訴二〇三）、続いて検察官は二四時間拘束してもよい（同二〇五）、その間に必要がなければいつでも釈放しなければならない、起訴前の勾留を請求したいときだけ裁判官のところに連れていく（同二〇七・六一）というのであっては命令状というのにほど遠い。これも許可状と言わざるを得まい。」（青柳文雄「刑事訴訟法通論上」三一四頁）というものである。

通説については「許可状」説を採っており、実務の運用もこれに則ってなされている。

逮捕状の効力

逮捕状が、裁判官の命令状ではなく許可状であることについては前に触れたが、捜査機関に逮捕することを許可するという趣旨については、どの範囲までの行為を捜査機関に許しているのかということを明らかにする必要がある。

逮捕状が「逮捕することを許可する」ものである以上、逮捕するための行為が許されるのは当然である。したがって、逮捕状によって被疑者を逮捕するためには、次のような行為をすることが許される。

○　逮捕するため被疑者に近づくこと
○　逮捕するため被疑者に逮捕状を示すこと
○　被疑者の身体に手を掛けること
○　手錠を掛けるなどして被疑者の身体を拘束すること

つまり、逮捕行為に着手してから完了するまでの行為をすることができる。

ところで、逮捕行為に着手した後、被疑者が逃走した場合はどうであろうか。例えば、被疑者に逮捕状を示したところいきなり逃走したような場合である。このように、被疑者にいったん逮捕状を示し逮捕に着手した場合には、逮捕状の効力はどうなるのであろうか。その逮捕状の効力として、そのまま被疑者を逮捕することができるのか、それとも、新たに逮捕状を請求し直さなければならないのかが問題となる。

逮捕状は、逮捕することを許可するものであるから、逮捕を完了させるまでその効力が継続するものと解されている。したがって、たとえ逮捕行為に着手したとしてもそれが完了するまでは逮捕状は失効せず、その効力は継続しているということになり、そのまま被疑者を追跡して逮捕することも許される。また、その場で被疑者に逃走されてしまったような場合でも、その逮捕状の有効期間内であれば、所在が分からなくなった被疑者を再び発見したときに、当該逮捕状によってこれを逮捕することができるのである。

しかし、逮捕状は、いったん逮捕行為を完了し被疑者の身体を拘束し終えればその目的を達し、逮捕行為を許可するという効力を失うものとされている。したがって、被疑者を逮捕し、引致する途中で逃走されてしまったようなときは、もはや当該逮捕状の効力として被疑者を逮捕することは許されないということになる。この場合は、緊急逮捕するか、新たに逮捕状を請求し直すことによって逮捕するよりほかない。

事例の検討

本事例では、警察官が被疑者・中山に逮捕状を示した上、逮捕する旨を告げているのであるから、逮捕状による逮捕行為に着手したことは明らかである。しかし、被疑者は警察官に体当たりをしてその場から逃走してしまったというのであるから、その時点では未だ逮捕が完了しているとはいえない。

したがって、当該逮捕状の効力も未だ失われてはおらず、当該逮捕状は有効な逮捕状であるということになる。

その後、被疑者を発見した警察官が、被疑者に再び当該逮捕状を呈示し逮捕したのであるが、その行為は有効な逮捕状による適法な逮捕行為であるといえる。

5　逮捕状の緊急執行

小山・村越両刑事は情報収集のため、暴力団X組の事務所に立ち寄った。
組
!?
さっ
恐喝罪で指名手配されている林だ！
2月末のA社での債権取立てに絡む恐喝罪で逮捕状が出ている！
逮捕状を見せろ！
あっ！
ガチャッ

キーポイント

① 逮捕状の緊急執行の意義
② 被疑事実の要旨の告知
③ 逮捕状の呈示

逮捕状の緊急執行の意義

逮捕状により被疑者を逮捕するには、被疑者に事前に逮捕状を示すことが必要である（刑訴二〇一Ⅰ）。しかし、現実に逮捕状を所持していないためこれを示すことができない場合において、急速を要するときは、被疑者に対して「被疑事実の要旨」及び「逮捕状が発せられている旨」を告げて、その執行をすることができる。そして、この場合には、逮捕状を逮捕後できるだけ速やかに被疑者に示さなければならないとされている（同二〇一Ⅱ・七三Ⅲ）。これが、「逮捕状の緊急執行」の手続である。

逮捕状の緊急執行は、逮捕する時点で逮捕者が逮捕状を所持しておらず、これを被疑者に示すことができないという点において、あくまでも例外的な逮捕状の執行であるが、規定された一連の手続を実行することによって、逮捕状による逮捕という令状主義の要件を満たすことになる。

逮捕状の緊急執行の要件の中で、「急速を要するとき」つまり、緊急性の要件が逮捕状による逮捕であることの原則性を担保することになるが、これは、緊急執行せざるを得ないほど「急速を要するとき」という意味である。具体的には、被疑者を急速に逮捕しなければ、その後、逮捕することが不可能又は著しく困難になるため、逮捕状を入手したり、逮捕状を所持している者の到着を待つ余裕がない場合とされている。

例えば、指名手配されている被疑者をたまたま発見したところ逃走しようとした場合（大阪地判昭45・10・30）とか、被疑者が住居地に居住しているかどうか判然としなかったため、逮捕状をもたずに捜査に赴いたところ被疑者を発見した場合（東京高判昭34・4・30）などは、緊急性があるとされている。しかし、逮捕状を取り寄せるなどして通常執行が可能であり、又は通常執行をすべきであるといい得る場合には、「急速を要するとき」には当たらない（東京地判平15・4・16）。
緊急性がないのに、逮捕状の緊急執行をした場合には、当然、違法な逮捕手続となる。

被疑事実の要旨の告知

被疑者を逮捕する場合に、逮捕状を所持していないためその緊急執行を行うときは、逮捕状を示す代わりに、「被疑事実の要旨」及び「逮捕状が発せられている旨」の告知をしなければならない。

ところで、実際に被疑者を逮捕する場合に、このような告知をしていたのでは、そのときの状況いかんによっては、被疑者に逃走されたりして逮捕が不可能になってしまうおそれがあるのではないかという問題がある。

逮捕状の緊急執行は、逮捕状による逮捕の例外的態様であるということから、この告知の手続は極めて厳格かつ重要な要件であり、これを省くことは絶対に許されない。しかし、法は不可能を強いるものではないから、逮捕の前に告知するのが法の精神に合致したものではあるが、被疑者が逃走するなど特別の状況があるときは、告知を省略して追跡するなどして逮捕に着手し、逮捕後に告知することも許されるものと解されている。もし、このような場合においても、事前に告知をしなければならないとすると、これをしないで逮捕に着手すれば、違法な逮捕行為であるということになり、極めて不合理な結果になってしまうからである。

次に、被疑者に告知すべき「被疑事実の要旨」については、どの程度の内容までに告知すればよいのかということが問題になる。

この告知の手続は、逮捕の際、被疑者に逮捕状を示すことができない代わりに、具体的にどのような被疑事実によって逮捕されるのかを被疑者に知らしめて、安んじてこれに応ぜしめようとする趣旨のものである（大阪高判昭36・12・11）。したがって、少なくとも、被疑者がどんな容疑事実で逮捕されるのかを知り得る程度の内容を告知しなければならない。その趣旨からいえば、逮捕状に記載された被疑事実の要旨一切を一字一句落とさずに告知する必要はないが、単に逮捕する「罪名」だけを告知しただけでは足りない。

判例も、被疑者に対し理由なく逮捕するものでないこと、いかなる犯罪事実による逮捕であるかを一応理解できる程度に告げれば足り、漏れなく告げる必要はないとしている（東京高判平8・12・12）。したがって、例えば、「五月一〇日深夜、スナック『ゆき』での傷害事件で逮捕状が出ているから逮捕する」とか、「七月四日六本木の駐車場からベンツを盗んだことで逮捕状が出ているから逮捕する」などと告知すればよい。

また、単に罪名を告知しただけで逮捕した事案については、その逮捕行為は原則として違法なものであるとされている（福岡高判昭27・1・19）。

ただし、被疑事実の要旨や逮捕状が発せられている旨を告げる時間的余裕がない場合や、告知していたのでは被疑者の逮捕が完遂できなくなるおそれがあるなど特別な事情がある場合には、これらの告知を省いて逮捕に着手し、被疑者を逮捕した後に告知してもよいと解される。

もし、逮捕状の緊急執行をする際に、そのような特別の事情がうかがえないのに、逮捕する罪名しか告知せずに逮捕しようとし被疑者から抵抗を受けたような場合には、その逮捕自体が違法であるから、その逮捕行為は公務執行妨害罪（刑九五Ⅰ）の保護対象たる公務員の適法な職務の執行には該当しないため、同罪は成立しないということになる（東京高判昭34・4・30）。

逮捕状の呈示

逮捕状の緊急執行により被疑者を逮捕した場合には、逮捕後できるだけ速やかに逮捕状を被疑者に呈示しなければならない（刑訴二〇一Ⅱ・七三Ⅲ）。

逮捕状の緊急執行は、逮捕の時点では、逮捕状を所持していなくても逮捕状の発付はなされており、あくまでも逮捕状による逮捕である。そして、逮捕状を呈示することは逮捕手続の適法要件であり、逮捕手続が適法・有効であるといえるためには、事前若しくは事後に逮捕状を被疑者に示すことが絶対に必要な手続である。もし、逮捕状の緊急執行をしたのに事後に逮捕状の呈示をしなければ、違法な逮捕手続となる。

逮捕状を呈示する時期は、逮捕後、「できる限り速やかに」とされている。これは、「直ちに」とか「速やかに」というよりも、かなり時間的にゆとりのある観念である。

逮捕状の呈示時期を逮捕後短時間にすると、短時間のうちに逮捕状の呈示をすることができなくなるおそれがあるということで、被疑者を逮捕できないという不合理な事態になってしまうばかりか、逮捕状の緊急執行という例外的な手続を定めた意味がなくなることにもなってしまう。特に、指名手配中の被疑者を遠隔地で逮捕した場合のように、相当程度の時間を見込んでおかなければ逮捕状の呈示が不可能な場合のあることなど、その特殊性を考慮してゆとりをもたせているのである。

しかし、逮捕状の緊急執行が逮捕状による逮捕の例外的手続であり、事後、被疑者に逮捕状を呈示することによってはじめて適法・有効な逮捕状による逮捕が成立するものであることから、可能な限り早期に呈示することが必要である。

それでは、どの程度の時間的ゆとりが許されるかというと、被疑者の勾留との関係から、「遅くとも、勾留請求のときまで」に逮捕状を呈示しなければならないとされている。すなわち、被疑者の勾留は、適法な逮捕手続を前提とするもので、逮捕状の呈示がないまま勾留請求がなされたときは、勾留の理由がないとして請求が却下されてしまうことになるからである。

事例の検討

本事例は、警察官がたまたま暴力団の事務所に立入りしたとき、指名手配されている被疑者・林を発見したもので、林は顔をそむけて事務所から出て逃走しようとしているのであるから、逮捕状の緊急執行の要件である「急速を要するとき」に当たる。そして、「二月末のA社での債権取立てに絡む恐喝罪で逮捕状が出ている」と告知しているのであるが、その内容は被疑者がどんな罪状で逮捕されるのかを知り得るのに十分なものである。したがって、被疑者に告知した被疑事実の要旨も適法なものであるといえる。

被疑者には、引致後、できる限り速やかに逮捕状を呈示しなければならない。

6　逮捕のための実力行使

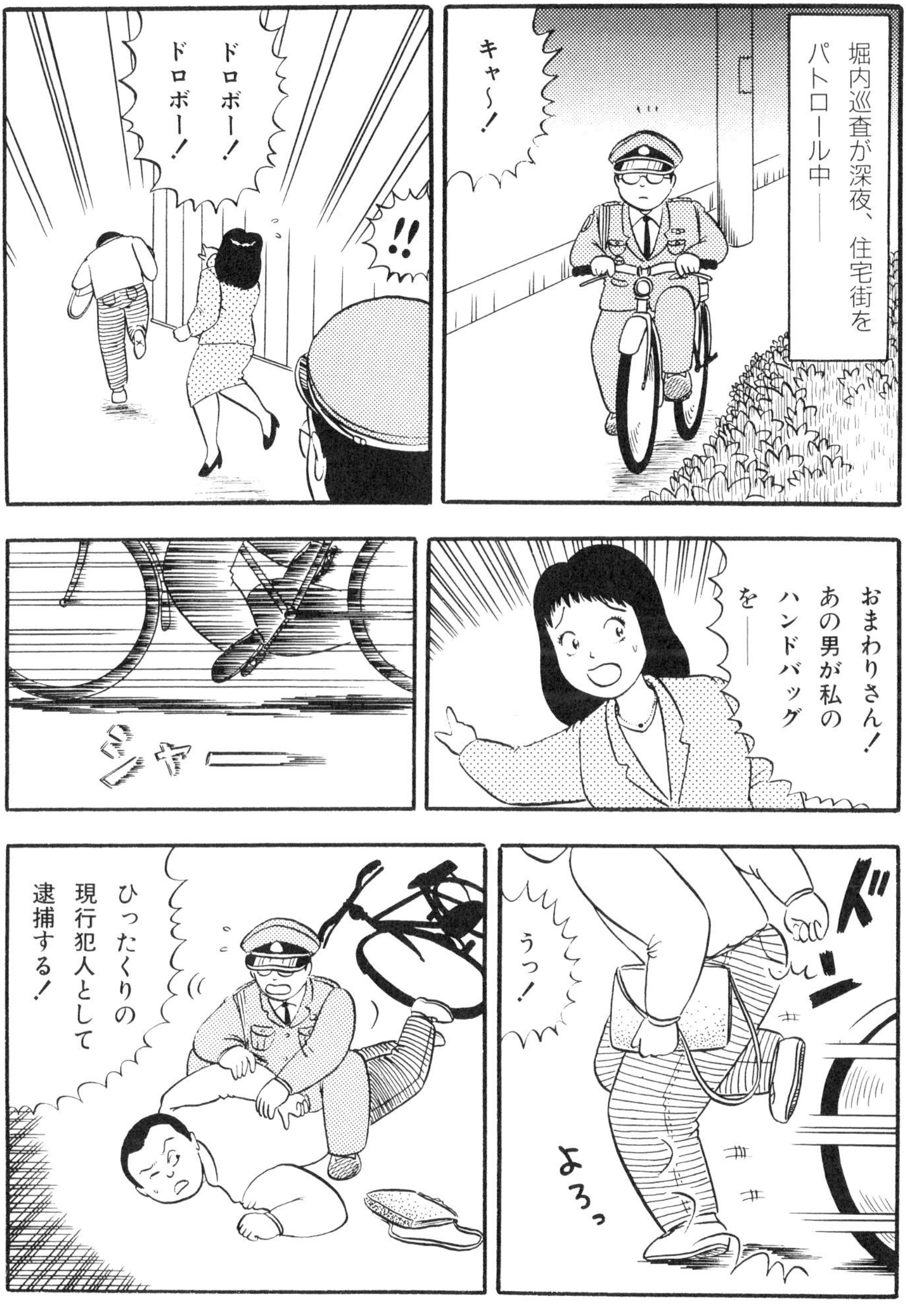

キーポイント
① 実力行使の意義
② 実力行使の態様
③ 実力行使の限界

実力行使の意義

「逮捕」は、被疑者の身体の自由を拘束し、これを一定期間継続することであるから、逮捕の目的を達するためには被疑者に対してある程度の実力を行使することが当然の行為として認められている。

逮捕のための実力行使は、被疑者の身体を拘束する際に、その抵抗を排除したり、逃走する被疑者を追跡・捕捉するときなどに行使されるのが一般であるが、その拘束状態を継続するときにも行使される。

逮捕のための実力行使については、武器の使用（警職七）を除いては明文の規定は設けられていないが、逮捕そのものが本来的に実力の行使を予定しているものであることから、学説・判例とも、逮捕の目的を遂げるのに必要最小限の範囲内である限り、当然許されることとしてこれを認めている。また、現行犯人については、私人にも逮捕権が認められているが、その際も実力を行使することが許される。

例えば、判例は、「……呼びとめたら被告人は自転車のペタルを強く踏んで逃げ出したので、被告人の自転車の荷掛を後方から捕えてとめようとしたが、とまらないので少し自転車を斜めになる程度にし、右側が五尺位の高さの土手になっていたので、そこに横になる程度に倒したので乗っていた被告人は反対側におりた旨の供述記載によれば、当時逮捕に必要な程度の実力を行使したことは認められるが、それ以上に被告人に暴力を加えたことは認めるに足る証拠は存しない。従って、右逮捕を不当逮捕とは到底認められない。」（東京高判昭26・5・26）として、逮捕のために実力行使することを当然のこととしている。

ところで、逮捕のための実力行使は、被疑者に対して直接なされるのが通常であるが、被疑者以外の者に対して行使することは許されないのであろうか。例えば、被疑者を逮捕しようとしたところ、仲間の者がこれを妨害して被疑者を逃走させようとしたような場合である。

この点について、判例は、いわゆる大菩薩峠事件の判決の中で、「第三者によって被疑者に対する逮捕状の執行が妨害されるおそれがあり、特に逮捕状の執行に従事する捜査官の生命・身体に危害が加えられるおそれがあって、右の捜査官において右のおそれがあると判断するについて相当な理由がある場合には、緊急やむを得ない措置として、逮捕状の執行に必要かつ最小の限度において、相当と認める方法により一時的に右の第三者の自由を制限することができると解するのが相当である」（東京高判昭53・5・31）としてこれを認めている。

実力行使の態様

被疑者を逮捕するための実力行使は、その程度・態様においてさまざまであり、被疑者の数・抵抗の程度・逃走の態様等に応じて多様である。

警察官が逮捕のために行う実力行使としては、腕力によるもの、武器を使用するもの、催涙ガスを使用するもの、手錠を使用するものなどの手段が認められているが、目前の事態に対応させながら、これらの手段を効率的に活用する必要がある。

○　腕力の使用

逮捕のための実力行使のうち最も一般的なものは、腕力の使用、つまり警察官が柔道や逮捕術等の技を応用して被疑者を制圧する方法である。

逮捕に抵抗したり、逃走したりする被疑者に対し、これを投げ付けたり、押し倒したり、組み伏せたり、腕をねじ上げたりしてその抵抗を抑圧してこれを逮捕するのは、典型的な実力の行使であり、その程度が必要最小限の範囲を超えないものであれば、逮捕のための実力の行使として当然に許される行為である。

○　警棒等の使用

警察官が通常携帯している警棒や警杖、また警備実施の際に使用する大盾等を使用して被疑者を制圧する方法である。

被疑者が凶器等を所持して抵抗してきたり、被害者を抱きかかえていたりしているときに、警棒等で抵抗する被疑者の手や足を打ちあるいは大盾で押しつけたり、逃走しようとする被疑者の足を警杖で払うなどする実力の行使である。ただし、警棒等を使用する場合は、腕力を使用する場合と異なり、その使用の態様によっては武器に代わるものとしての使用に当たる場合もある。例えば、被疑者の頭部や顔面を打ったり、胸腹部を突いたりする使用方法で、この場合には武器の使用（警職七）にいういわゆる危害条件が備わっていなければ限界を超えた実力の行使となる。

○　**武器の使用**

武器の使用は、場合によっては被疑者を殺傷することも許されるなど、逮捕のための実力行使のうちでは最も強力なものである。

武器の使用については、警察官職務執行法第七条にその使用条件と危害条件が定められている。ここにいう「武器」は、そのもの本来の性質が人を殺傷する危険感を抱かしめるいわゆる性質上の武器をいうものとされている。武器の使用というと、具体的には、警察法第六七条にいう「小型武器」として警察が採用している拳銃やライフル銃を使用することであるが、例えば、現場で私人が所持している刀剣類を借りて使用する場合も武器の使用に当たる。

武器の使用の要件さえ満たしていれば、武器使用の結果被疑者を殺傷したとしても、法令上の正当行為（刑三五）としてその違法性は阻却される。

実力行使の限界

逮捕のための実力行使は、被疑者を逮捕するために認められているものであるから、それは逮捕の目的を遂げるのに必要な最小限度にとどめなければならない。したがって、逮捕の際に実力を行使するに当たっては、感情にとらわれることなく、沈着冷静を保持するとともに、必要な限度を超えないように注意しなければならない（犯捜規一二六）。

その実力行使が、逮捕の目的を達するための必要最小限度かどうかの判断は、それによって排除・制圧しようとする障害の程度と排除・制圧しようとする実力の程度とを比較衡量して決せられる。判例も、「およそ公権力の行使に当たる公務員は、当該職務執行に当たって、相手方に与える法益侵害を……許容した侵害の範囲内に止めるようにすべき注意義務を負うと解すべきであって、……逮捕においては、捜査目的達成のため人身の一時的拘束という法益侵害は法の許容するところであるが、それ以上に進んで人身に不必要な傷害を与えることまでも法が許容しているとは到底考えられないところであるから、逮捕行為に際しては、不必要な有形力を行使し相手方に傷害を負わしめることのないようにする注意義務があり、当然この注意義務を尽くさなければ違法性は阻却されないと解すべきである」（大阪地判昭37・11・9）と、その考え方の基準を示している。

また、警棒や手拳等で実力を行使する場合の適法性について、「警察官が武器の使用を必要とする場合でも（イ）正当防衛（ロ）緊急避難（ハ）職務行為以外は人に危害が与えられてはならないのであって、……これを受けて警視庁警備規程、警視庁警察官警棒使用及び取扱規程も、……警棒等の使用はそのいとまがない場合を除き指揮官の命令によらなければならない旨の取扱いの準則を定め、……頭部等を打撃しないように……相手方を傷つけないようにといった具合に取扱いの心得を示しているが、……まさに警棒等を武器として使用するに当たって、警察官として当然配慮、遵守すべきことがらであって、そうすることが警職法一条二項が『必要最小限度』を要求している精神にも適う」（東京地判昭39・6・19）としてその使用の基準・限界を示している。

事例の検討

事例は、窃盗（ひったくり）の被疑者を逮捕するものであるから、逮捕行為として実力を行使し被疑者を制圧することは当然許される行為である。問題は、後方から被疑者に自転車をぶつける行為が、逮捕するための必要最小限の実力行使であったかどうかということである。

自転車は自動車と異なり、そのスピードにもよるが、通常これをぶつけたとしても相手が負傷する可能性は少なく、それは後方から押し倒す「追いかけわざ」と大差のない実力行使である。そして、ひったくりは重要犯罪であり、しかも深夜の犯行で、被疑者が逃走していることを考慮すれば、適法な実力行使であると認められる。

7　逮捕後の手続

カラオケスナックでのトラブルから他の客にケガをさせた内山を、駆けつけた小原巡査は――

ヘタクソだぁ!? 馬鹿にすんじゃねぇ!

本署に連行し、司法警察員である小林捜査係長に引き渡した。

小林係長は内山に対し「犯罪事実の要旨」と「弁護人を選任できる旨」を告げた。

何か弁解することはないか。

バカヤロー!

あいつと勝負してやる!!

小林係長はこの旨を「弁解録取書」に記載した。

しばらくして酔いがさめ、おとなしくなった内山に同様の手続を行い、再度「弁解録取書」を作成した。

キーポイント
① 司法警察員への引致
② 犯罪事実の要旨・弁護人選任権の告知
③ 弁解の機会の付与
④ 身柄の措置

司法警察員への引致

司法巡査が被疑者を逮捕したときは、それが通常逮捕・緊急逮捕・現行犯逮捕のいずれの場合であっても、直ちにこれを司法警察員に引致しなければならない（刑訴二〇二・二一一・二一六）。また、司法巡査が一般私人から現行犯人を受け取ったときは、速やかにこれを司法警察員に引致しなければならないとされている（同二一五）。

「引致」というのは、逮捕した被疑者を司法警察員に引き渡すことである。この引致の手続が定められているのは、逮捕された被疑者についての身柄の処置を判断し決定する権限が司法警察員だけにしか与えられていないからである。つまり、逮捕後の被疑者に対してとらなければならない弁解録取や釈放の可否判断などの必要な手続は、より高度な判断を求められるものであり、司法警察員に委ねられているからである。したがって、司法巡査は、自ら逮捕したり、一般私人から引渡しを受けた被疑者を、司法警察員に引致することなく自らの判断で釈放することは許されないということになる。

しかし、逮捕した被疑者が明らかに人違いであることが判明したような場合には、司法警察員に引致することなく、自らの判断で直ちに釈放しなければならない。

引致場所は、通常逮捕のときは逮捕状に記載されている引致場所、緊急逮捕又は現行犯逮捕のときは事件の処理をすべき司法警察員のいる所属である。

また、引致は司法巡査が逮捕したときは即刻に近い意味の「直ちに」することを要するが一般私人から現行犯人を受け取ったときはそれよりもゆとりのある「速やかに」引致すればよい。もし遠隔地で逮捕したときや交通が途絶したときのように特別の事情があって、直ちに引致できずこれが遅延した場合には、「特別な事情により引致が遅れた理由」を逮捕手続書に記載しておかなければならない。

司法警察員が自ら被疑者を逮捕した場合は引致する必要はないが、場合によっては、より上位の司法警察員に引致することもある。

犯罪事実の要旨・弁護人選任権の告知

司法警察員は、自ら被疑者を逮捕したとき、又は司法巡査から逮捕された被疑者の引致を受けこれを受け取ったときは、直ちに「犯罪事実の要旨」及び「弁護人を選任できる旨」を告知しなければならない（刑訴二〇三Ⅰ・二一一・二一六）。

この手続は、「何人も、理由を直ちに告げられ、且つ、直ちに弁護人に依頼する権利を与へられなければ、抑留又は拘禁されない」という憲法第三四条の保障の要請に基づくものである。つまり、逮捕された被疑者に対し、逮捕の事実となった犯罪事実を明らかにするとともに、弁護人を依頼する権利のあることを告知することによって、被疑者の防御権をより確実にしようとするものである。

また、この告知を省略することは許されないとされているが、被疑者に弁護人の有無を尋ね、既に弁護人がある場合には、弁護人を選任することができる旨の告知をすることは要しない（刑訴二〇三Ⅱ）。

告知した事実については弁解録取書で明らかにしておくことになる。

弁護人選任権の告知を受けた被疑者は、弁護士又は弁護士会を指定して弁護人の選任を申し出ることができることになっている。

そして、この申出を受けた司法警察員は、直ちに被疑者が指定した弁護士又は弁護士会にその旨を通知しなければならないことが義務付けられており（同七八Ⅱ・二〇九・二一一・二一六）、被疑者の弁護人選任に関する権利が保障されている。

また、被疑者は、弁護人又は弁護人となろうとする者と立会人なくして接見できるものとされているから、（同三九Ⅰ）、弁護士が「弁護人となろうとする者」であるとして被疑者との接見を申し出てきた場合は、これを認めなければならない。

弁解の機会の付与

司法警察員は、被疑者の引致を受けたときは、直ちに、犯罪事実の要旨及び弁護人選任権を告知したら、さらに「弁解の機会」を与えなければならない（刑訴二〇三Ⅰ・二一一・二一六）。

この手続は、司法警察員が被疑者の弁解を聞き、改めて留置の必要があるかどうかを再検討させるためのものである。したがって、この弁解の機会の付与は、犯罪事実そのものについての弁解の機会を与えるというだけでなく、逮捕行為に対する不服申立ての機会を被疑者に与えるという意味も含まれている。

この弁解の機会の付与の手続が実行されたことを証明するために、被疑者の弁解を弁解録取書に記載しておかなければならない。

弁解の機会の付与の手続は、文字どおり被疑者に弁解の機会を与えればよく、その結果、弁解するかどうかは被疑者の自由である。しかし、弁解の機会は必ず与えなければならないのであるから、例えば、被疑者が酩酊しているために十分に弁解できない状態であったとしても、弁解の機会は与えなければならず、その旨弁解録取書に記載しておかなければならない。

被疑者から犯罪事実についての弁解を聞くことは、被疑者の取調べではないから、弁解の趣旨を明らかにする限度で反問し問い直すことは許されるが、追及的な方法の質問は許されない。しかし、弁解を聞いている際に、被疑者が犯罪事実の核心に触れる事柄について供述したり、自ら進んで供述を始めたような場合は、弁解自体については弁解録取書に記載した上で、引き続き取調べの手続に移行する必要がある。

身柄の措置

司法警察員は、引致を受けた被疑者に対し弁解の機会を与えた結果、留置する必要がないと判断したときは、直ちに被疑者を釈放しなければならない。また、留置する必要があると判断したときは、被疑者が身体を拘束されたときから四八時間を限度に、被疑者を留置することができる。この場合には、この四八時間以内に被疑者を書類・証拠物とともに検察官に送致しなければならないものとされ、もしこの制限時間内に送致の手続をとらないときは、直ちに被疑者を釈放しなければならないとされている（刑訴二〇三Ⅴ・二一一・二一六）。

この四八時間は、司法警察員が被疑者を釈放するか送致するかを判断・決定するために逮捕の効力として認められている留置時間である。そして、司法警察員は、この四八時間内に被疑者を「送致する手続」をとればよく、必ずしもこの時間内に検察官のもとまで「到着」させる必要はないとされている。つまり、被疑者の身柄を拘束したときから四八時間以内に警察署を出発していれば、適法な送致手続であるといえる。

司法警察員が、このいわゆる手持制限時間内に被疑者の身柄を検察官に送致した場合に、検察官が被疑者を引き続き留置しておく必要があると判断したときは、検察官は被疑者を受け取ったときから二四時間以内に、裁判官に被疑者の勾留を請求しなければならない（刑訴二〇五Ⅰ・二一一・二一六）。そして、検察官は、この勾留期間内に公訴の提起をするかどうかを決定しなければならず、もしこれをしないときは、直ちに被疑者を釈放することになる。

事例の検討

逮捕された被疑者に「弁解の機会」を与えることは、被疑者の防御権の行使を保障するための基本的な法定手続であり、司法警察員に課せられた義務でもある。したがって、事例の内山が酩酊していて分別能力を失っていたとしても、弁解の機会は必ず与えなければならない。そして、その機会に弁解するかどうかは同人の自由であり、必ず弁解しなければならないというものではないから、その際に弁解をせずに暴言を吐いたとしても、弁解の機会付与という手続は法的には履行されたことになる。

しかし、内山が酩酊状態にあり、後日、「弁解の機会も与えられなかった」などと主張することも予想され、その場合に備えて、酔いがさめた時点で再び弁解の機会を与えることが妥当である。そのことが手続の公正性を担保し、無用の紛議を避けることにもなるからである。

この場合には、それぞれ弁解録取書を作成してその状況を明らかにしておく必要がある。

第2章

緊急逮捕

8　緊急逮捕の要件

あっ！ヤバいサツだ！

深夜――

無灯火ですね。

!?

キキッ
男を交番に同行して調べたところ、空き巣の前歴が2件あり――

カギが壊れていますが、どうしたんですか？

派手な色のマウンテンバイクか…不釣合いだな。

防犯登録から、このマウンテンバイクは、その日の夕方、被害者の住むアパートの自転車置場から盗まれたものであることが判明した。

……もう仕方ありません。

私が盗みました……

窃盗犯人として緊急逮捕――

直ちに裁判官に緊急逮捕状の請求を行い、その発付を受けた。

裁判所

キーポイント

①　緊急逮捕の合憲性
②　緊急逮捕の要件
③　緊急逮捕の手続

緊急逮捕の合憲性

緊急逮捕は、「死刑又は無期若しくは長期三年以上の懲役若しくは禁錮にあたる罪を犯したことを疑うに足りる充分な理由がある場合で、急速を要し、裁判官の逮捕状を求めることができないとき」に、その理由を告げて被疑者を逮捕する手続である。そして、この場合には逮捕後直ちに裁判官の逮捕状を求める手続をしなければならない（刑訴二一〇Ⅰ）。

ところで、憲法第三三条は「何人も、現行犯として逮捕される場合を除いては、権限を有する司法官憲が発し、且つ理由となつてゐる犯罪を明示する令状によらなければ、逮捕されない。」として、逮捕における令状主義を規定している。ところが、緊急逮捕の手続は、被疑者を逮捕する時点では逮捕状は発付されておらず、いくら事後に追認的に逮捕状の請求が義務付けられているといっても、逮捕状による逮捕とはいえず、令状主義に反し違憲ではないかという主張がある。

この点について判例は、「厳格な制約の下に、罪状の重い一定の犯罪のみについて、緊急已むをえない場合に限り、逮捕後直ちに裁判官の審査を受けて逮捕状の発行を求めることを条件とし、被疑者の逮捕を認めることは、憲法三三条所定の趣旨に反するものではない」（最判昭30・12・14）として、その合憲性を認めている。逮捕後とはいえ、逮捕に接着した時期に裁判官の逮捕状が発付される限りは、逮捕手続を全体としてみれば通常逮捕と同様の逮捕状による逮捕であるとみることができる。つまり、緊急逮捕は、事後の逮捕状発付を条件とする応急的逮捕であって、逮捕状による逮捕の一種であるとしているのである。

緊急逮捕と逮捕状による逮捕の原則である通常逮捕との大きな相違は、逮捕状の発付が逮捕前であるか逮捕後であるかという点にあるが、それだけではなく、

○　その対象となる罪が一定の重罪に限られている

こと
○　その嫌疑の程度が通常逮捕の「相当な理由」より高度な「充分な理由」がなければならないこと
○　緊急性があり逮捕状を求めることができないこと

など、通常逮捕の場合よりもより厳格な要件を付し、令状主義への適合性を図っている。

緊急逮捕の要件

緊急逮捕をするには、まず、逮捕の理由として、「死刑又は無期若しくは長期三年以上の懲役・禁錮にあたる罪を犯したことを疑うに足りる充分な理由があること」、また逮捕の必要性として、「急速を要し、裁判官の逮捕状を求めることができない場合であること」という二つの要件が必要である（刑訴二一〇Ⅰ）。

緊急逮捕の要件は、逮捕の時点においては当然存在していなければならず、さらに逮捕状の請求時にも存在していなければならないとするのが通説である。したがって、逮捕した後、逮捕状の請求時までにその必要性がなくなったような場合には、その請求は却下されることになる。そして、緊急逮捕の要件を疎明するための資料は、逮捕時までに収集され明らかになった資料に限られている。したがって、例えば、逮捕後に明らかになった自供等の資料については、これを疎明資料とすることは許されない。

○　逮捕の理由

緊急逮捕の対象となる罪にいう「刑」は、刑法各本条や各刑罰法規が定める法定刑をいう。

したがって、正犯の刑に照らしてその刑が必ず減軽される従犯（幇助犯）の刑（刑六三）であっても、その正犯が長期三年以上の懲役・禁錮に当たる罪であれば、緊急逮捕の対象の罪となる。例えば、法定刑が五年以下の懲役である横領罪の従犯の刑は、これを減軽すると正犯の刑の二分の一になるから（刑六八③）、二年六月以下の懲役ということになり、緊急逮捕の対象となる長期三年の懲役の罪には当たらないようにみえる。しかし、この従犯の刑は、あくまでも法定刑を修正した処断刑であって、緊急逮捕の対象が法定刑を基準としている以上、これを緊急逮捕することが可能となる。また、「長期三年以上」というのは、三年をも含む概念であるから、「三年以下」の懲役・禁錮に当たる罪も含まれる。

緊急逮捕は、これらの罪を犯したことを疑うに足りる「充分な理由」のあることが要件となっている。

この「充分な理由」は、通常逮捕における「相当な理由」よりも犯罪の嫌疑が高くなければならず、質的に極めて高度な嫌疑を意味している。しかし、その程度は、裁判所が有罪判決をなし得る程度の確実性や、検察官が公訴を提起し得る程度の高度の蓋然性までは必要とはしない。そして、その嫌疑に充分な理由があるかどうかは、被疑者や被害者、目撃者などの供述と被害品などの証拠資料との関連を、それぞれの事案ごとに判断して決することになる。

○　**逮捕の必要性**

緊急逮捕をするには、「急速を要し、裁判官の逮捕状を求めることができない」という逮捕の必要性の要件が必要である。

これは、通常の手続によっては逮捕状の発付を受ける時間的な余裕がない場合をいう。つまり、逮捕状がなくても、その場で逮捕しなければ被疑者が逃走してしまい、その後の身柄確保が著しく困難になるか、罪証を隠滅されるおそれが強い場合である。したがって、いかに重大な犯罪の被疑者であっても、逮捕状の発付を受ける時間的余裕がある場合には、緊急逮捕の必要性があるとはいえない。

緊急逮捕の必要性は、急速を要し、事後に逮捕状を被疑者に提示しなければならないという点において「逮捕状の緊急執行」の手続と似ているが、既に逮捕状の発付を受けているといないとの大きな相違がある。

緊急逮捕の手続

緊急逮捕をするときは、被疑者に「その理由」を告げなければならない（刑訴二一〇Ⅰ）。この理由の告知の内容は、逮捕の理由だけでなく、逮捕の必要性も含むものとされている。したがって、被疑者が罪を犯したことを疑うに足りる充分な理由のあることだけでなく、急速を要し、裁判官の逮捕状を求めることができない理由についても告知しなければならない。

この逮捕の理由と必要性の告知の程度については、被疑者が何を根拠に逮捕されるのかが理解できる程度、つまり、「理由なく逮捕するものでないことを一応理解せしめる程度」に告知する必要がある。

逮捕の理由については、例えば、罪名を告知する程度では足りず、少なくとも、いつ、どこで、どんな罪を犯したことで逮捕されるのかということを被疑者が理解できる程度に告知しなければならない。また、逮捕の必要性については、逃走・罪証隠滅等のおそれがあるため、逮捕状の発付を得てから逮捕するという時間的余裕のないことを告知しなければならない。被疑事実の要旨及び急速を要し逮捕状を求めることができないことを告げずに逮捕した場合は違法である（大阪地判平3・3・7）。

緊急逮捕をしたときは、逮捕後直ちに裁判官の逮捕状を求める手続をとらなければならない（刑訴二一〇I）。この手続は、緊急逮捕の合憲性にもかかわる極めて重要なもので、捜査機関が行った逮捕手続が適法であることの審査を裁判官に求めるものである。もし、違法な逮捕であると判断されると、逮捕状の請求は却下され、直ちに被疑者を釈放しなければならない。

事例の検討

事例は、警察官の姿を見て逃走しようとした不審者に対する職務質問により、マウンテンバイクを窃取した被疑者を緊急逮捕した事案である。

事例における逮捕の理由としては、被疑者の乗っていたマウンテンバイクが被害者の供述から窃盗の被害品であると判明したこと、また被疑者が犯行を自供していることが挙げられ、これだけでも逮捕の充分な理由があるといえる。これらを疎明する資料としては、被疑者の犯行を自供した供述調書、被害者の被害品確認等の供述調書、マウンテンバイクの被害届・差押調書等がある。

また、逮捕の必要性としては、被疑者が警察官の姿を見て慌てて逃走しようとした事実があり、この事実が被疑者に逃走・罪証隠滅のおそれのあることを示すもので、急速を要する事情を立証する資料となる。

これらの事実を緊急逮捕手続書に順序立てて記載するとともに、これを疎明する資料を添付して逮捕状を請求する手続をとればよい。

9 「直ちに」の時間的限界

失礼します。ちょっとお尋ねいたします。
山下
山下は、原田一郎名義の運転免許証を所持していた。
原田
昨日駐車中、自動車のドアが開けられて、ダッシュボードの中から財布ごと盗まれたんです！
道に落ちてたのを拾ったんだ！
山下には車上ねらいの前歴があり、現場の遺留指紋のいくつかと山下の指紋が一致したため、否認のまま緊急逮捕——ところが…
ダッ
うっ！
ガン
1時間も治療を受けていたら、逮捕状の請求が逮捕から4時間も過ぎてしまった…

キーポイント
①　緊急逮捕状請求の意義
②　「直ちに」の時間的限界
③　緊急逮捕の要件の審査

緊急逮捕状請求の意義

被疑者を緊急逮捕したときは、直ちに逮捕状の請求をしなければならない（刑訴二一〇Ⅰ）。これは、逮捕状のないまま行った緊急逮捕の要件の存否について、裁判官の審査を受け、その緊急逮捕行為の適法性についての承認を受ける趣旨の手続である。

通常逮捕の逮捕状請求権者は、検察官と指定された警部以上の司法警察員に限られているが、緊急逮捕の場合は、検察官・検察事務官・司法警察職員に逮捕状の請求権が認められている。

これは、逮捕行為自体はすでに終了していることから、できるだけ早く逮捕状を請求する必要があり、さらには、緊急逮捕の逮捕状請求は、逮捕行為の適法性を裁判官に判断させる趣旨のものであるから、原則としては逮捕者自身がその請求をすべきものであるからである。したがって、緊急逮捕の場合には、逮捕行為を行った司法巡査自身が逮捕状を請求することが原則である。そして、もし、その者が何らかの理由で逮捕状を請求できない場合には、指定司法警察員等の他の者が請求するということになる（犯捜規一二〇Ⅰ）。

被疑者を緊急逮捕した後、逮捕状を請求するまでの間に、逮捕の理由となった事実がないことが判明したり、その身柄を留置しておく必要がなくなったような場合には、被疑者を釈放しなければならないが、この場合でも、逮捕状請求の手続をとらなければならない。緊急逮捕後の逮捕状の請求は、その逮捕行為が適法であったかどうかということの審査を裁判官に求める手続であり、緊急逮捕という事実があった以上、その後どんな事情の変化があったとしてもその緊急逮捕の適法性についての審査を受けなければならないのである。もし、逮捕状請求の手続をとらなければ、それがたとえ緊急逮捕の要件を具備していたとしても、逮捕状によらない違法な逮捕手続ということになる。

また、例えば、被疑者を「傷害罪」で緊急逮捕したところ、逮捕状の請求をする前に被害者が死亡してしまい「傷害致死罪」になった場合のように、逮捕時点と逮捕状請求時点とで犯罪事実が変わってしまった場合には、どちらの犯罪事実で逮捕状の請求をするのかということが問題となる。この場合も、緊急逮捕後の逮捕状の請求が逮捕行為の適法性の審査を求めるものであるという趣旨のものであることから、緊急逮捕した犯罪事実で逮捕状の請求をしなければならない。つまり、緊急逮捕したのが傷害罪であるのなら、たとえ逮捕後にそれが傷害致死罪に変わっても、逮捕状の請求は逮捕事実として認定した傷害罪で行わなければならず、かつ、それだけで十分であるとされている。

「直ちに」の時間的限界

緊急逮捕状の請求は、逮捕後「直ちに」行わなければならない（刑訴二一〇Ⅰ）。

ここにいう「直ちに」とは、「即刻」とか「その足で」という程度の時間的猶予しか許されないという厳格な考え方があるが、そのような解釈は捜査実務の実情を無視した不合理なものである。つまり、緊急逮捕した後は、被疑者を警察署に引致するなど逮捕後の一連の手続を行い、逮捕状請求のための書類を作成するとともに、疎明資料を揃えるなど相当の時間を要するというのが実情である。そして、このような時間はやむを得ない必要不可欠なものとして許されるべき時間である。したがって、この「直ちに」というのは「できるだけ速やかに」という程度の意味と解されている。

逮捕後、「できるだけ速やかに」というのが、どの程度の時間的経過をいうのかという点については、単に緊急逮捕した時点から逮捕状の請求がなされた時点までの所要時間の長短のみによって判断すべきではないとされている。

逮捕後の手続としては、被疑者の警察署（司法警察員）への引致、犯罪事実の要旨・弁護人選任権の告知、弁解の録取、逮捕手続書等の書類の作成、疎明資料の整理、書類の決済等があり、これらに要する時間は当然必要とされる時間である。これに加えて、事件の複雑性、被疑者の数、警察署から裁判所までの距離、交通機関の事情等をも考慮して合理的に判断するものとされている（京都地決昭45・10・2）。したがって、同じ時刻に緊急逮捕した場合であっても、その後何時間以内に逮捕状の請求をすれば「直ちに」請求されたといえるというように一律に決められるものでないから、それぞれの具体的事情によって「直ちに」の解釈の許される時間的限界も変わってくることになる。

緊急逮捕の要件の審査

逮捕状の請求を受けた裁判官は、その請求にかかる緊急逮捕が適法なものであるかどうかについて審査するが、これは、まずその逮捕行為が緊急逮捕の要件を充足しているかどうかという要件の有無について審査を行い、次に被疑者の留置を継続することの必要性についての審査を行うことになる。

その結果、それが緊急逮捕の要件を充足する適法な逮捕行為であり、かつ被疑者の留置を継続しておく必要があると判断されれば逮捕状が発付されるし、そうでなければ逮捕状の請求が却下される。

○ 緊急逮捕の要件の有無の審査

緊急逮捕の要件は、逮捕の際に逮捕状なくして被疑者を逮捕することのできる要件であるから、逮捕の時点で存在していなければならない。したがって、緊急逮捕の要件の有無は、あくまでも逮捕時点までにおける資料によって判断される。

もし、逮捕の時点で要件が充足されていなければ、それは違法な逮捕行為であり、たとえ逮捕後に生じた資料によってその要件が具備されることになったとしても、その緊急逮捕が合法化されることはない。例えば、逮捕時点においては犯罪を犯したという充分な理由は認められなかったが、逮捕後取り調べたところ、観念した被疑者が自供したというような場合や、緊急逮捕した後に被害者を探し出して被害届の提出を受けたような場合などは、緊急逮捕の要件を欠いた違法な逮捕であるとされる。

逮捕状の請求を受けた裁判官は、添付された疎明資料によって緊急逮捕の要件を審査することになる。例えば、緊急逮捕手続書や捜査報告書、被害届、診断書、目撃者の供述調書等がその代表的なものである。これらの書類のほとんどは、逮捕後に作成されるもので、逮捕の時点には存在しなかったものであるが、逮捕の時点に存在しなければならないのはその要件であるから、疎明資料の作成時期が逮捕後であってもその〝状態〟が逮捕の時点に存在していれば、何ら問題はないとされている。

○　**留置継続の必要性の審査**

緊急逮捕後に裁判官から発付される逮捕状は、裁判官が過去の逮捕行為を適法なものとして承認するという性質だけでなく、その発付後被疑者の留置を継続することを許可するという性質をも併せ持っている。したがって、裁判官は、逮捕の時点で緊急逮捕の要件が具備されていたことを認めた場合であっても、その後さらに被疑者の留置を継続することの合理的な理由の有無についても併せて審査し、それが存在するときにはじめて逮捕状が発付されることになる。

これは、逮捕の時点ではなく、逮捕状請求に対してその許諾を判断する時点において存在していればよいとされている。したがって、緊急逮捕行為そのものの適法性を判断する場合とは異なり、逮捕の時点に限らず、逮捕後に収集した資料も審査の資料となり得るのである。

事例の検討

事例の場合に問題となるのは、緊急逮捕した後、四時間後に逮捕状の請求をした行為が、「直ちに」なされたものといえるかどうかという点である。

この「直ちに」というのは、「できるだけ速やかに」という意味に解されており、それが合理的に必要な理由の範囲内かどうかによって判断される。通常は、逮捕した被疑者の身柄の措置や必要な書類の作成に要する時間、裁判所までの交通事情などが判断要素となる。

事例の場合は、逮捕者が負傷してしまい、その治療のために時間を要したものである。この場合、逮捕行為をしたのはその警察官一人であり、逮捕の端緒や理由などの経過を知っている者は他にはいない。したがって、逮捕手続書等の書類を作成できる者は本人以外におらず、治療に一時間を要したとしてもそれは合理的に必要な範囲内の時間であると認められる。

ただし、治療に数時間を要したり、入院を必要とするような事態の場合は、本人からその状況を聴取して、逮捕手続書を代筆するなどの措置をとる必要がある。

第3章

現行犯逮捕

10　現行犯人の要件

ホテル
不倫か…
女を尾行して自宅を突き止めれば金になるな。
空室有
ご主人にバラされたくなかったらB公園の噴水前のベンチに50万円持ってこい。
主婦直子
困った直子は、その旨を警察に届け――
直子さんですね。
B公園
約束のものは持ってきてるね?
恐喝未遂の現行犯だ!
刑事かよ!
逮捕する!

キーポイント

① 現行犯人の意義
② 現に罪を行っている者・行い終わった者
③ 準現行犯人

現行犯人の意義

現行犯人とは、「現に罪を行い、又は現に罪を行い終った者」をいい、さらに、「罪を行い終ってから間がないと明らかに認められる」者が、

① 犯人として追呼されているとき
② 贓物又は明らかに犯罪の用に供したと思われる兇器その他の物を所持しているとき
③ 身体又は被服に犯罪の顕著な証跡があるとき
④ 誰何《すいか》されて逃走しようとするとき

という一定の条件下にあるときは、これを現行犯人とみなす（準現行犯人）としている（刑訴二一二）。

つまり、現行犯人は、本来の意味の現行犯人（前者）と、準現行犯人（後者）という二種類の概念がある。

そして、これらの現行犯人は何人でも、逮捕状なくしてこれを逮捕することができる（同二一三）。したがって、現行犯人については、通常逮捕のように、あらかじめ裁判官の発する逮捕状を用意しておく必要はなく、また、緊急逮捕のように事後裁判官に逮捕状の請求をする必要もない。

このように、現行犯人や準現行犯人の逮捕が、令状主義の例外として認められ、しかも捜査機関に限らず一般私人にも逮捕権が認められているのは、現行犯人は、客観的に見て、犯罪も犯人も明白であるため、誤認逮捕の危険も少なく、かつ、急速な逮捕の必要性があることから、裁判官の逮捕状を求めるまでの必要がないと考えられているからである。

したがって、その者が現行犯人であるというためには、単に犯罪の嫌疑が充分であるというだけでは足りず、その嫌疑自体が「現に罪を行い、又は現に罪を行い終った」状況、又は「罪を行い終ってから間がないと明らかに認められる」状況であると判断される場合に限られている。つまり、このような犯罪の嫌疑やこれを裏付ける状況は、逮捕者がその状態をみて、どんな

犯罪が犯され、かつ、その者が犯人であると明らかに判断できる場合でなければならないのである。

すなわち現行犯の要件としては、「犯罪と犯人の明白性」「時間的接着性」という二つが必要である。

○ 犯罪と犯人の明白性

逮捕の時点で、逮捕者から見て、犯罪と犯人とが明らかであって、誤認逮捕のおそれが全くないことである。例えば、目前で犯罪の実行行為が行われている場合は、通常は誰がこれを見ても犯罪と犯人は明白である。ところが、既に犯罪の実行行為が終了してしまっている状態の場合は、目前には犯罪の痕跡しか残っていないが、その状況から犯罪と犯人の明白性を判断しなければならないという困難さがある。

○ 時間的接着性

その犯罪が、逮捕者の目前で行われているか、または、逮捕者から見て、逮捕時点が、犯行後時間的に接着した段階にあることが明らかであることである。逮捕者が犯行を現認している場合は問題ないが、犯人が現場から立ち去っていたり、犯行後時間が経過しているような場合は問題となる。

現に罪を行っている者・行い終わった者

「現に罪を行っている者」というのは、現に犯罪の実行行為を行いつつある者である。つまり、刑法をはじめ各刑罰法規が定める犯罪に該当する実行行為を現実に行いつつある者をいう。

犯罪を行っている者であるから、少なくとも、犯罪構成要件に該当する実行行為を行っていなければならず、まだ実行行為に着手していない場合は、当然現行犯にはならない（東京高判昭27・12・26）。

また、ここにいう「罪」は、何らかの罪というようなあいまいなものでは足りず、特定された犯罪でなければならない。罪名も実行行為も特定して、他の犯罪とは明確に区別されているものでなければならない。

したがって、「窃盗罪又は占有離脱物横領罪」とか、「何らかの財物を窃取」というような選択的なものや未確定的なものは許されない。

「現に罪を行い終った者」というのは、犯罪の実行行為を終了した直後の者のことで、着手さえしていれば必ずしも結果発生の有無は問わない。

犯罪の実行行為を終了した直後というのは、犯罪の実行行為に極めて接着した時間的段階であって、実行行為が終了した瞬間に限らない。しかし、少なくともこれに引き続く極めて短時間内の範囲であって、犯罪の痕跡がまだ残っており、犯人から主観的に見れば犯罪を終了していたとしても、第三者の見た客観的な事実としては、まだ燃えていると表現できるような場合である。もし、犯罪行為が終了した瞬間から時間的に隔たりが生じている場合には、現行犯人ではなく準現行犯人の概念に入ることになる。

また、現行犯人は、犯罪の実行行為の時間的段階の観念であって場所的観念ではないから、現に罪を行い終わった者が犯行場所から多少異なった場所にいても、その者を現行犯人ということができると解されている（福岡高判昭28・6・5）。

例えば、住居侵入の急訴を受けて現場に急行したところ、犯人が犯行場所から約三〇メートル離れたところにいた場合（最決昭33・6・4）や、窃盗の目撃者がそのまま犯人を自宅まで追尾して警察に通報し、警察官が急行した場合（仙台高秋田支判昭25・3・29）、また、速度違反の取締りで、合図係・測定係・記録係が協力して現認した速度違反の犯人を停車係が停車させた場合（東京高判昭41・1・2）などの犯人は、「現に罪を行い終わった者」に当たり、現行犯逮捕できるものとされている。

準現行犯人

準現行犯人は、犯人として追呼されているなど犯人であると推定される一定の条件下にある者が、「罪を行い終ってから間がないと明らかに認められるとき」をいう（第四章に詳説）。

「現に罪を行い終った」段階は経過したが、犯罪の実行行為終了の時点に近接していることが客観的に何人にも明白であれば、誤認逮捕の危険も少ないことから、本来の現行犯人ではないが、これに準ずる者として、現に罪を行い、また、行い終わった者と同様に、何人も令状なく逮捕することができるのである。

「罪を行い終ってから間がない」というのは、「現に罪を行い終った」のように、犯行終了に接着した犯行直後の時間内に限るものではなく、時間的に近接しているだけで足りるとされており（福岡高宮崎支判昭32・9・10）、犯罪の実行行為終了後最大限「数時間」と解されているが、一般的には犯行後二～三時間を超えない程度が限度である。

準現行犯人は、このような時間的接着性のほかに、特定の犯罪を行い終わったことの明白性が、客観的に明らかに認められるものでなければならない。このことを判断する上で最も重要な要素は、犯罪の実行行為の現場との場所的関係である。犯人が犯行場所から距離的に離れれば離れるほど、客観的に犯人であることの明白性が稀薄になっていくからである。したがって、それが準現行犯人に当たるかどうかは、犯行終了後の経過時間と、犯行現場と犯人の現在地との距離的関係との両面を総合して検討し判断しなければならない。

例えば、判例は、警察官が窃盗未遂の犯人を捜索中、手配の風体の男を犯行後一時間半位を経過した頃、現場から二〇〇メートル位しか離れていない地点で発見したときは、「罪を行い終って間がないと明らかに認められるときに該当する」としている（福岡高判昭29・5・29）。

事例の検討

事例の被疑者は、主婦・直子を脅して五〇万円を恐喝しようとしたものであるが、犯行現場では同人に近付いて現金の入った紙袋に手を掛けただけである。そして、周辺に張り込んでいる逮捕者となる警察官は、現場ではその状況しか覚知できない。したがって、通常であれば、それが恐喝罪という犯罪を構成する行為であり、その者が犯人であることの外部的明白性があるとはいえない。

しかし、現場に張り込んでいた警察官は、事前に直子からの届出によって「被害者が脅迫をされ現金を要求されていること」を知っていたものであり、そのことによって、男が被害者に近付き、喝取金の交付を受けるため現金の入った紙袋に手を掛けた行為が恐喝罪を構成するものと判断できたのである。

このように、現場の状況と逮捕者が事前に得ていた他の資料と相まって、犯罪の現行性を認定することは許されており、男を「現に罪を行っている」現行犯人と認定したことは正しい判断である。

11　現行犯の時間的・場所的限界

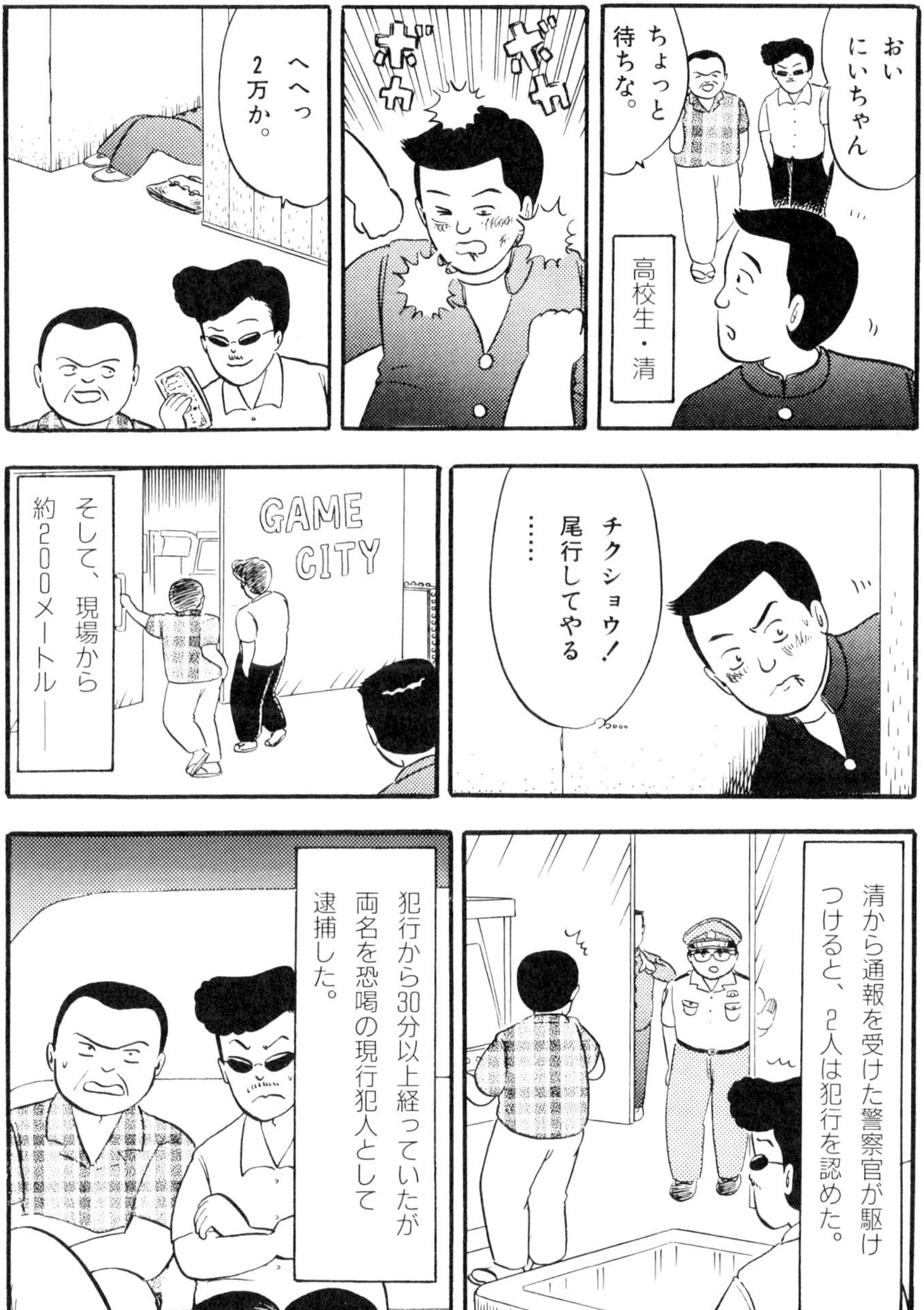

キーポイント
① 「現に罪を行い終った者」の意義
② 時間的接着性の範囲
③ 場所的近接性の範囲

「現に罪を行い終った者」の意義

現行犯人は、「現に罪を行い、又は現に罪を行い終った者」（刑訴二一二Ⅰ）である。このような現行犯人の逮捕について、法は令状主義の例外としている。これは、犯人が罪を行い又は行い終わったという状況が現に目前に存在することから、その状況を覚知した逮捕者にとって、その者が犯罪を犯した犯人であることが明白で、誤認逮捕などをするおそれが少なく、かつ、急速な逮捕の必要性があるからである。

ここにいう「現に」というのは、「逮捕着手時現在」という意味であり、逮捕着手時で次のような要件がなければならないとされている。

○　客観的に特定の犯罪が現に行われているか又は行い終わった直後であること（犯罪の現行性・犯罪との時間的接着性の存在）

○　特定の犯罪が存在すること及びその者がその犯罪を行った犯人であることが逮捕者に明白であること（犯罪と犯人の明白性）

○　犯罪が逮捕者の目前で行われているか又はその犯罪が行われ終わった直後であることが逮捕者に明白であること（犯罪の現行性・時間的接着性の明白性）

このような要件の存否を判断するについて、現に罪を行っている現行犯人の場合は、犯罪が逮捕者の目前で行われ、かつ、犯行現場と逮捕現場とが一致しており、犯罪と犯人とを特定するのに問題は少ないといえる。

しかし、罪を行い終わった現行犯人の場合は、逮捕者が犯行を目撃しているわけではなく、また、犯人も現場にいないことから、どの程度の時間的接着性があればいいのか、また、犯行現場からどの程度移動していれば現行犯人の範囲を離れるのかという問題が生じてくる。

時間的接着性の範囲

「現に罪を行い終った現行犯人」の要件の存否を判断する際に最も問題となるのが、その犯罪との時間的接着性の範囲である。もし、時間的接着性が認められない場合には、たとえ犯罪の外部的明白性が認められたとしても、それを現行犯人ということはできないとされており、時間的接着性の有無の存否について最優先で判断しなければならない。

この時間的接着性の範囲について、通説は、その者が特定の犯罪を行った犯人であることの証拠が散逸せずに存在していると考えられる時間を基準にすべきであるとしている。一般に、犯罪が行われた直後は生々しい証拠が存在し、逮捕者はこれによって犯罪と犯人の明白性を認識し判断するからである。その具体的な範囲・限界については、事案によって異なるであろうが、最大限三〇〜四〇分程度であるとされている。

この点について判例は、暴行・器物毀棄事件の訴えを受けた警察官が犯行現場に急行し、犯行後約三〇〜四〇分経過していたが、同所から約二〇メートル離れた飲食店で、手を怪我して足を洗っていた犯人を現行犯逮捕した事案について、弁護人が「現に罪を行い終った者を現行犯人とするためには、犯人が罪を行い終ってその場に居る場合をいうのであって、本件の如く『くれたけ』で暴行し終ってその場を立ち去ってより四〇分も過ぎているものは、現行犯人とはいえない」等と主張したのに対し、「原審が適法に確定した事実関係の下においては、C巡査が被告人を現行犯人として逮捕したものであるとした原判示は、これを是認することができる」（最決昭31・10・25）として、犯行後三〇〜四〇分程度の時間が経過していても、現行犯逮捕は可能であるとの判断を示している。

また、このほかにも、

○　強制わいせつの被害者が隣家に逃げて一一〇番通報を依頼し、駆け付けた警察官に犯行後約四〇分経過後現行犯逮捕された事案（東京地決昭42・11・22）

○　暴行の被害を受けたとの通報により、犯行後一〇〜二〇分後に駆け付けた警察官に犯行現場で現行犯逮捕された事案（福井地判昭49・9・30）

等について、「現に罪を行い終った現行犯人」であり適法な現行犯逮捕であるとしている。

しかし、例えば、

○　映画館の中で強制わいせつの被害にあった被害者が自宅に逃げかえって夫に相談して引き返し、同映画館にまだ犯人が居ることを確認した上で警察に通報したため、犯行後一時間五分後に現行犯逮捕された事案（大阪高判昭40・11・8）

○　自動車によるあて逃げの犯行を犯し逃走中の犯人が、手配を受けた警察官により犯行後約一時間後に現行犯逮捕された事案（仙台高判昭45・8・22）

については、いずれも違法であるとしている。

場所的近接性の範囲

「現に罪を行い終った現行犯人」を判断する上での時間的接着性は、犯罪と犯人の明白性の判断にも影響を及ぼす。つまり、犯行終了後の時間的経過に伴い、通常、犯人は犯行現場から移動して離脱することになる。そして、犯人が犯行現場から遠く離れれば離れるほどその者が犯人であることの明白性が失われるおそれも生じるからである。

犯行現場と逮捕の場所との場所的近接性の距離的範囲については、その者が特定の犯罪を行った犯人であることが、それ以外の者と混同されることなく特定しうると通常考えられる距離を基準にすべきとされ、その距離は、具体的には、最大限二〇〇～三〇〇メートル程度とされている。

この点について判例は、

○　通報により現場に赴いた警察官が目撃者から暴行の事実を聴取すると同時に、犯行現場より五五間位(約一〇〇メートル)の距離にある犯人の自宅前で発見した事案（福岡高判昭28・6・5）

○　窃盗事件の被害者が犯行直後から犯人の追跡を継続して、犯行現場から一五一尺（約四五メートル）離れた場所で現行犯逮捕した事案（東京高判昭27・2・19）

○　数人が一グループになって行う自動車の定域測定式速度違反取締りにおいて、測定を終了した地点から約三〇〇メートル離れた地点で現行犯逮捕

した事案（東京高判昭41・1・27）

○　無銭飲食の犯人を、犯行現場から二〇〇メートル離れた交番まで被害者が同行し、同所で現行犯逮捕した事案（東京高判昭49・2・28）

などについて、いずれも適法な現行犯逮捕であると判断している。

このように、「罪を行い終った現行犯人」の認定をするには、犯罪行為との時間的接着性や犯行場所との場所的近接性等について、その範囲内にあるかどうかを検討し判断することになる。しかし、このことだけで現行犯人と認定するものではない。

通常、被害者や目撃者等の通報によって現場に急行した警察官は、犯罪行為そのものは現認していない。したがって、その通報内容以外に、例えば、犯行の発覚した経緯、被害者・目撃者と犯人との接触状況、犯行の具体的な痕跡、被害者の言動、逮捕時の犯人の言動等、外観上に表れている諸般の事情を、逮捕者自らが認識・覚知することによって、はじめて現行犯人としての要件が逮捕者に明白となり、逮捕することが許されるのである。

事例の検討

事例の場合、犯人が恐喝の犯行を終了してからの経過時間は約三〇分であり、犯行現場である路地裏から逮捕の現場となったゲームセンターまでの距離は約二〇〇メートルである。これらの状況は、現行犯を認定する上での要件である「犯行との時間的接着性」「犯行現場との場所的近接性」の許される範囲内のものであると認められる。

そこで、犯罪と犯人の明白性について検討すると、被害者・清は犯人を犯行現場から逮捕現場まで追尾していき、一一〇番通報により駆け付けた警察官に犯人を指示したものである。しかも、二人の犯人は犯行を認めているというのであるから、犯罪と犯人の明白性は明らかであると認められる。

犯人をその自宅まで追尾した後警察に通報して逮捕したという事例に類似した事案について、判例も現行犯逮捕の適法性を認めており（仙台高秋田支判昭25・3・29）、本事例についても、適法な現行犯逮捕であると解される。

12　被害者の急訴と現行犯逮捕

キーポイント

① 現に罪を行い終わった者の意義
② 犯人の外観的明白性

現に罪を行い終わった者の意義

現行犯人は、「現に罪を行い、又は現に罪を行い終った者」である。そして、その要件を判断するに当たっては、犯行に接着した時間的段階であるということ（時間的接着性）と、実際に犯行が行われしかもその者が犯人であるということ（犯罪と犯人の明白性）が認められなければならない。

現行犯人のうち、「現に罪を行っている者」については、これらの要件の存在を確認するのは容易であるが、「現に罪を行い終った者」については、これらの要件の有無を判断するのが困難な場合が多い。

現に罪を行い終わった現行犯人の犯行との時間的接着性については、事案によって異なってくるためこれを数字的に限定することは困難であるが、一般的には、「急報を受けた警察官が現場に急行するのに普通かかる程度の時間」が経過していなければ、現に罪を行い終わったという時間的段階にあると見られる場合が多く、その最大限は三〇～四〇分程度と解されている。

一般的に、被害者や目撃者等の訴え出を受けた警察官が犯行現場に駆け付けたような場合には、犯行自体はすでに終了してしまい、当該警察官自身は犯行を現認できない場合がほとんどであろうし、犯人がすでに犯行現場から離れているのが通常である。そうすると、現行犯人の要件のうち、「犯罪と犯人の明白性」の要件が問題となる。つまり、臨場した警察官は犯行を目撃しているわけではないので、その場で現行犯人の要件の有無を判断するためには、訴え出てきた被害者等の申立て内容等をもとに認定するほかない。

このような場合に、被害者の申立ての内容を判断資料の一つとすることは当然許されるが、この申立てだけでそれ以外に外観上犯罪のあったことを逮捕者が直接判断できるような状況が全く認められなかったり、その者が犯人であるということを逮捕者自身が直接知り得る状況が全く存しない場合には、逮捕者の判断に客観性の担保がないということになり、これを現行犯逮捕することが許されないということになる（大阪高判昭33・2・28）。

したがって、被害者等の急訴により現場に赴き、犯行自体を現認せずに、罪を行い終わった現行犯人であると判断する場合には、被害者等の申立てだけでなく、これを客観的に担保する状況を認定資料にする必要がある。

犯人の外観的明白性

現行犯人を認定するには、逮捕者による犯行自体の現認による場合だけでなく、逮捕者が直接覚知した諸般の状況から合理的に判断することによってもなし得るとされている。そして、それは、事後的な純客観的な判断によるべきではなく、当該逮捕の時点における具体的状況に基づいて客観的に判断すべきであるとされている。

例えば、停留所で深夜バスに乗るため乗車口ステップに足をかけた際、ズボンの左後ポケットに何かが触ったのを感じ確かめると、その直前まで確認しておいたポケット内の財布がすり取られていることが分かった。振り返ると、左斜め後にいた男が急に一、二歩後ずさりし目をそらした。その男だけ列に並んでいなかったので、男を犯人と直感し、バスの乗務員・乗客・待合客に「すりがいる。みんなバスに乗ってくれ。警察にいって調べてもらう」とどなったところ、その男だけバスに乗ろうとしなかった。再三男に協力を求めたが、停留所から離れて行こうとし、交番に同行を求めると逃げようとしたので、その場で男を逮捕し警察官に引き渡したという事案に対し、「直接覚知しえた諸般の状況から合理的に判断して、男が窃盗を行ない終った瞬間のあるいはこれときわめて接着した時間的段階にある犯人であることが明らかである」として、その現行犯逮捕行為を適法とした判例がある（大阪高判昭45・3・19）。

そして、この認定資料は、原則として、逮捕者自身が直接見分した被逮捕者の挙動・状態・証跡その他の客観的状況をいうが、これは、厳密な意味での犯行現場の状況のみに限られるべきものではなく、被害者の申立てや被疑者の自供も、その客観的状況を補充・担保するものとしてその認定資料になり得るとされている。したがって、被害者の申立てだけでなく、これに加えて、被逮捕者の自供があり、その自認内容が被害者の中立てや逮捕者自らが見分した犯行の痕跡その他犯行現場周囲の客観的状況から見て信用し得るものであれば、これらを認定資料として現行犯人と認めてよいということになる。

例えば、目撃者の急訴によって警察官が現場に急行したところ、被害者も犯人も引き続き現場にいて被害者の指示により犯人を確認できた場合、警察官自身は直接犯行を現認していなくても、被害者の申立て内容を資料として、現に罪を行い終わった客観的状況を認定し現行犯逮捕することが許される。

判例も、「キャバレー・ラスベガスの店長Mから通報を受けたF警察署勤務の警察官Hほか一名は、右通報から一〇分ないし二〇分後の五時二〇分ころに右ラスベガスに到着したが、その際被告人は、右ラスベガス更衣室で大声を張り上げており、被害者のNも頬を押さえていたこと、更に右HらはMからNが被告人から暴行を受けた旨告げられ、被告人自身も、Nを殴打したことを自認したことが認められる。右の事実によれば、右Hらが犯行現場である右更衣室に到着した当時の被告人及び被害者の態度、目撃者の証言等から、暴行罪に当る事実を認め得たのであるから、被告人は、現に罪を行い終った者としての現行犯人に当ることは明らかである。」（福井地判昭49・9・30）とか、「被疑者が被害者を殴打したのは、右派出所から僅か約二〇〇メートルしか離れていない地点を走行中のタクシー内であり、被害者は暴行を受けるや直ちに被疑者を同乗させたまま右派出所に赴き、被害の約一分後には警察官に被害の事実を告げ、同警察官において、被害者の顔面に殴打された痕跡があることを確認し、更に被疑者に対して、右暴行を加えた事実があるか否かを質問し、同人が自認したため、現行犯人として逮捕したことが認められるから、これらの事実によれば、被疑者は、刑事訴訟法二一二条一項にいう『現に罪を行い終った者』に該当するというべく」（釧路地決昭48・3・22）として、いずれも被害者の申し立て内容を担保する現場の状況、被疑者の自供等を総合的に判断して、現行犯人と認定している。

また、最高裁判所は、被害者の「今酔っ払いがガラスを割って暴れているから早く来てください」という急訴により臨場した警察官が、現に罪を行い終わった器物損壊・暴行の現行犯人を認定するに際し、被害者の「犯人が勝手口のガラス戸を割り、自分の胸を強く突いたので痛い。犯人は今別の店にいる」という中立てに加えて、「犯行の痕跡が生々しいガラス戸の破壊状況」「被害者の愁訴などの挙動」「逮捕時の犯人の挙動」等逮捕者自らが認識した犯行の痕跡等の客観的状況を判断資料にし、犯行後四〇分後現に罪を行い終わった現行犯人と認定して逮捕した事案について、適法でありこれを是認することができるとしている（最決昭31・10・25）。

この最高裁決定は、犯行後三〇～四〇分以内であれば常に現に罪を行い終わった者に当たると解すべきではなく、この程度の時間が経過していても、犯罪の性質・態様、その他の具体的事情によっては、現に罪を行い終わった者に当たる場合があり得ることを示したもので、その限界に当たる事例を示したものとされている。

事例の検討

事例は、被害者の急訴を受けた佐藤巡査が現場に急行し、現行犯逮捕したという事案である。

被害者の中立ての内容は、「酔っ払いが店の中で暴れている」というものであるが、佐藤巡査が現場に臨場した時点では、犯人はすでに一〇分ほど前に現場から立ち去っていた。その後、犯行現場から五〇メートル離れた屋台のラーメン屋にいた犯人を発見し、現行犯逮捕したものである。

現行犯人の認定資料としては、被害者の中立て内容・指示、逮捕時の挙動に加え、現場における犯行の痕跡が挙げられる。すなわち、「店の入り口のガラスが割られていること」「店の中に椅子やテーブルが倒れていること」「割れた皿や飲食物が散乱していること」「従業員の一人が顔面から血を流していること」などである。これらの状況は、逮捕者自身が覚知している事情であって犯罪と犯人の明白性が認められ、さらに、犯行との時間的接着性、場所的近接性からみても、現に罪を行い終わった現行犯人と認められる。

13　現行犯における犯罪の明白性と「たぐり捜査」

キーポイント
① 現行犯逮捕における犯罪の明白性
② いわゆる「たぐり捜査」と逮捕種別

現行犯逮捕における犯罪の明白性

現行犯人・準現行犯人の逮捕が令状主義の例外として許され、しかも私人にも逮捕する権限が与えられているのは、その者を客観的にみて、犯した犯罪が明白であり、犯人であることが明白であることから、誤認逮捕の危険も少なく、裁判官の逮捕状を求めるまでの必要がないからである。

したがって、現行犯人・準現行犯人を逮捕することが許されるのは、ただ単に犯罪を犯したという嫌疑が充分であるというだけでは足りない。これに加えて、目前の「現に罪を行い、又は現に罪を行い終った」状況や「行い終ってから間がないと明らかに認められる」状況からその嫌疑が認められ、判断される場合に限られる。つまり、その嫌疑は、現場の状況から外部的に明白でなければならないのであり、しかもこの外部的明白性は、現場の状況などから逮捕者自身が直接覚知できるものでなければならないとされている。したがって、逮捕者自身は現場におらず、また、犯罪が行われていることを裏付ける客観的な状況もないため、現に犯罪が行われていることや行い終わったことについて逮捕者自身が直接覚知していないのに、被害者の通報や被疑者の自供等の供述のみによってその状況があるものと判断したような場合は、ここにいう外部的明白性があるとはいえず、そのような場合には、現行犯逮捕をすることが原則として許されないことになる。

例えば、恐喝事件の現場で被疑者が被害者を脅迫していたとしても、張り込みをしていた警察官にはその会話の内容を聞くことができず、また、被疑者の態度や行動が自然で、被害者が恐喝されているような事実が外部的に覚知できない状況の場合は、被疑者と別れた被害者が「被疑者から恐喝された」と訴え出たとしても、単にそのことだけでは警察官自身が被疑者を「現に罪を行い終った」現行犯人と認めることはできないとした判例がある（大阪高判昭33・2・28）。

しかし、警察官自身が現行犯人と認定できない場合であっても、これを直接体験覚知した被害者の要求により、これに代わって現行犯逮捕することは許される。この場合には、現行犯人の認定自体は犯行を直接覚知した被害者によってなされており、警察官はその認定に従い、その者に代わって逮捕権を行使するもので、警察官が被害者の通報だけを資料にして、被疑者を現行犯人と認定したものではないからである。

例えば、前の事例でいえば、恐喝を受けた被害者が、その直後に、警察官に被疑者を指し示してその逮捕を求めたような場合には、警察官自身はその場の状況からは被疑者が犯罪を犯していることを直接覚知できなかったとしても、これを直接覚知した被害者に代わって現行犯逮捕できるということになる。

また、ひったくりを現認した通行人が被疑者をアパートの居室まで追尾した上、その場から一一〇番通報したような場合は、駆け付けた警察官は被疑者の犯行を全く覚知していないが、犯行を覚知している通行人が自ら被疑者を現行犯逮捕できたのにこれをせずに警察に届け出たもので、これは現行犯逮捕の要求であるといえるから、警察官が被疑者を罪を行い終わった現行犯人として逮捕することができるのである（仙台高秋田支判昭25・3・29）。

このように、警察官自身が、又はこれに代わる被害者や目撃者等が被疑者の犯行を覚知していることが、現行犯を認定するための根拠となるが、犯罪の性格によっては、「現に罪が行われている」ときでも、外観上はそれが犯罪であるかどうか明白でない場合がある。

例えば、覚醒剤の売買においては、そこで授受されているものが覚醒剤であるかどうかは外観だけでは判別できない場合が通常であり、このような場合は、事後の鑑定を待ってそれが覚醒剤の売買であることが明白になる。つまり、この種の犯罪については、その外部的状況だけを根拠に現行犯逮捕することは不可能である。

しかし、外部的明確性を欠くこのような犯罪であっても全て現行犯逮捕できないというものではなく、特別な知識から、また、関係者の情報等事前に得ていた他の資料から、それが覚醒剤であるという判断をなし得る状況があれば、その授受を「現に罪が行われている」と認定して現行犯逮捕することが許される。現場の状況だけからは犯罪の外部的明白性が認定できなくても、逮捕者が覚知しない事実以外の資料のみによって犯罪の現行性を認定したものではないからである。

判例も、競馬の「のみ行為」について、「競馬における呑み行為や又は賭博行為の如く隠密のうちに行われる犯罪の場合においては、事前の内偵・張込み等によって得た客観的資料に基づく知識を有しない通常人には現行犯であるということは認知できない場合であっても、警察官はそれらの資料に基づく知識によって容易に現行犯の存在を認知しうる場合があるということを理解すべきであり、……」（東京高判昭41・6・28）として、事前に得ていた知識や現場の状況とを総合して、現行犯と認定することを容認している。

いわゆる「たぐり捜査」と逮捕種別

いわゆる「たぐり捜査」というのは、被疑者の自供や所持品などからたぐっていった結果、初めて犯罪が確認されたというように、犯罪の現場から被疑者を追跡するのではなく、逆に、被疑者から犯罪を確認するという捜査である。例えば、不審者を職務質問してその所持品等について追及したところ、ひったくりの犯行を自供し、捜査した結果、その事実が初めて確認されたというような場合である。

このような場合は、たとえそれが「罪を行い終ってから間がない」状況にあったとしても、その時間的接着性と犯罪・犯人の明白性は、逮捕者が被疑者の外部的状況から判断したものではなく、また、直接現場の状況等から覚知したものでもない。職務質問した結果、被疑者の自供を得、その裏付け捜査をして初めて判明したものである。つまり、その場の状況からは、直ちに犯罪の明白性は認められないもので、現行犯・準現行犯の要件が備わっているとはいえないことになる。

この点について判例も、深夜、ボストンバッグを肩に掛けて交番の前を歩いていた男を職務質問し、バッグの中にある銅線が盗品であると自供させ、準現行犯逮捕した事案について、「準現行犯逮捕が許されるためには、原則として、被疑者の挙動・証跡、その他の客観的状況（被害者等の事前の通報等を含む）により、誰の目にも罪を行い終わって間もないことが明らかであることを要するものと解すべきである。職務質問（一種の任意取調と解される。）等によって初めて犯罪が明らかになった場合には、緊急逮捕の手続により、犯罪の嫌疑の有無等について裁判所の審査を受けさせるのを相当とする。ただ、客観的状況からみて、罪を行い終わってから間がない疑いが極めて高い場合、簡単な、いわば確認的な職務質問を行い、この結果罪を行い終わってから間がないことが明らかに認められるに至ったとき準現行犯逮捕が許される余地がないでもない。」（東京地決昭42・11・9）としている。

つまり、いわゆる「たぐり捜査」の場合には準現行犯における外部的明白性に欠けていることから、原則的には、準現行犯逮捕ではなく、緊急逮捕若しくは通常逮捕によるべきであるというのである。

事例の検討

事例の場合は、交番の前を通り過ぎようとした不審者を警察官が職務質問し、その結果初めて犯罪が明らかになったもので、典型的な「たぐり捜査」である。

しかし、この場合に警察官が職務質問したのが犯行の直後であり、しかも犯行場所の直近であることから、現行犯逮捕若しくは準現行犯逮捕できるのではないかということが問題となる。

現行犯を認定する上で不可欠な「犯人と犯罪の明確性」は、犯罪の嫌疑が充分であるというだけでなく、現に罪を行い又は現に行い終わったこと等が、現場の状況等から認められなければならない。

事例の場合の逮捕者である警察官は、犯行時に犯行の現場である駅構内にいたわけではないから、犯行を直接現認はしていない。また、事前に被害者の届出を受けていたものでもないから、置き引き事件が発生していたことも知らない。したがって、警察官の姿を見た不審者が、抱えていたバッグを植え込みの中に投げ捨てて走り出したとしても、それだけでその者が置き引きの被疑者であると判断することはできない。その後の捜査によって初めて犯罪を確認したものであるから、本事例は現行犯の「明白性」に欠ける、いわゆる「たぐり捜査」によるものであり、緊急逮捕若しくは通常逮捕するということになる。

14　軽微な事件の現行犯逮捕

キーポイント
① 軽微な事件と現行犯逮捕の意義
② 住居若しくは氏名が明らかでない場合
③ 逃亡するおそれがある場合

軽微な事件と現行犯逮捕の意義

現行犯人は、何人でも、逮捕状なくしてこれを逮捕することができる（刑訴二一三）。これは、現行犯人が犯罪を行ったことが明白であり、誤認逮捕のおそれがないからである。そして、現行犯逮捕をする際には、通常逮捕や緊急逮捕をする場合と異なり、逮捕の必要性の有無を判断する必要はないとされている。

つまり、通常逮捕状、緊急逮捕状を請求する際には、「逮捕の必要があることを認めるべき資料を提供しなければならない。」（刑訴規一四三Ｉ）とされ、被疑者に逃亡・罪証隠滅のおそれのあることを疎明しなければならないのに対し、現行犯人の場合は、被疑者が現行犯人の要件を満たしていること自体、当然逮捕の必要性があるということであると解されており、判例の中には、「現行犯人の逮捕については、逮捕の必要性の有無を問題にする余地はないものと考えられる」（東京高判昭41・1・27）としたものがある。

ところで、刑事訴訟法は、いわゆる軽微事件について、通常逮捕する場合には、「被疑者が罪を犯したことを疑うに足りる相当な理由」のほかに、これに加え、「被疑者が定まった住居を有しない場合」又は「正当な理由がなく刑事訴訟法第一九八条による出頭の求めに応じない場合」（刑訴一九九Ｉただし書）という理由がなければならないとしている。これは、この種の軽微犯罪については、まず、任意捜査によるべきであるとする法の趣旨を明らかにしたものである。

そして、軽微事件被疑者を現行犯逮捕することにも、一定の制限を設けている。現行犯人である限りは、それが軽微な事件であっても原則として逮捕の必要性があるものとして逮捕できるのであるが、あまりにも軽微な犯罪に対し、強制力を用いるのは妥当ではないという趣旨から制約を設けたものである。

すなわち、「三十万円（刑法、暴力行為等処罰に関する法律及び経済関係罰則の整備に関する法律の罪以外の罪については、当分の間、二万円）以下の罰金、拘留又は科料に当たる罪の現行犯については、犯人の住居若しくは氏名が明らかでない場合又は犯人が逃亡するおそれがある場合に限り、第二百十三条から前条までの規定を適用する。」（刑訴二一七）としているのである。したがって、これら軽微な事件の被疑者を現行犯逮捕するには、現行犯・準現行犯の要件のほかに、

○　犯人の住居若しくは氏名が明らかでない場合

○　犯人が逃亡するおそれがある場合

のいずれかの要件も必要となる。

そして、その要件はこの二点だけに限られ、他の事情には触れていないから、たとえ犯人に通謀等罪証隠滅のおそれがあったとしても、その住居・氏名が明らかであり、かつ逃亡するおそれも認められなければ、これを現行犯逮捕することが許されないことになる。

また、この要件は、軽微な事件の被疑者を現行犯逮捕する際に必要な要件であるが、逮捕した時点ではこの要件があったとしても、その後、これらの要件となる事由が消滅した場合には、その身柄拘束を継続することができず、その時点で釈放しなければならない。

ここにいう軽微犯罪の「罪」は、将来公訴を提起された場合の見込まれる刑をいうのではなく、その罪の「法定刑」を意味するものであり、主な軽微犯罪としては、本項末尾の表のものがある。

住居若しくは氏名が明らかでない場合

犯人の「住居」若しくは「氏名」のいずれか一方が明らかでない場合をいい、住居も氏名も判明している場合には、この要件を充足しているとはいえない。

「犯人の住居が明らかでない」というのは、住居不定ばかりでなく、定まった住居はあるが、逮捕時にこれを明らかにできない場合も含む。また、「犯人の氏名が明らかでない」というのは、犯人が黙秘するなどして自分の氏名を申し立てない場合はもちろん、自称するだけで虚偽の疑いがあり、その真実性に確信がもてない場合も含むとされている。当然、この住居・氏名は、犯人の供述があっただけでは足りず、その供述が納得できるだけの客観的な資料によって証明されなければ、明らかであるとはいえない。

住居・氏名が明らかでない場合として、具体的には、次のようなものがある。

○　本人が、特定の住居・氏名を名乗っているが、その住居・氏名が本人のものに間違いないことを証明するのに役立つような所持品もなく、第三者の証言も得られない場合

○　本人の住居又は氏名を黙秘している上、所持品等からも、その住居・氏名を明らかにする資料が発見されない場合

○　一応本人のものと推定される身分証明書その他の所持品があって、これに住居・氏名が記載されていても、本人が黙秘していて何らの釈明も行わず、所持品に記載された人物と本人とが同一人物であることを確認できない場合

逃亡するおそれがある場合

ここにいう「逃亡するおそれがある場合」というのは、勾留の要件としての「逃亡すると疑うに足りる相当な理由があるとき」(刑訴六〇Ⅰ)の判断よりも、緩やかであって、逮捕する者の認定の幅が広くなっているものと解されている。

逃亡のおそれの有無を認定するに当たっては、逮捕の際、犯人が逃亡したという事実があれば、その認定は容易であるが、一般的には、犯人の言語・態度・年齢・職業、家族の有無、犯行の手段・方法等を加味して総合的に判断し、これを認定することが必要である。

逃亡のおそれの事情のうち、最も重要なのは、住居の点であるが、住居不定かどうかは、そこに現に居住しているかどうかを判断すればよい。また、住居不詳は、通常の捜査を尽くしたが、その者の住居を確知できない場合であり、住居が確認できないからといって、その場合を住居不定と解してはならない。

簡易宿泊所に居住している者であっても、単身で短期間寄宿している者と、そこに住民登録をしている者や、妻子や家財道具を置いている者などとは区別して判断しなければならない。飯場住いの建築作業員の場合も同様で、そこに永住性があったり、稼働状況にも定着性がある場合とそうでない場合とは区別をする必要があり、そのためにも、形式的にではなく実質的にその裏付けをしておかなければならない。

事例の検討

事例の犯人は、街路樹の支柱である他人の工作物に無断ではり札をしたもので、その行為は、軽犯罪法第一条三三号の「はり札の罪」に当たる。そして、同罪は、「拘留又は科料」に当たる罪であるから、現行犯逮捕が制限される「軽微な事件」に該当する。

したがって、これを現行犯逮捕するためには、その加重要件である「住居・氏名が明らかでない場合」「逃亡するおそれがある場合」のいずれかの要件が認められなければならない。事例の場合は、犯行自体は素直に認めているものの、その住居・氏名について頑強に黙秘しているのであるから、この要件を満たしており、これを現行犯逮捕した手続は適法である。

法条		罪名	刑
刑法	一〇六条三号	騒乱附和随行罪	一〇万円以下の罰金
	一〇七条後段	多衆不解散罪	一〇万円以下の罰金
	一二二条	過失建造物等浸害、過失建造物等以外浸害罪	二〇万円以下の罰金
	一二九条一項	過失往来危険罪	三〇万円以下の罰金
	一五二条	偽・変造通貨収得後知情行使罪、偽・変造通貨収得後知情交付罪	その額面価格の三倍が三〇万円を超える場合を除く。
	一八七条三項	富くじ授受罪	二〇万円以下の罰金、科料
	一九二条	変死者密葬罪	一〇万円以下の罰金、科料
	二〇九条一項	過失傷害罪	三〇万円以下の罰金、科料
	二三一条	侮辱罪	拘留又は科料
軽犯罪法	一条一〜三四号	建物等潜伏罪ほか	拘留又は科料
酒に酔つて公衆に迷惑をかける行為の防止等に関する法律	四条一項	著しく粗野又は乱暴な言動違反の罪	拘留又は科料
	五条二項	警察官の制止行為に従わない違反の罪	一万円以下の罰金

15　覚醒剤の予試験と所持現行犯逮捕

キーポイント
①覚醒剤所持違反と現行犯逮捕
②所持品検査の限界
③覚醒剤の予試験

覚醒剤所持違反と現行犯逮捕

覚醒剤を所持している者を逮捕するには、過去に覚醒剤を所持していた事実を立証して通常逮捕、緊急逮捕する場合もあるが、一般的には、捜索、職務質問等によって、現に覚醒剤を所持している事実を確認し、現行犯逮捕することが多い。

現行犯人は、「現に罪を行い、又は現に罪を行い終つた者」（刑訴二一二Ⅰ）をいい、その者を現行犯人と認めて逮捕する場合は、

○ その者をおいて他に犯人はなく、正しく特定の犯罪の実行行為者であるということを逮捕者が明白に認識できること（犯罪と犯人の明白性）

○ その者が現に特定の犯罪を実行しつつあること、又は特定の犯罪を実行し終わった直後の段階にあることを逮捕者が明白に認識できること（犯罪の現行性・時間的接着の明白性）

の要件がともに充足されていることが必要である。

覚醒剤取締法にいう所持について、判例は、「覚せい剤であることの情を知りながら、これを事実上自己の実力支配内に置く行為をいう」とし、さらに「積極的にこれを自己又は他人のため保管する意思の有無、又はその行為の目的、態様の如何を問わない、すなわち所有権の有無、自己使用又は第三者に使用される意思の有無を問わない」（東京高判昭49・4・1）としている。つまり、外形的には、覚醒剤を自己の実力支配下に置き、内面的には、それが覚醒剤であることの認識（知情性）さえあれば、他の要件は問わないとしているもので、この点を明確にすれば、覚醒剤所持違反の現行犯逮捕が許される。

ところで、その者の所持している薬物が覚醒剤であるかどうかについては、その色彩、形状等からだけで直ちに判断することはできず、通常は、試薬による予試験を行い、その結果に基づき認定している。したがっ

て、覚醒剤所持違反として現行犯逮捕するためには、その前提として、試薬による予試験が行われなければならないということになる。

職務質問の結果、覚醒剤のような薬物を発見し、予試験を行った結果、それが覚醒剤であると判明した場合に、それはいわゆる「たぐり捜査」によるもので、現行犯逮捕できないのではないかとの疑問が生ずる。しかし、覚醒剤のような薬物を発見してから、これが覚醒剤と判明するまでの一連の経緯を職務質問した警察官自身が直接見聞しており、たとえ事後に犯罪が明らかになったとしても犯人と犯罪との結び付きは明白で、たぐり捜査とはその性質を異にしている。犯人が現行犯に当たるとの客観的な状況を認識している場合に、確認的な職務質問を行い、その結果、犯人としての確証を得るのは、いわゆる「たぐり捜査」ではないと解されているのである。

所持品検査の限界

不審者を職務質問した場合に、その所持品を検査する行為は、職務質問に付随する処分として認められている。この所持品検査は、任意手段として行うことが許されるのであるから、相手方の承諾を得た上で、その限度において行うのが原則である。

しかし、相手方が常に所持品検査を承諾するとは限らず、特に、覚醒剤を隠し持っているような場合には、これを拒否するのが通常であるし、拒否している者こそ所持品検査をする必要性が高いといえる。

この点について、判例は、「所持人の承諾のない限り所持品検査は一切許容されないと解するのは相当でなく、捜索に至らない程度の行為は、強制にわたらない限り、所持品検査においても許容される場合がある」（最判昭53・6・20）として、銀行強盗の被害品である札束の入ったボーリングバッグとアタッシュケースを相手の承諾のないまま開披し、中を一べつした行為は適法であるとしている。

ただ、その行為は無差別に許されるというものではなく、「所持品検査の必要性、緊急性、これによって害される個人の法益と保護されるべき公共の利益との権衡などを考慮し、具体的状況のもとで相当と認められる限度においてのみ許容される」としてその限界を示している。具体的には、容疑犯罪の重大性、嫌疑の濃度、犯人検挙の緊急性・必要性、職務質問に対する黙秘や所持品の開披要求に対する理由なき拒否などの挙動、そして、所持品検査の態様や侵害される法益の程度などが判断の要素となるであろう。

相手に拒否されたり、明確な意思表示のないままに所持品検査をした結果、覚醒剤を発見した事案について、その多くは、当該覚醒剤の証拠能力は認めているものの、所持品検査そのものについては、「承諾がないのに、上着左側内ポケットに手を差し入れて所持品を取り出して検査した行為は、一般にプライバシー侵害の程度の高い行為であり、かつ、その態様において捜索に類するものであるから、……相当な行為とは認めがたく、職務質問に付随する所持品検査の許容限度を逸脱したもの」（最判昭53・9・7）として、必要性・緊急性を欠く違法な行為とされている。

覚醒剤の予試験

その薬物が覚醒剤であるかどうかを確認するためには、その色彩、形状、包装の状態やその所持者の説明等を踏まえた警察官の経験則によるほか、覚醒剤の予試験の結果によって、総合的に判断すべきであるとされている。

この覚醒剤の予試験は、相手方の承諾を得て行うほか、捜索に伴う「必要な処分」（刑訴二二二Ⅰ・一一一Ⅰ）として行うことができる、と解されている。したがって、捜索差押許可状を得て、覚醒剤ようの薬物を発見し、これを差し押さえる場合に、相手方の承諾がなくても、試薬による予試験を実施して覚醒剤であることを確認し、差し押さえることになる。

覚醒剤の予試験は、検査の対象となる覚醒剤ようの物件を費消するものであるが、それは、禁制品である覚醒剤である疑いが濃厚なものである以上、その費消によって被る相手方の損害は、考慮する必要はないとされている。もし、それが覚醒剤でなかったとしても、予試験により費消する量はごく微量であり、権利侵害の程度は著しく低いといえる。また、予試験が陽性でない限り逮捕しないという逮捕・押収手続の抑制効果を考えれば、それは「必要な処分」の相当性を逸脱するものではないと解されている。

ところで、職務質問や所持品検査により覚醒剤ようの薬物が発見された場合で、相手方の承諾が得られないときも、その予試験は、捜索に伴う「必要な処分」として行うことが許されるのであろうか。もし、この場合に捜索があるとすれば、それは、逮捕の際、逮捕現場における令状によらない捜索ということになるが、予試験をした結果をもとに現行犯逮捕がなされるのであるから、逮捕行為に先行した令状によらない捜索が許されるか否かが問題となる。

つまり、当該予試験は、いまだ現行犯逮捕に着手していない段階で行われるものであり、厳密にいえば、現行犯逮捕の現場における捜索に伴う必要な処分には当たらないようにみえる。しかし、予試験の実施者が、その薬物の色彩、形状等や注射器の存在等から、相手方を現行犯人として逮捕し得る条件が整っている状況がある場合には、その逮捕を予定して予試験を行い、陽性反応が認められれば直ちに逮捕に移行するもので、予試験→逮捕→捜索・差押えの全体を密接不可分な一連の手続とみることができ、逮捕着手に先立った捜索・予試験をすることは許されると解されている。

判例も、強盗犯人を緊急逮捕する手続に先行して、被害品の入ったアタッシュケースを承諾のないままこじ開けた行為について、「緊急逮捕することができるだけの要件が整い、しかも極めて接着した時間内にその現場で緊急逮捕手続が行われている本件においては、……逮捕の現場で時間的に接着してされた捜索手続と同一視しうる」（最判昭53・6・20）として、逮捕行為に先行した令状によらない捜索を認めている。

事例の検討

事例の被疑者・大沢は、職務質問を受けた際、覚醒剤所持の発覚を防ぐため、これを投げ捨てたのであるが、同人には覚醒剤使用の前歴があって、腕には注射痕があり、さらに投げ捨てた紙包の中には、その色彩・形状等から、覚醒剤と思われる薬物が発見されたというものである。つまり、その時点で同人を覚醒剤所持違反の現行犯人として逮捕するだけの要件が整っていると解され、たとえ同人の承諾がない場合でも、逮捕行為に先行した捜索に伴う「必要な処分」として、予試験をすることが許されるのである。

第4章

準現行犯人

16　犯人として追呼されているとき

キーポイント

①　準現行犯の意義
②　準現行犯の一般的要件
③　「犯人として追呼されているとき」の意義

準現行犯の意義

現行犯人は、「現に罪を行っている者」と「現に罪を行い終った者」（刑訴二一二Ⅰ）をいう。これは現実に犯罪の実行行為を行いつつある者、また、犯罪の実行行為を終了した直後の者をいう。

これらの者は、客観的にみて、犯罪が明白であり犯人も明白であるため誤認逮捕の危険が少なく、何人でも令状なく逮捕することができるとされている。そして、刑事訴訟法は、さらに、このような本来の現行犯人ではないが、これと同一に取り扱うことができるものとして、一定の要件のある者について準現行犯人という観念を認め、現行犯人と同様に、何人も令状なく逮捕できるものとしている。

これは、本来の現行犯人たり得る時間的段階が経過してしまった場合でも、その者に犯人と推定される顕著な証跡があり、その者が犯罪を行い終わってから間がないと明らかに認められる場合を類型的にとらえたものである。

準現行犯人は、

○　犯人として追呼されているとき
○　贓物又は明らかに犯罪の用に供したと思われる兇器その他の物を所持しているとき
○　身体又は被服に犯罪の顕著な証跡があるとき
○　誰何《すいか》されて逃走しようとするとき

のうち、いずれか一つの場合に該当する者が、罪を行い終って間がないと明らかに認められるときをいう（刑訴二一二Ⅱ）。

これらの四つの要件は、その者が間違いなく犯人であることを保証する意味のものである。そして、これらはいわゆる例示的列挙ではなく限定的列挙であるから、たとえその者が犯行後間もない時間的段階にある者であっても、これらのいずれの要件も認められない場合は準現行犯人とはいえない。

本来の現行犯は、「現に罪を行い、又は現に罪を行い終った」という犯罪行為に極めて接着した時間的段階をとらえているのに対し、準現行犯は、これよりも緩やかな時間的概念の「罪を行い終ってから間がない」ことが要件とされている。

つまり、準現行犯を認定する場合にも、現行犯と同様に犯罪行為時と逮捕時との間に時間的接着性が要求されるが、それは、現行犯の場合のように犯行終了に接着した時間内に限るものではなく、ある程度の時間的な幅が予定されている。

しかし、例えば、犯罪行為から二〜三時間経過した後に、犯行現場から遠く離れた場所で犯人を発見したような場合には、その場の状況からだけで犯罪の明白性を認定できないから、これに加えて、さらに四つの要件のいずれかが存在しなければならないとされているのである。

準現行犯の一般的要件

その者が準現行犯であると認定するためには、次の三つの一般的要件がなければならない。

○ **その犯罪を行い終わってから客観的に間がないこと**（時間的接着性）

時間的接着性について通説は、犯罪の実行行為終了後「数時間」を超えない程度としており、判例も、次のような事例について、「罪を行い終って間がない」と認めている。

・　犯罪行為終了後二時間一〇分後に、ぞう品の荷車を所持している者を窃盗の準現行犯人と認めて逮捕した事例（広島高松江支判昭27・6・30）

・　犯罪行為終了後約二時間を経たころ、犯行現場付近で交番への同行を求められ逃走しようとした者を窃盗の準現行犯人と認めて逮捕した事例（東京地判昭42・7・14）

・　犯罪行為終了後約一時間半経過したころ、現場から二百数十メートルほど離れている地点で、誰何され逃走しようとした者を窃盗未遂の準現行犯人と認めて逮捕した事例（福岡高判昭29・5・29）

・　犯罪行為終了後一時間五〇分経過した後、犯行現場にいた者を傷害の準現行犯人と認めて逮捕した事例（京都地決昭41・10・20）

○　**犯人が特定の犯罪を行ったこと、また犯罪を行い終わってから間がないことが、逮捕者に明らかであること**（犯罪と犯人の明白性・時間的接着性の明白性）

その者を準現行犯と認めるためには、犯人が特定の犯罪を行ったこと、しかもその犯罪を行い終わってから間がないことが逮捕者に明らかでなければならない。そして、この要件は、その者を逮捕する際に認定しなければならないとされている。

したがって、例えば、警察官が単なる不審者を発見して職務質問をしているうちに犯罪の嫌疑を深め追及した結果、罪を行い終わってから間がない犯人であることが明白になった場合には、いわゆる「たぐり捜査」によって犯人を発見した場合に当たり、罪を行い終わってから間がない犯人であることが職務質問の当初から明らかであったとはいえないため、準現行犯逮捕は許されない。

判例も、いわゆる「たぐり捜査」と準現行犯逮捕との基本的な考え方について、「準現行犯逮捕が許されるためには、原則として、被疑者の挙動、証跡、その他の客観的状況（被害者等の事前の通報等を含む。）により、誰の目にも罪を行い終ってから間がないことが明らかであることを要するものと解すべきである。職務質問（一種の任意の取調べと解される。）等によってはじめて犯罪が明らかになった場合には、緊急逮捕の手続により、犯罪の嫌疑の有無等について裁判所の審査を受けさせるのを相当とする。ただ、客観的状況からみて、罪を行い終ってから間がない疑いが極めて高い場合、簡単な、いわば確認的な職務質問を行い、その結果罪を行い終ってから間がないことが明らかと認められるに至ったときは、準現行犯逮捕が許されると解される余地がないでもない。」（東京地決昭42・11・9）としている。

つまり、準現行犯の要件の有無を認定すべき情況と資料の範囲が問題なのであって、その場の客観的状況や被害者等の通報ないしは手配の内容等からみて、罪を行い終わってから間がないという疑いが認められる場合に、いわば確認的に簡単な職務質問を行い、これが明らかになった場合には、準現行犯逮捕が許されるということになる。

しかし、事前にこのような客観的状況が存在せず、職務質問の結果はじめて罪を行い終わって間がないことが明らかになった場合には、準現行犯逮捕は許されない。

○　**逮捕者が刑事訴訟法第二一二条二項各号の事実のいずれかをその外観から認識すること**

準現行犯が現行犯とみなされるのは、刑事訴訟法第二一二条二項に規定された四つの状況のうちのいずれかの事実と、罪を行い終わってから間がないと明らかに認められることとが相まって、その者が罪を犯したということが明白であり、逮捕者が誤認逮捕するおそれがないからである。このことから、ここに規定された事実は、いずれも客観的で容易にその存在が判断できるものとなっている。

したがって、これらの要件の存否については、その場の客観的状況から、外見上、逮捕者に直接覚知し得るものでなければならない。

判例も、「現行犯逮捕が許されるためには、罪証が外観上明白であり、従って、何人が見ても犯罪を行ったということがはっきりしていることが必要であり、そして準現行犯の場合においても、次の列挙するような各事由につきそれが外観上明白であることを必要とすることに変りはないものである。右の観点からすれば、刑事訴訟法二一二条二項二号の『贓物を所持しているとき』というのは、外見上被疑者が贓物を所持していることが明白な場合を意味するのであって、外見上被疑者が贓物を所持しているか否かは不明で、例えば被疑者がポケットの中から贓物を取り出したことによってはじめて贓物を所持していることが判明したような場合は、前同号に該当しないものと解する」（福岡地小倉支判昭44・6・18）としている。

「犯人として追呼されているとき」の意義

犯人として追呼されている者が、罪を行い終わってから間がないと明らかに認められるときは、準現行犯である（刑訴二一二Ⅱ①）。

ここにいう「犯人として追呼されているとき」というのは、その者が犯人であることを明確に認識している者から、逮捕を前提とした追跡ないしは呼号を受けている場合を意味している。

一般的には、次の三つの態様が考えられる。
○　単に、犯人として追跡されている場合（例えば、被害者等に無言で追跡されているような場合）
○　単に、犯人として呼称されている場合（例えば、追跡はされていないが、逃走する犯人の後方から、「泥棒です。つかまえてください」などと叫ばれているような場合）
○　犯人として呼称されつつ追跡されている場合（例えば、「泥棒、泥棒」などと叫ばれながら追跡されているような場合）

この場合に、追呼している者は、必ずしも被害者である必要はなく、目撃者のような第三者でもよいとされている。また、追呼者は一人でも複数でもよく、リレー式で途中から他の者が引き継ぎ追呼している場合も含まれる。

追呼の方法は、必ずしも声を出す必要はなく、犯人を指差すなど身振り、手振りで追いかけている場合でも、大声で「誰かあの男をつかまえてくれ」などと叫んでいる場合でもよいとされている（東京地決昭43・3・5）。

そして、この追呼が継続している限りは、犯行後、時間的・場所的に相当隔りを生じていても準現行犯ということができる。

例えば、ひき逃げ犯人がそのまま逃走した場合に、目撃した後続の自動車で追跡していれば、この犯人は追呼されている場合に当たるし（東京高判昭46・10・27）、犯行直後、山中に逃げ込んだ犯人を、相当期間包囲して山狩りをした上、これを発見したときも追呼されている場合に当たる。

刑事訴訟法第二一二条二項各号の事実は、犯行後間がないことを推知させる事項を類型化したものであり、「犯人として追呼されているとき」が準現行犯の明白性判断の事実とされているのは、それによって犯行と犯人との結び付きが時間的・場所的に保持されているからである。

一般的には、犯行現場等で被害者が臨場した警察官に犯人を指示している場合などがこれに当たるが、これが犯行現場から離れている場合には、犯行と犯人との時間的・場所的な結び付き、つまり、犯行現場からの連続性ということが問題となる。

この点については、犯罪行為終了後から連続して追呼されていることは必要とはされておらず、追呼の途中で一時的に犯人を見失った場合でも、引き続き犯人を捜索し、その直後に犯人を発見し追呼を始めれば「犯人として追呼されているとき」に当たるものとされている。

しかし、追呼の途中で、犯人の所在が分からなくなり、追呼を断念して引き返した後、たまたま被害現場付近で犯人を発見し、再び犯人として追呼を始めたとしても、犯人と犯行現場との連続性がいったん完全に途切れているため、外観上は追呼の形がとられていても、「犯人として追呼されているとき」には当たらないと解されている。

判例は、午前零時二〇分ころの犯行直後、犯行現場付近を警ら中の警察官が被害者から、「たった今、白っぽい普通乗用貨物自動車に乗った男に殴られ腕時計をとられた。男は四天王寺山方向に逃走した」旨の訴えを受けてこの車を追跡中、犯行現場から五〇〇メートルの地点で、被疑者がその先一〇〇メートルの地点の道路が損壊していたため通行不能で他にう回する道路もなく、引き返してくるのに出会い、職務質問の後、面割りをした結果、犯人と断定し、午前零時三五分に準現行犯逮捕した事案について、「右の事実を総合すれば、……犯行現場付近の状況から、犯人の同一性が客観的に担保されていると解せられ、少なくとも同条二項一号にいう準現行犯人にあたることは明らかであるというべきである」（福岡地決昭48・9・13）としている。

また、現実に犯人が被害者に追い掛けられている場合だけでなく、例えば、いわゆる「付け馬」のように、「そこに行けば飲食代金をもらえる」などと詐称し、飲食店の店員を連れ歩き、追及されているような場合も、準現行犯にいう「犯人として追呼されているとき」に当たる。

判例も、窃盗犯人が、犯行の後一時間後に、贓物を売却するため訪ねた古物商の店先で被害者に発見され、同人から贓物を目前にして窃盗の事実を詰問され、犯人も自分が盗んだことを自認しているような場合について、「犯人として追呼されているとき」（福岡高宮崎判昭32・9・10）に当たるとしている。

事例の検討

事例は、バイク窃盗の現場付近をパトロール中の警察官が、被害者が「ドロボー、ドロボー」と叫びながら追跡しているところに遭遇し、被害者からその者が窃盗犯人であるとの指示を受け、窃盗の準現行犯として逮捕したというものである。

刑事訴訟法に規定された準現行犯の要件のうち、この事例が外形上、「犯人として追呼されているとき」に該当するか否かが問題となる。

この場合は、犯行直後被害者が犯人を追跡したが、二〇〇メートル先の赤信号で見失った後、再び犯人を発見し、追跡中であったというものである。しかも、犯人を再び発見したときは盗んだバイクには乗っておらず徒歩で歩いているという状況であった。

準現行犯の要件である「犯人として追呼されているとき」というのは、その者が犯人であることを明確に認識している者によって、逮捕することを前提として追跡ないし呼号を受けている場合を意味するとされ、一般的には、犯行現場から継続して追呼している場合をいう。事例の場合のように、いったん追呼が中断した後、再び犯人を発見し追呼を始めた場合も全体的にみて、当初からの追呼が継続しているものと解されている。

しかし、この場合には、追呼している者が、追呼を断念することなく、これを継続する意思のもとに犯人の捜索、追跡を続行していることが必要である。もし、これを中止・断念したような場合には、当該追呼の連続性が途切れ、外観上、追呼の形がとられていても、「犯人として追呼されているとき」には当たらない。

事例の場合の被害者は、犯人を見失った後も、犯人を逮捕する意思を継続したまま、男が逃走した現場近くの駅の周辺を探していたもので、その際、背中に特徴のある虎の模様の描かれたジャンパーを着た犯人を再発見したものである。そして、再び同人に対し、「ドロボー、ドロボー」と叫び追呼を始めたのであるから、当初からの追呼は継続しているものと解され、これが「犯人として追呼されているとき」に当たることは明白である。

したがって、当該準現行犯逮捕は適法である。

17　贓物又は明らかに犯罪の用に供したと思われる兇器その他の物を所持しているとき

キーポイント
① 「贓物又は明らかに犯罪の用に供したと思われる兇器その他の物を所持しているとき」の意義
② 贓物・兇器その他の物
③ 所持しているとき

「贓物又は明らかに犯罪の用に供したと思われる兇器その他の物を所持しているとき」の意義

準現行犯は、刑事訴訟法第二一二条二項各号の事実のうちのいずれかの場合に該当する者が、罪を行い終わって間がないと明らかに認められるときをいう。そして、これら各号の事実は、その者が間違いなく犯人であることを保証する意味をもつもので、その典型的な事実を限定的に列挙したものである。

「贓物又は明らかに犯罪の用に供したと思われる兇器その他の物を所持しているとき」（刑訴二一二Ⅱ②）という事実は、このような状況下にあれば正にその者が犯人であるということを疑うに足りる状況であるといえる。

犯罪行為によって獲得した「贓物」を所持している者に最も近い者はその犯人であるし、犯罪の用に供したと思われる「兇器その他の物」を所持している者も犯人に最も近い者であるということができる。したがって、そのような状況にある者が、罪を行い終わってから間がないと明らかに認められる場合には、当然、準現行犯に該当することになる。

贓物・兇器その他の物

ここにいう「贓物」は、盗品譲受け等の罪（刑二五六）にいう盗品等と同一の概念であって、窃盗・強盗・詐欺・横領その他の財産罪たる犯罪行為によって不法に領得された財物で、被害者が法律上それを追求することのできるものをいう。したがって、たとえ犯罪行為によって領得された物であっても、それが財産罪以外の犯罪行為によって領得された物である場合、例えば、収賄罪によって得た賄賂や墳墓を発掘して得た死体、賭博によって得た金銭、また漁業法規に違反して得た漁獲物等は贓物とはいえない。

次に、ここにいう「兇器」は、凶器準備集合罪（刑二〇八の二）にいう凶器と同一で、人を殺傷すべき特性を有する一切の物をいう。本来、人を殺傷する目的で作られた日本刀、あいくち、拳銃などのいわゆる用法上の凶器に限らず、その用法によっては人を殺傷することのできるいわゆる用法上の凶器もこれに含まれると解されている。例えば、包丁、なた、斧、木刀、ナイフ、こん棒などがこれに当たるが、用法によっては人を殺傷できる物であっても、例えば、手ぬぐい、ベルト、紐などのように、社会通念上他に危険を感じさせないようなものは凶器には含まれない。

「その他の物」というのは、凶器以外の犯罪の用に供したと思われる物であり、例えば、住居侵入するために使用したドライバー・手袋・懐中電灯・合鍵、犯行現場の足跡と一致する靴、賭博に使用した花札等の賭具などである。

そして、これらの凶器その他の物は、ただ所持しているだけでは足りず、明らかに犯罪の用に供したと思われる状況になければならない。つまり、犯人が、これらの物を使用して犯罪を行ったことを、それ自体の性状から客観的に物語っていると認められることが必要である。

その物が贓物であると認定する場合には、本人の自供によってではなく、原則的には、もっぱらその外部的事情との関連で判断されるべきであるとされている。したがって、被害者の急訴等によって、事前に贓物等に関する知識があって、それを犯人が所持しているのを確認したような場合は問題ない。しかし、被害者からの事前の急訴等によって現場に赴いて職務質問を行い、その結果、犯人の自供と相まって被害者の特徴等からそれが贓物であると認定したような場合はどうであろうか。

このように、犯人の自供と相まって、その所持する物が贓物であると認定された場合も、準現行犯に当たるとされている。

判例も、深夜、パトカーに乗車していた警察官が、自転車盗難の訴えを受け警戒中、自転車に乗った男がパトカーを認めて逆もどりし、さらに自転車を路上に捨てて逃げようとしたのを認め、これを約二〇〇メートル追尾して職務質問したところ、その直前に自転車を盗んだことを自供したので準現行犯逮捕した事案について適法と認め（東京地決昭39・9・5）、また、夜間、警ら中の警察官が、何物かを隠すようにして持ちながら小走りに出てきた二人の男を約五〇メートル追尾したところ、同人らが薄暗い路地で女物のハンドバッグを新聞紙で包もうとしているところを職務質問し、犯行を自供したので準現行犯逮捕した事案について、「贓物を所持する者が、罪を行い終ってから間がないと明らかに認められるときは、同人は現行犯とみなされるにかかわらず、通常、その所持する物件が贓物であることを外部的に認識することが全く困難であることから考えると、犯人の被逮捕直前における挙動、その不相応な物件の所持、その他時間的、場所的事情を総合して犯行後間がないことが多分に疑われる客観的情況が既に存し、本人の供述と相まって右情況の明らかとなる場合においてもなおこれを準現行犯と解するのが相応である。」（神戸地決昭42・10・13）と判示している。

なお、警察官等の逮捕者が、何ら犯人に対する事前知識をもたず、職務質問をした結果、犯人の自供によって初めて犯罪の発生を知り、所持している物が贓物であることが明らかになったような場合には、いわゆる「たぐり捜査」であり、準現行犯とは認められない。

「所持しているとき」

ここにいう「所持しているとき」というのは、現実にこれらの物を身に付けたり、携帯している場合、あるいはこれらに準じ、事実上の支配下にある場合、例えば、自動車内に積み込んでこれを運転している場合などをいう。しかし、支配下にあるといっても、例えば、これらの物を自宅にしまっていて、本人は外出しているなど、単にその支配力を及ぼし得るにすぎない状態にある場合は含まれないとされている。それが、準現行犯を認定するための要件である以上、事実上の支配下にないものまで、「所持」ということはできないからである。

また、所持は、必ずしも逮捕の瞬間まで継続している必要はなく、逮捕者が、その者を贓物や凶器その他の物を所持している準現行犯と認めた時点において所持していればよい。準現行犯が現行犯人と同様に逮捕状なくして逮捕することができるのは、犯罪及び犯人が明白であるからであり、逮捕者が犯人と認めた時点において準現行犯の要件が具備していることを要し、それで足りるからである。

もし、逮捕時まで贓物等を所持していることが必要であるとするなら、犯人が逮捕の危険を察知して贓物を捨てた場合には、もはや逮捕できなくなってしまい、法の趣旨に反する結果となってしまう。

判例も、「刑訴二一二条二項二号により現行犯人とみなされるためには、必ずしも逮捕の瞬間に同号掲記の物件を所持している必要はない」（最判昭30・12・16）としている。したがって、例えば、準現行犯と認められた犯人が、逮捕される直前に贓物等を投げ捨てたため、逮捕の時点では犯人がこれらの物を所持していなくても、準現行犯逮捕することが許される。

事例の検討

準現行犯逮捕の適否を判断する場合、犯行後、犯人が自宅に戻ったとか、どこか他の場所に立ち寄った、あるいは盗品を処分したなどといった犯人側の事情は、準現行犯人であると認定するうえでの支障とはならない。他の具体的事情から準現行犯人の各要件を充足していると認められるのであれば、その犯人を準現行犯逮捕することができる。

事例の場合、警察官が犯人を発見したのが、犯行から約一時間後、約三キロの地点であるから、時間的・場所的接着性が認められる。

また、緊急配備により事前の情報があり、手配車両、人着、被害品等の特徴を明確に認識した上で同人を追及したもので、甲においても犯行を認めていることから、犯罪と犯人の明白性も認められる。

さらに、甲は、盗品である電気製品を持っていることから、刑訴法第二一二条第二項第二号の「贓物を所持している」に該当する。

以上を合わせれば、警察官は、同人を準現行犯人と認めることができ、その逮捕は適法である。

18　身体又は被服に犯罪の顕著な証跡があるとき

キーポイント
① 「身体又は被服に犯罪の顕著な証跡があるとき」の意義
② 身体・被服の特徴と証跡

「身体又は被服に犯罪の顕著な証跡があるとき」の意義

身体又は被服に犯罪の顕著な証跡がある者が、罪を行い終わってから間がないと明らかに認められるときは、準現行犯である（刑訴二一二Ⅱ③）。

身体や被服に、その犯罪を行ったという痕跡が、外部的、客観的に明らかであれば、その者が犯人であるという明白な状況があるといえ、例えば、次のような場合がこれに当たる。

○ 身体の一部を負傷し、又は着衣に生々しい血痕が付着していて、いわゆる殺傷にかかる罪を犯してきた犯人であると認められるとき

○ 暴行・傷害事件で、被害者が犯人に対して反撃していることが判明している場合に、顔や手などを負傷していたり、その着衣が破れていて、その暴行・傷害事件を犯した犯人であると認められるとき

このように、犯罪行為そのものから生じた証跡が、犯人の身体又は衣服に顕著に認められなければならないし、しかもこれは、罪を行い終わってから間がないと明らかに認められるときでなければならない。例えば、着衣に血痕が付着している場合に、それが古いものであって、殺傷等を行ってから相当長い時間が経過していると認められるときは、これには当たらないのである。準現行犯と認めるためには、付着している血痕がまだ生々しく、これによって、罪を行い終わってから間がないと明らかに認められる状況でなければならないのである。

ここにいう被服は、必ずしも着用している衣服に限らず、犯人が履いている靴・下駄や帽子等も含まれ、また、犯人の所持しているカバンやリュックサック等についても、その趣旨から、被服に含まれると解されている。しかし、犯人の乗車している自動車や自転車

については、例えば、そこに傷害の被害者の血痕が付着したり、車体に破損の跡が残っているとしても、これらを被服と解することはできないから、「兇器その他の物」を所持している場合に当たるかどうかの判断に委ねるべきであるとされている。

また、例えば、犯人が被害者と格闘して、被服の一部を現場に遺留して逃走しているようなときは、犯人の服装が乱れているなどの他の事実と相まって、犯人であることが明らかな場合があり、このような場合には、「被服に犯罪の顕著な証跡がある」と認めて差し支えないと解されている。

身体・被服の特徴と証跡

「身体又は被服に犯罪の顕著な証跡があるとき」というのは、犯人が返り血を浴びていたり、顔や手に負傷し、又は衣服が破れたりしているというのがその典型であるが、例えば、身体の本来的特徴であるあざやほくろ等はこれに当たるのであろうか。また、着衣の特徴であるジャンパーやシャツ等の形態、色、柄なども犯人と他の者とを十分に区別できるのであるが、これは被服の証跡には含まれないのであろうか。

この点については、犯罪行為に直接関係のないこれらの身体的特徴や着衣の特徴は、いかにそれが他の者と明確に区別できる要素とはなり得ても、次のような理由からここにいう犯罪の顕著な証跡には当たらないと解されている。

○　刑事訴訟法第二一二条二項各号の規定は、限定的列挙の規定であり、例示的なものではないこと

○　準現行犯が現行犯と同様に令状主義の例外とされている趣旨から、準現行犯の規定は厳格に解釈すべきものであること

○　犯人の身体（被服）の特徴を準現行犯の要件として認めるとすれば、どの程度符合する場合に同一人であるとみなすのか不明確となること

つまり、身体又は被服に犯罪の顕著な証跡があるときというのは、あくまでも犯罪行為そのものによって、身体や被服に外見上明白な証跡を生じている場合をいい、犯罪行為そのものとは直接関係のない身体的特徴や被服などそのものの本来備えている特徴は含まれないのである。

事例の検討

事例の被疑者は、犯行の現場に、強盗に使用した凶器の包丁と自分の履いていた革靴を遺留して逃走し、警察犬の臭気追跡により、犯罪終了の約一時間後、犯行現場から約二五〇メートル離れた公園の繁みの中にひそんでいるところを発見されたというものである。

通説、判例の立場からいうと、この者は準現行犯にいう「罪を行い終ってから間がないと明らかに認められる」許容範囲内の者であるといえる。また、場所的にも、この者を発見した現場と犯行現場からの距離は許容範囲内であり、かつ、その特徴や面通しの結果から、その者が犯人であるということは明らかである。

しかし、その者を準現行犯と認定するためには、さらに、刑事訴訟法第二一二条二項各号のいずれかの事実に該当する者でなければならない。

そこで、事例の場合を検討すると、男は警察犬の臭気追跡は受けたが、犯人として追呼されていたわけではないし、贓物や凶器等を所持しているものでもなく、また、誰何されて逃走しようとした状況もない。それでは、「身体又は被服に犯罪の顕著な証跡」があるかというと、この状況も明確でないようにみえる。

ここにいう「証跡」は、犯罪行為そのものによって、身体や被服に外見上明白に生じている場合をいうとされており、そして、男のパンチパーマ等の身体的特徴は、あざやほくろなどと同様に、ここにいう証跡には当たらない。しかし、犯人の帽子や靴などはここにいう被服に含まれると解されており、例えば、犯人が被害者と格闘して被服の一部を現場に遺留して逃走しているようなときは、犯人の服装が乱れているなど他の事実と相まって犯人であることが明らかな場合があり、このような場合は、「被服に犯罪の顕著な証跡がある」と認められると解されている。

したがって、事例のように、犯人が強盗を犯した際に、被害者の反撃にあい、慌てて靴を犯行現場に遺留したまま逃走し、そのことを知っている警察官が、犯人人相に酷似し、履物を履かず服装を乱している男を発見したのであるから、これらの事情と相まって、その者を「身体又は被服に犯罪の顕著な証跡があるとき」に該当すると認めることができる。

19 誰何《すいか》されて逃走しようとするとき

キーポイント
① 「誰何されて逃走しようとするとき」の意義
② 「誰何」の意義

「誰何されて逃走しようとするとき」の意義

誰何されて逃走しようとする者が、罪を行い終わってから間がないと明らかに認められるときは、準現行犯である（刑訴二一二Ⅱ④）。

警察官が、緊急配備中に、犯行現場近くで犯人に酷似した者を職務質問するため声をかけたところ、その者が逃走しようとするような場合がその典型である。

通常、何も犯罪を犯していなければ、警察官に声をかけられても逃走するわけがなく、その者が罪を行い終わってから間がないという状況が明らかであると認められるときは、準現行犯人として逮捕することが許される。犯人が誰何された結果逃走し、追呼されているような場合は、そのまま誰何し追呼した者が逮捕すれば、「誰何されて逃走しようとするとき」の要件に該当するが、逮捕者が追呼されている状況だけを現認したようなときは、「犯人として追呼されているとき」の要件に該当することになる。

ここにいう「誰何」の主体に制限はないから、警察官以外の私人の誰何も含まれるのは当然である。

「誰何」の意義

ここにいう「誰何」というのは、文字どおり「誰か」と声をかけて氏名を確認することであるが、これに限らず、「どこへ行くのか」等と質問するのも誰何であり、単に「もしもし」と呼びかけるだけでも誰何である。これは、声をかける言葉の内容が問題なのではなく、通常は逃げ出したりすることが考えられないような場合に逃げ出したという事実が問題なのであり、例えば、警察官が警笛を吹き、あるいは懐中電灯で照らすことも誰何であると解されている。

判例も、火炎びんを他人の住居に投げ込んだ犯人を、急報により現場に急行した警察官が捜索し、犯行後四〇～五〇分を経過したころ、現場から約一、一〇〇メートルの場所で犯人を発見し準現行犯逮捕した事案について、「本件の如く、放火未遂の犯人と認むべき十分な理由があるとき、警察官が懐中電灯で照らし、警笛を鳴らしたという事実があり、相手方はそれにより警察官と知って逃走した場合にあっては、声に出して誰かと問わなくとも誰何したと同様の行為があったものと考えてよいから、同号の要件を満たしているものということができる。」(最判昭42・9・13)としている。また、深夜、張り込み警戒中の警察官が、自転車に乗りながら牛の口縄を引いてきた者を認め、「おい、おい」とか、「もし、もし」と言ってこれを呼び止めたところ、牛の口縄を離して自転車で逃走しようとしたため準現行犯として逮捕した事案についても、その逮捕を適法としている(東京高判昭26・5・26)。

つまり、具体的に、「誰か」と声をかけなくても、これと同視できる同様の行為さえあれば、そして、これを認めた者が逃走しようとすれば、準現行犯と解することが許されるのである。

それでは、さらに、警察官の方から具体的な何らの行為に出なくても、警察官を認めた犯人が勝手に逃げ出そうとしたような場合に、「誰何して逃走しようとした」準現行犯と認めることが許されるのであろうか。

この点については、単に警察官の姿を認めて逃げ出したにすぎないときは「誰何されて」という契機があっての逃走とは解されないが、例えば、これに気付いた警察官が、職務質問しようとしたときや、職務質問をするために逃走した者を追跡して停止を求め、又は質問を開始したときが誰何に当たると解されている。

しかし、その者がどんな犯罪を犯しているのかが明らかでない情況下で、ただ警察官の姿を認めて逃走しただけでは準現行犯と認めることはできないが、例えば、警察官が事件手配等事前の情報に基づく判断で、犯人の疑いの強い者に対し、職務質問をしようと近付いたところ、あるいは近付こうとしたところ、相手方が口頭で声をかける暇もなくいきなり逃走したような場合などは、その趣旨からみても、「誰何されて逃走しようとするとき」に当たるものとされている。

誰何された者が「逃走しようとする」というのは、逃走しようとする様子が認められた場合のことであり、単に逃走しようとする場合に限らず、現実に逃走した場合も当然これに含まれる。一般的には、誰何されたのに、何らの返答や挨拶もせずに立ち去ろうとしたり、いきなり駆け出したような場合がこれに当たる。

事例の検討

事例は、強盗事件で緊急配備に従事中の戸田巡査が、手配中の犯人に酷似した男が、事件発生から三〇分後に犯行現場から約五〇〇メートル離れた地点で、ジュースを買っているのを発見し、近付いたところ、その男がいきなり逃走したというものである。

この場合、警察官が発見した時点では犯行現場から離れており、男を現行犯人と認めることはできない。しかし、犯行後三〇分、犯行現場から約五〇〇メートルの地点で発見したというのであるから、これは、準現行犯にいう「現に罪を行い終ってから間がない」と認められる状況下にあり、その坊主頭等の特徴から、その者が犯人であることが明白な状況にもある。

そこで問題となるのは、警察官が男に近付いたところ、これに気付いた同人がいきなり逃走したのであるが、これが、準現行犯の要件である「誰何されて逃走しようとするとき」に当たるか否かである。

誰何というのは、逮捕者が「誰か」などとその姓名を問いただすことをいい、具体的に声をかける前に逃走する本事例のような場合も、これに含まれるのであろうか。

判例は、必ずしも口頭で「誰か」などと問いかけなくても、これと同様とみられる行為があれば、誰何したものと解することができるとしている（最決昭42・9・13）。例えば、具体的に声をかけなくても、警察官が懐中電灯で照らしたり、警笛を鳴らしたりすることによって、相手が声をかけられたのと同一の心理状態に陥り、「逃走しよう」という気持ちになったとすれば、それは実質的に「誰か」と声をかけられたのと何ら変わることはないからである。

したがって、事例の犯人が、自動販売機でジュースを買っていたところ、警察官が近付いてくるのを認めて、何ら声はかけられなかったもののそのまま逃走しようとした状況は、準現行犯にいう「誰何されて逃走しようとするとき」に当たり、これを準現行犯逮捕した行為は適法と認められる。

第5章

令状による
捜索・差押え・検証

20　捜索・差押え

暴力団B組幹部の2名が何者か数名によって連れ去られる事件が発生――
犯行現場に遺留された注射器や…
目撃証言からB組と対立する暴力団A組の立川らの犯行と判明――
Ⓐ組
立川の自宅、A組事務所などに対する捜索差押許可状の発付を得た。
捜索差押許可状
差し押さえるべき物
薬品類
誠
正
薬品類は全て差し押さえろ!

キーポイント

① 捜索・差押えの意義
② 令状による捜索・差押え

捜索・差押えの意義

刑事訴訟法第二一八条は、捜査機関は、「犯罪の捜査をするについて必要があるときは、裁判官の発する令状により、差押え、記録命令付差押え、捜索又は検証をすることができる。」と規定し、第二二〇条は、被疑者を逮捕する場合において必要があるときは、令状がなくても、「人の住居又は人の看守する邸宅、建造物若しくは船舶内に入り被疑者の捜索をすること」「逮捕の現場で差押、捜索又は検証をすること」ができると規定している。

捜査機関の行う捜索・差押えについては、同法第二二二条により、起訴後における裁判所の行う捜索・差押えについて定めた同法第九九条～一二四条の総則の規定を準用するという形式が採られている。

捜索とは、証拠物又は没収すべき物あるいは被疑者などを発見するために、被疑者又はそれ以外の第三者の身体、物又は住居その他の場所について、強制力を用いて捜す処分をいう。

差押えは、証拠物又は没収すべき物について、その所有者、所持者又は保管者から、それらの者の意思の如何にかかわらず、強制力を用いてその物の占有を取得する処分をいう。

捜索・差押えの対象となる証拠物は、五官の作用によって知覚された存在又は状態から証拠となるもので、有体物（電磁的記録そのものは証拠物ではない。）に限るとされ、有体物であれば動産たると不動産たるとを問わないとされている。没収すべき物は、刑法第一九条に定める「犯罪行為を組成した物」等をいい、それは必要的没収・任意的没収の対象たる物を含むとされている。

また、既に他の機関によって差し押さえられている物についても、捜査上必要があれば、さらに差し押さえることが許されるものと解されている。例えば、行政上差し押さえられている物や民事訴訟法の手続によって差し押さえられている物等に対しても、さらに差押えをすることが許される。

しかし、それが証拠物又は没収すべき物であっても、法律に「特別の定め」（刑訴九九Ⅰただし書）がある場合にはこれを差し押さえることは許されない。

例えば、公務員又は公務員であった者が保管・所持する公務上の秘密物（同一〇三・一〇四）、医師、歯科医師、助産師、看護師、弁護士、弁理士、公証人等が業務上委託を受けて保管・所持する業務上の秘密物（同一〇五）、公証人役場備付の公正証書原本・付属書類等（公証人法二五）、登記所備付の登記簿・付属書類等（不動産登記規則三一）、市役所備付の戸籍簿・除籍簿（戸籍法施行規則七）等がこの「特別の定め」に当たる。

また、郵便物等については、それが郵便事業者等で保管・所持している限り、被疑者から発し、又は被疑者に対して発したものであれば、それが証拠物又は没収すべき物と積極的に思料されない場合でも差押えの対象になると規定されている（刑訴一〇〇）。これは、郵便物等の中には証拠物の含まれている蓋然性が強く、しかもこれを開披して内容を検討しなければ、証拠物であるかどうか判断できない場合が多いことから、差押えの対象の範囲を拡大したものである。

なお、情報処理の高度化等に対処するための刑法等の一部を改正する法律（平成二三年法律第七四号）により、刑事訴訟法の捜索・差押え手続に関する条文の改正・新設がなされ、平成二四年六月二二日から施行されているところ、電磁的記録物に対する従来の捜索・差押え手段はそのまま存続しており、それができない場合に、「コンピュータに接続された記録媒体からの複写」等、新法に定められた手続・手段を実施することになる（改正の内容については、巻末「記録命令付差押えの導入などについて」参照）。

令状による捜索・差押え

憲法第三五条は、「何人も、その住居、書類及び所持品について、侵入、捜索及び押収を受けることのない権利は、第三十三条の場合を除いては、正当な理由に基いて発せられ、且つ捜索する場所及び押収する物を明示する令状がなければ、侵されない。」「捜索又は押収は、権限を有する司法官憲が発する各別の令状により、これを行ふ。」と規定し、捜索・差押えについての「令状主義」の原則を定めている。

刑事訴訟法第二一八条は、この原則を受けて、捜査上の対物強制処分としての捜索・差押え等についての令状主義を規定化したものである。

○ **令状（捜索・差押許可状）請求の要件**

・ 強制処分の必要性

捜索・差押えは、「犯罪の捜査をするについて必要があるとき」に裁判官の発する令状により行うことができるのであるが、これは、捜査をするについて、強制処分としての捜索・差押えをしなければ、その目的を達し難いときをいうとされている。したがって、任意捜査により容易に同一の目的を達することができる場合には、強制処分としての捜索・差押えをする必要性はないし、許されないことになる。この必要性は、必ずしも相手方が押収を拒絶したか否かにより判断するのではなく、個々の事件の態様・軽重、証拠としての価値・重要性、証拠物等が隠滅・毀棄されるおそれの有無等を総合的に検討して判断することになる。

・ 犯罪の嫌疑の疎明

令状請求に際しては、被疑者が罪を犯したと思料されるべき資料を提供しなければならない。この嫌疑性の程度は、通常逮捕状を請求する場合に必要とされる「被疑者が罪を犯したことを疑うに足りる相当な理由」よりも低い嫌疑で足りるとされている。これは、捜索・差押えが証拠の収集・保全を目的とした処分であり、人の身体の自由を拘束する逮捕よりも程度の軽い、所有権・秘密権の侵害にすぎないものであるからである。

・ 法律的要件の具備

令状を請求する場合には、一定の法律的要件が具備されていなければならない場合がある。

その一つは、郵便事業者等が保管・所持する郵便物等を差し押さえる場合である。被疑者から発し、又は被疑者に対して発したものは、それだけの事由で差し押さえることができるが、その他の郵便物については、当該事件に関係があると認めるに足りる状況がなければならない。

その二は、被疑者以外の者の住居等を捜索する場合である。被疑者の住居等については押収物の存在を認めるに足りる状況のあることは要求されていないが、それ以外の者の住居等を捜索する場合には、その場所に差し押さえるべき物の存在を認めるに足りる状況のあることを疎明しておかなければならない。

○ **令状の請求手続**

・ 請求権者

令状を請求することができるのは、検察官・検察事務官・司法警察員である。通常逮捕状を請求する場合は、公安委員会の指定を受けた警部以上の階級にあるいわゆる指定司法警察員（刑訴一九九Ⅱ）に限られているが、ここにいう司法警察員に制限はない。しかし、より慎重を期すため、やむを得ない場合のほかは指定司法警察員が請求するものとされている（犯捜規一三七）。

・ 請求先

令状請求は、逮捕状請求の場合と同様、原則として請求者が所属する官公署の所在地を管轄する地方裁判所又は簡易裁判所の裁判官に対して行う。しかし、他府県に出張中のようにやむを得ない事情のあるときは、最寄りの下級裁判所の裁判官に対しても請求でき、また、少年事件については、管轄の家庭裁判所の裁判官に対しても請求することができる（刑訴規二九九）。

・ 令状請求書の記載要件

令状請求書には、刑事訴訟規則第一五五条一項に定める次の事項を記載しなければならない。

「被疑者の氏名」

原則として戸籍上の氏名であるが、通称名、ペンネームなど被疑者を特定できるものであればよい。また、被疑者が判明していない場合には、「被疑者不詳」と記載することも許される。

「罪　名」

刑法犯については、「殺人」、「窃盗」などと単に罪名を記載すればよいが、特別法犯については、「暴力行為等処罰ニ関スル法律違反」というように法律名に「違反」という語句を記載して請求する。学説の中には、「○○法第○○条違反」というように、適用法条を記載すべきであるとするものもある。しかし、それでは発付される令状にもそのとおりの適用法条が記載され、令状の執行に際して具体的な容疑事実が明らかとなって捜査上支障が生ずるおそれがある。また、捜査の初期的段階において行われる捜索・差押えでは被疑事実の内容まで特定できない場合が多く、適用法条を明示することが困難である。

判例も単に「地方公務員法違反」と記載された令状について、「憲法三五条は、捜索・押収については、その令状に、捜索する場所および押収すべき物を明示することを要求しているにとどまり、その令状が正当な理由に基いて発せられたことを明示するまでは要求していないと解すべく、捜索差押許可状に被疑事件の罪名を、適用法条を示して記載することは憲法の要求するところではない。」（最決昭33・7・29）としている。

「捜索すべき場所」

捜索すべき場所の明示は、差し押さえるべき物の特定とともに、憲法第三五条の要請であるから、必要の最小範囲を具体的かつ明確に記載すべきであるとされている。判例も、その特定の程度について、「刑事訴訟法所定の差押令状又は捜索令状における押収又は捜索すべき場所の表示は、合理的に解釈してその場所を特定し得る程度に記載することを必要とするとともに、その程度の記載があれば足りると解する。」（最決昭30・11・22）としている。

また、居住者の氏名を欠いた令状についても、「その家屋の所在場所の同一性を識別し得る程度に、処分を受くべき場所を表示してあれば足りるのであって、この要件さえ満たされていれば、必ずしもその家屋の借家人、現在の使用者または占有者の氏名を記載する必要はないわけである。したがって、仮にこのような氏名の表示を欠き、または表示に若干の誤りがあったとしても、令状の記載事項全体の合理的解釈により、その場所が明らかに特定されるような場合には、その令状は有効であるから、その場所について押収または捜索を行っても違法ではない。」（最高裁刑事局長通知昭24・12・10）としている。

しかし、例えば、「差押える物件が隠匿保管されていると思料される場所」というような包括的な記載の仕方は、場所の位置が明確を欠き無効であるとされ、たとえ捜索場所として特定の場所を表示した後に記載されていたとしても違法である（佐賀地決昭41・11・19）。

また、アパートやホテル等のように、不特定多数の家族や宿泊客が居住・止宿する建物については、特に管理権を異にする他の場所と明確に区別し、例えば、「○○ホテル内の被疑者○○の宿泊している客室」というように記載しておく必要がある。マンションの廊下、階段、エレベーター、共同駐車場等のいわゆる共用部分については、単にマンションの一室を捜索場所とする令状で捜索することは許されず、必要がある場合には、共用部分についても捜索すべき場所として明示しておかなければならない。

「差し押さえるべき物」

差し押さえるべき物については、相手方の財産権保護の観点から、個々具体的に明示すべきであるが、捜索を実施して初めて特定できる場合もあることから、ある程度の概括的・抽象的な記載であってもやむを得ないとされている。判例も、「会議議事録・闘争日誌、指令・通達類、連絡文書、報告書、メモ」と具体的例示をした後に、「その他本件に関係ありと思料せられる一切の文書及び物件」と表示した事案について、「具体的な例示に附加されたものであって、同許可状に記載された地方公務員法違反被疑事件に関係があり、且つ、右例示の物件に準じられるような闘争関係の文書・物件を指すことが明らかであるから、同許可状が物の明示に欠くるところがあるということはできない。」（最決昭33・7・29）と判示している。

つまり、具体的にいくつかの具体的な例示があり、これに付加して、「その他本件に関係ある書類一切」（東京高決昭34・5・19）、「その他本件犯罪に関係ある文書・簿冊及び物件」（東京地決昭34・5・22）、「その他本件に関するメモ手帳類」（札幌地決昭38・5・17）というように表示することが許されるのである。しかし、単に、「犯罪事実を立証すべき物一切」とか、「贓品と思料される物件全部」「本件犯罪を証明すべき書類・帳簿類の一切」というだけの表示は許されないことになる。

事例の検討

事例の場合の被疑者・立川らは、監禁の手段として何らかの薬物を被害者に注射しているのであるが、その薬物の種類等は明確ではない、しかし、被害者がその薬物により影響を受けて監禁されたことは明白であるから、その薬物が「差し押さえるべき物」の対象たる「証拠物又は没収すべき物」に当たることは明白である。

そして、被疑者の自宅、事務所等には、犯行に使用した薬物の残りや同種の薬品類が保管、隠匿されている蓋然性が高く、同所に対する捜索・差押えを実施する必要性は高いといえる。しかし、差し押さえるべき物としての薬物の種類・数量等は特定されておらず、実際に捜索を実施しなければその特定ができないのであるから、「薬品類」というような抽象的な記載もやむを得ないものと解される。

21　捜索差押許可状の効力

キーポイント
① 捜索差押許可状の効力
② 捜索すべき場所内にある「物」の捜索
③ 捜索すべき場所に居合わせた者に対する捜索

捜索差押許可状の効力

憲法第三五条は、捜索・差押えにおける令状主義の原則を規定し、「捜索する場所及び押収する物を明示する令状」がなければその住居権等を侵すことができないとし、さらに、「捜索又は押収は、権限を有する司法官憲が発する各別の令状により、これを行ふ。」としている。ここにいう「各別の令状により」というのは、捜索・差押えを行うについては、場所別、機会別、事件別に令状を要するということである。そして、場所別というのは、その場所の管理権又は居住権別に令状を要するということで、令状の捜索すべき場所の記載においては、「場所の位置が明確であること（空間的位置の明確性）と場所の管理（住居）権者が単一であることが明確であること（単一管理権帰属性の明確性）を要する」（盛岡地決昭41・12・21）とされている。

つまり、令状の捜索すべき場所の記載は、その場所の管理権又は居住権別に明確になされなければならず、もしそれが異なる場合には別個の令状が必要であるということである。

このように、令状の明確な記載は、憲法第三五条の要請によるものであり、実際に捜索・差押えを実施する場合にも、この趣旨に基づき厳格に行わなければならない。

ところで、捜索を実施する場合に、例えば、捜索すべき場所として「甲方居宅」と記載してある令状で、甲方を捜索中、家人が証拠隠滅を図る目的で、隣家に証拠物を投げ込んでしまったような場合、これを押収するにはどんな手続をとったらよいのであろうか。

原則的にいえば、当該証拠物は甲の管理権を離れ、隣家の管理下に移転してしまったのであるから、新たに隣家に対する令状の発付を得て捜索・差押えを実施するか、隣人から任意提出を受けて領置するという押収手続をとることになる。

しかし、捜索・差押えを実施しているときに、既に捜索すべき場所内に存在していたことが明らかな証拠物が、捜索場所外に投げ込まれたとしても、それが公道上であるなどこれを押収することによって他の何人の権利も侵害することのないような場合にまで新たな令状を必要とすることは不合理である。この点につき判例は、「……本件差押物件中前記申請番号九三のビラ三枚は、E館二階廊下にあったものを差押えたものであることは明らかであるが、このビラは、本件捜索差押の開始される直前本件令状に指定されている右学生自治会および都自連事務局のある部屋にあった書類を、一部学生が搬出していたのを捜査官が見ておるので、執行開始直後それらの書類を搬出して行った右自治会室のすぐ横手にある階段を上ってすぐの二階の廊下においてこれを発見し、差押えたものであることが認められるので、右物件を本件令状に記載せられた場所にあった物件としてこれを扱ったことは相当であり、かつ、その場所が指定の場所の外であっても、その部屋に近接した同じE館内のしかも廊下であるから、令状指定の場所以外の場所で執行したということはできない」（東京地判昭38・6・15）と判示し、当該令状によって差し押さえることが許されるとしている。

捜索すべき場所内にある「物」の捜索

捜索すべき場所内にある「物」が、通常、同時に備え付けられ、同一管理権下にある場合、例えば、「甲方居室」と記載ある令状で、甲方のたんすや冷蔵庫、棚、押入れ等を捜索することは許される。ところが、例えば、会社の事務室内を捜索する場合に、「甲の使用する机、キャビネット」と捜索すべき場所を明示した令状で、机の脇に置かれていた甲のかばん内を捜索することが許されるのであろうか。

捜索すべき対象となるものは、「人の身体」「物」「住居その他の場所」であり、対象が異なるごとに、また、管理権が異なるごとに各別の令状が必要である。捜索すべき場所として「甲の使用する机」と記載されている場合に、当該机の引出しの中や机の上にある書類等について捜索できることは当然である。しかし、かばんは持ち歩き、移動ができるもので、通常、机の脇に置いてあるものではないことから疑問が生じる。判例は、「……○○の使用する机およびロッカー」と記載された令状により、机の近くにあったくずかごを捜索し、ビラ等を押収した事案について、「場所の特定の意味で右にいう机とは、右机の引出しの中はもとより、机の上、机の下、机の周囲の床上、机に付属する椅子の上下およびその周囲の床上などを指すというべきである。かかる観点からすれば、机の近くに置かれた屑籠も右机に付属して置かれていると認められる状況にあるかぎり、これに含まれるものと解するのが相当である。」（東京地判昭49・4・27）として、適法な捜索・差押え手続であるとしている。

かばんと机は、机とくずかごの関係とは異なるが、捜索すべき場所の範囲について、机の周囲の床上もこれに含まれるとされているもので、机の脇の床上のかばんについても、証拠物を収納・保管する机を同一の機能があることに着目すれば、「甲の使用する机」の範囲内にある物件であると解することができ、これを開披して捜索することが許される。

同様に、捜索すべき場所として、「甲方及びその付属建物」と記載された令状で、甲方車庫内に入庫している自動車内についても捜索できることになる。しかし、この場合には、その物が捜索・差押えの処分を受けるべき者が現実に所持・保管・支配・管理していることが必要であるとされ、例えば、たまたま訪問した他の第三者の自動車であった場合のように、当該処分を受ける者が現実に支配しているとは認め難い場合には捜索することはできない。

捜索すべき場所に居合わせた者の身体・所持品に対する捜索

捜索の対象は、人の身体、物、住居その他の場所に区別されていることから、場所に対する令状の効力がその場所内にいる人の身体に当然に及ぶと解することはできない。したがって、その住居等について捜索する場合に、被疑者等の身体についても捜索等を行う必要がある場合には、あらかじめ被疑者の身体に対する令状を得ておくべきであるとされている。しかし、実際問題として、被疑者はともかく、それ以外の者が捜索の現場に居合わせるのを予測するのは困難であり、また、その場所にいる被疑者等が証拠物を自己の着衣等に隠匿したことが明らかに認められる場合にも、別に身体に対する令状がなければ捜索できないとすれば、実情に合わず不合理である。

このようなことから、場所に対する令状により捜索・差押えを行う際、同所に居合わせた者の身体・着衣の捜索の可否ないしその程度や、その者の所持品の捜索について問題となる。

場所に対する捜索令状は、人の身体・着衣までは対象としていないので、原則として別の令状を用意する必要があるが、判例は、一定の限度で同所に居合わせた者の身体・着衣の捜索を認めている。すなわち、捜査官において捜索場所に現在する人が捜索の目的物（差し押さえるべき物）を所持していると疑うに足りる十分な状況があり、直ちにその目的物を確保する必要性と緊急性があると認めた場合には、場所に対する捜索令状によりその人の身体に対しても強制力を用いて捜索をすることができるとする考えに立ち、かつ具体的諸事情からそれが許容されるとしている（東京高判平6・5・11）。

また、場所に対する令状の効力が、居合わせた者が携帯するボストンバッグに対して及ぶか否かについても、「捜索場所に居住し、かつ捜索開始時に同場所に在室している者の携帯するバッグにも及ぶものと解される」とした一審、二審の判決を是認した最高裁決定がある（最決平6・9・8）。

事例の検討

事例は、覚醒剤を差し押さえるべき物として、暴力団事務所を捜索すべき場所として捜索に着手したところ、同所にいた若い女性が組員から何かを受け取り、同所から外に出ていこうとしたものである。

この場合、目的物の覚醒剤はその形状からどこにでも隠匿できるものであり、同女が組員から何かを受け取ったのを捜査員が目撃している。しかも、同女は組員の愛人であるというのであるから、同組に関係する被疑者と密接に関係のある者であって、同女や組員の態度等を総合的に判断すると、同女が捜索の目的物である覚醒剤を所持していると疑うに足りる合理的な理由があるといえる。

したがって、同所に対する捜索差押許可状の執行として、同女の着衣、所持するハンドバッグ等について捜索をすることが許されるのである。

22　捜索・差押えと必要な処分

○○新聞
地下鉄内に毒ガス撒く
早朝の都心パニック
十数人死亡
捜査により、A宗教団体の信者が犯人グループであることが判明、同団体の活動事務所に対して捜索を実施した。
捜索差押許可状だ。
中に入れなさい。
うちは関係ない！
ピシャ
開けろ！
ドアを開けるんだ!!
ウィ〜〜ン
ボロッ
ボロッ

キーポイント

① 「必要な処分」の意義

② 「必要な処分」の態様

「必要な処分」の意義

刑事訴訟法第一一一条第一項は、「差押状、記録命令付差押状又は捜索状の執行については、錠をはずし、封を開き、その他必要な処分をすることができる。」とし、第二項で、「前項の処分は、押収物についても、これをすることができる。」と規定している。

これが、捜索・差押えに関する「必要な処分」の規定であり、この規定は、捜査機関の行う捜索・差押え手続に準用されている（刑訴二二二Ⅰ）。

捜索は、差し押さえるべき物を発見するために行うものであるから、対象物が誰にも分かる状態で置かれているのなら格別、通常は、何かに収納されていたり、隠匿されている。したがって、これらを発見するための捜索では、収納している容器等を開披したり、破壊したりする必要が生じるが、必要があれば、捜索・差押えの効果としてこのような処分が許される。

これは犯罪捜査という公益のためには、私権の制限もやむを得ないという趣旨に基づくものであるが、それは、必要であればどのような処分をしても許されるというものではない。処分の内容・方法は、捜索・差押えという目的を達するため必要にして最も妥当なものでなければならないのは当然であるし、その限度も、社会通念上許される最小限度のものでなければならないとされている。

また、捜索等に伴う必要な処分として、必要な限度で物を破壊したような場合には、個人の財産権は、このような場合までも保障されるものではなく、その物の所有権者等に、その結果生じた損害を補償する義務はないとされている。

判例も、必要な処分について、「然し、これらの処分をするに当っては、捜索を受ける者に最も損害の少ない方法を選ぶべきは当然であるが、これが為には捜索を受ける者において鍵を渡す等損害を回避するに足る協力をすることを必要とする場合が極めて多い。然るに、このような協力が得られないときは、捜査機関は実力を以って捜索の目的を達するに必要な処分をするの外なく、これがため捜索を受ける者の権利を侵害することがあっても、その執行方法がその当事の事情に照し、適切妥当であり、かつ必要やむを得ないものと判断される限り、この権利侵害は正当な権利行使と認められ、不法行為の成立要件たる違法性を欠き、その結果につき加害者は賠償の責任を負担することなく、被害者は、犯罪捜査という公益のための犠牲として、その損害を甘受認容すべきものといわねばならない。」(東京地判昭29・4・24)としている。

このような考え方に基づき、犯罪捜査規範第一四〇条一項は、「捜索、差押え、記録命令付差押え又は検証を行うに当たつては、必要以上に関係者の迷惑にならないように特に注意しなければならない。」とし、さらに、同条二項は、「……やむを得ない理由がある場合を除くほか、建造物、器具等を損壊し、又は書類その他の物を乱すことがないように注意するとともに、これを終えたときは、できる限り原状に復しておくようにしなければならない。」と規定している。

「必要な処分」の態様

刑事訴訟法第一一一条一項は、必要な処分として、「錠をはずし、封を開き、その他必要な処分」とその態様を規定しているが、これは例示的列挙の処分であり、必要があれば他の処分も行うことができる。捜索・差押えの目的を達するためにどのような処分が必要になるかは、その具体的場面に当たらなければ予想することができず、その内容を限定列挙せず例示をして、その判断を令状執行者の裁量にゆだねたのである。

具体的には、次のような態様の行為が「必要な処分」として挙げられる。

○ 開錠・開封のための破壊

施錠された物件がある場合に、その収納物を確認するため、錠や扉を開けることは許されるが、これは、相手にとって最も損害の少ない方法によってなすべきであるとされている。錠や扉を破壊するということは可能であるが、破壊という終局的手段は、他の手段のない場合に限られている。したがって、例えば、相手が鍵の提供を拒んでいるとか、管理人が合鍵を所持していないとか、直ちに立ち入らなければ、証拠隠滅をされるなどの緊急の事情がある場合には、必要な処分として、錠やドアチェーンを破壊することが許されるのである。しかし、このような合理的理由もなく、何らの手段も尽くさずに、いきなり破壊するようなことは許されないとされている（東京地判昭44・12・16）。

○　**覚醒剤の予試験**

覚醒剤の所持容疑で捜索を実施し、覚醒剤のような薬物を発見した場合であっても、それが覚醒剤か否か判明しないときは、捜索・差押えの目的を達するために、これが覚醒剤であることを確認しなければならない。したがって、そのうちの微量について、必要な処分として予試験に使用することができるとされている。たとえ被疑者の承諾がなくても、粉末状であればビニール袋の封を切って予試験をすることができ、錠剤であればこれを削るなどその形状を破壊して予試験をすることが許される。

○　**走行中の自動車の停止**

所在が一定しない自動車内に隠匿されている証拠物を捜索するため、当該自動車を捜索すべき物として令状を得た場合には、捜索のため、走行中の当該自動車を必要な処分として停止させることができる。走行中の自動車を捜索するためには、その前提として停止状態におくことが必要であり、自ら停車するのを待ついとまのない場合には、これを強制的に停車させることができるのである。

○　**コンピュータの使用**

磁気テープ類を差し押さえるべき物とした令状により捜索・差押えを行う場合、その外形だけでは記録内容を知ることができないので、その内容をコンピュータによりアウトプットした上で確認しなければならない。このような場合に、従前から磁気テープ類の内容をラインプリンタにより印字させることは、必要な処分として行うことができると解され、この際、相手方に備付けのコンピュータと相手方技術者の協力を求めてアウトプットすることになるが、その協力が得られないときは、内容不明の磁気テープ類全てを差し押さえた後にこれを選別する手続も可能とされている。

なお、前述のとおり、電磁的記録に係る記録媒体の差押えの執行方法の整備がなされ、刑事訴訟法第一一

○条の二で、なし得る処分として、差押え対象物が電磁的記録に係る記録媒体であるときは、差押えをする者が、その差押えに代えて、当該記録媒体に記録された電磁的記録を他の記録媒体に複写するなどした上、当該他の記録媒体を差し押さえることができることを明文化している。

○ **フィルムの現像**

押収した未現像のフィルムが、差し押さえるべき物に当たるか否かを判断するため、これをその属性に従って現像することは、押収物に対する必要な処分として許される。判例も、「……その証明の用に供するためには、本件の場合未現像のままでは意味がなく、そのフィルムがいかなる対象を写したものであるかが明らかにされることによってはじめて証拠としての効用を発揮するものといわなければならない。従って、司法警察員として、果して右が真に本件犯行と関係ある証拠物であるかどうかを確かめかつ裁判所において直ちに証拠として使用し得る状態に置くために、本件フィルムを現像して、その影像を明らかにしたことは、当該押収物の性質上、これに対する『必要な処分』であったということができる。」（東京高判昭45・10・21）とし、別に検証許可状による必要はないとしている。

○ **執行中の電話の使用禁止**

捜索・差押え執行中の電話、携帯電話の使用禁止処分については、第一一一条の必要な処分を根拠とするものと、第一一二条の執行中の出入禁止を根拠とするものの二説がある。

一つは、捜索・差押え執行の際、外部の者との連絡を制限した行為につき、「外部の者と通話することを許せばA組関係者が被告人方に押しかけてきて捜索を妨害する行為に出る可能性があると判断したことには相当の理由があるから、被告人の携帯電話機による通話を制限する必要があった」（福岡高判平24・5・16）と判示、これを第一一一条一項の「必要な処分」に当たるとし、最高裁も決定で被告人の上告を棄却している（最決平26・3・5）。

もう一つは国賠請求訴訟において、「捜索差押えの最中における立会人等による外部の第三者との電話の受発信に関しては、刑事訴訟法規上の規定はないが、刑事訴訟法二二二条、一一二条において捜索差押えの執行中の現場への人の出入りの禁止ができるとする規定の趣旨に照らし、人の出入り等と同等の捜索差押えの目的を阻害する行為あるいは通謀して他所の証拠を隠滅するおそれのある行為と評価し得る電話による外部者との連絡は、同条の禁止処分としてこれをすることができるものと解するのが相当である」（東京高判平12・6・22）と判示し、捜査員の行った電話の受発信制限は違法ではないとした。本判決は最高裁が決定で原告の上告を棄却したことから、最高裁においても是認されている（最決平15・6・12）。

これらの事例は、外部との連絡を認めれば捜索・差押えに支障を来すことから、当該行為の妨害排除の必要性が特に高いとして認められたものであり、常に許されるというわけではないことに注意が必要である。

事例の検討

捜索・差押えを実施する場合に、必要があれば、捜索の目的を達するため、物の破壊をすることも許される。しかし、この場合には、社会通念上、妥当かつ最小限度のものでなければならず、他に方法のない場合にとられるべき手段とされている。

事例の場合には、相手方が捜索を拒否し、入口のドアも開けなかったものであり、入口を破壊しなければ、捜索場所に立ち入ることができない状態にあることは明らかである。また、同所がアパートやマンションであれば格別、管理人等から合鍵の提供を受けるというような状況下にもなく、直ちに立ち入らなければ証拠隠滅をされるおそれも認められ、捜索・差押えに伴う「必要な処分」として、エンジンカッターで入口ドアを焼き切る合理的理由があるものと解される。

23　検証の中止と必要な処分

殺人事件で使用された有毒ガスを生成したA宗教団体のプラント設備のある工場――
その検証を、検証許可状の発付を得て実施した。
検証許可状
同工場内は広大であり、プラント内からの残留物の採取等に手間どるため、検証は数日を要する見込みであった。
そこで同日の検証終了後、翌日も検証を継続するため工場内立入禁止の措置をとり、機動隊員を見張りに立て――
立入禁止
翌日、再び検証を実施した。

キーポイント

①　執行の中止と必要な処分の意義
②　執行の中止に伴う必要な処分

執行の中止と必要な処分の意義

刑事訴訟法第一一八条は、「差押状、記録命令付差押状又は捜索状の執行を中止する場合において必要があるときは、執行が終わるまでその場所を閉鎖し、又は看守者を置くことができる。」と規定し、この規定は、捜査機関が捜索・差押えを行う場合に準用されている（刑訴二二二Ⅰ）。

したがって、捜査機関は、捜索・差押えに着手したものの、捜索場所が広大であるとか、差押えの目的物が大量であるなど、その実施に長時間を要する場合や、施錠されている場所の捜索をするのに合鍵を取り寄せるまで長時間を要するなど捜索・差押えの手続を継続することに支障があるような場合には、捜索・差押えを一時中止し、後に再びこれを再開、継続することができるのである。

ところで、執行の中止をすることにより、捜索差押許可状の有効期間が経過してしまったような場合であるが、この令状の有効期間は、捜索・差押えに着手することができる期間を定めたものであり、それが有効期間内に着手されたものであれば、その後、令状の有効期間が経過してしまったとしても、処分を継続して行うことができる。したがって、有効に捜索・差押えが開始されていれば、捜査機関の判断において、いくら時間をかけてもよいということになる。そして、この執行の中止は、必ずしも一回に限らず、必要があれば何度でも、また数日にわたってでも行うことができるが、この中止の時間等については、社会通念上必要かつ妥当と認められるものでなければならない。

この執行の中止は、具体的な執行行為の一時的な停止を意味するだけのものであって、観念的には、中止中であっても執行は継続しているとみなければならない。したがって、最終的に処分が終了するまでは、執行中止の前後を通じて一個の処分であり、中止後に、捜索・差押えを再開するに当たっては、当初の令状があればよく、別に新たな令状は必要としない。また、令状に「夜間でも執行することができる旨の記載」がなければ、捜索・差押えのために人の住居等に立ち入ることが許されないが（刑訴二二三Ⅲ・一一六）、この執行の中止後の再開の場合には、この夜間執行の制限は受けない。これは、既に着手した捜索・差押え処分が継続しているとみるからである。

これが執行の中止ではなく、不完全でも執行をいったん終了した場合には、たとえ同一場所に対し、同一の目的物を対象に捜索・差押え・検証を行う場合でも、別個の新たな令状の発付を得なければ、これを再開することが許されないことになる。したがって、捜査機関は、処分を一時中止する場合には、それが「執行の中止」なのか、「執行の終了」なのかを明確にし、立会人等に説明しておかなければならない。

執行の中止に伴う必要な処分

捜査機関は、捜索・差押えの執行を中止する場合に必要があれば、執行が終わるまでその場所を閉鎖し、又は看守者を置くことができる。これは、中止した後に再開すべき捜索・差押えに支障を生じさせないために必要な処分である。したがって、その処分は、この趣旨の範囲内で行わなければならない。

執行の中止は、住居主や管理権者の権利・自由に対する侵害・制限を伴う処分であるが、それは捜索・差押えの目的を達成するため必要やむを得ない限度、社会通念上、必要かつ妥当と認められる合理的な範囲内のものでなければならず、住居主等の権利・自由を不当に侵害するものであってはならない。

閉鎖すべき場所についても、捜索・差押えの目的を達成するのに必要最小限の範囲と解すべきで、既に捜索が終了している部屋も含めて、令状に記載された「捜索すべき場所」の全てを閉鎖するのではなく、必要な一部のみについて閉鎖するようにしなければならない。

また、例えば、事務所内を捜索した際、金庫が施錠され、その合鍵を取り寄せるまで捜索・差押えの中止をするような場合に、当該捜索場所である事務所全体を閉鎖することができるが、他の場所に対する捜索が終わっているのであれば、当該金庫そのものだけを閉鎖することにとどめるべきである。

閉鎖をすべき時間についても、被処分者の利益保護の観点から、必要最小限度にとどめなければならず、漫然と長時間にわたったり、相手方の日常活動に関係なく、日出前の早朝から再開したりすることのないようにしなければならない。

閉鎖の方法についてはその方法は問わないとされている。一般的には、捜索・差押えの執行者を表示した封印や、立入禁止等の意思表示を内容とする立札などにより行うことになる。しかし、相手方が反抗的、暴力的であったり、執行の中止中に閉鎖した場所へ集団で立ち入ることが予想されるような場合には、当該建物の入口に板を打ち付け閉鎖して容易に中に立ち入ることができないようにしたり、警察官を入口に立番させるなど、執行の中止処分を実効ならしめる方法をとらなければならない。もし、この閉鎖の表示を破いたり無効ならしめる行為をした場合には、封印等破棄罪（刑九六）が成立する。

執行の中止中であっても、それは捜索・差押えの執行中であるから、その場所を閉鎖したり看守者を置くことのほか、必要があれば、何人に対しても、許可を得ないでその場所に出入りすることを禁じたり、禁止に従わない者を退去させ、又はこれに看守者を付すなどの処分をすることができる（刑訴一一二）。

事例の検討

執行の中止処分（刑訴一一八）は、刑事訴訟法第二二二条第一項により捜査機関の行う捜索・差押えだけでなく、検証をする場合にも準用されている。

「検証」は、事実確認のため、場所、物又は人について、その存在・形状・作用を五官（視覚・聴覚・嗅覚・味覚・触覚）によって感知する処分で、検証許可状の発付を得て行い、その結果は検証調書に記載する。

事例の検証場所は、プラント設備のある広大な工場内であり、残留物の採取等専門的知識・技術のある者が慎重にこれを行う必要があるため、数日間を要するもので、正に「執行の中止」を行う典型的なものである。しかも、宗教団体の行った殺人事件であり、検証場所に妨害、罪証隠滅のため立ち入るおそれがあるのであるから、機動隊員を看守者とすることは妥当な処分である。

24　捜索差押許可状の呈示

キーポイント
① 令状の呈示の意義
② 令状の呈示の時期

令状の呈示の意義

刑事訴訟法第一一〇条は、「差押状、記録命令付差押状又は捜索状は、処分を受ける者にこれを示さなければならない。」と規定し、これは捜査機関が捜索・差押えを行う場合に準用されている（刑訴二二二Ⅰ）。

この規定は憲法上の直接の要請ではないが、処分を受ける者に令状を示すことによって、捜査手続が公正かつ正当であることを相手方に知らしめるとともに、処分を受ける者が不利益を受けることのないよう保護しようとする趣旨から設けられた規定である。つまり、令状を呈示することによって相手方は、令状に記載された内容を知ることができ、もし、令状に記載されている場所以外の場所が捜索されたり、差し押さえるべき物以外の物が差し押さえられたりされそうになった場合には、その場でこれに対し異議を申し立て、また裁判所に対し差押え処分の取消しを請求することができるなど、その利益の保護が図られることになる。

令状を呈示する相手は、「処分を受ける者」である。これは、当該捜索・差押えによって権利や自由の侵害・制限を受ける捜索すべき場所や差し押さえるべき物の直接の支配者である。公務所内の捜索・差押えの場合には、「その長又はこれに代わるべき者」（刑訴一一四Ⅰ）をいい、その他の場合には、「住居主若しくは看守者又はこれらの者に代わるべき者」（同一一四Ⅱ）がこれに当たる。

もし、捜索・差押えの現場で、処分を受ける者が不在であったり、何らかの理由によって出会うことができない場合には、令状を示すことなく捜索・差押えを実施しても違法ではないとされている。しかし、このような場合には、立会人に令状を示して実施することが妥当である。また、いったん立会人に令状を示して捜索・差押えを実施中に処分を受ける者が現われた場合には、その者にあらためて令状を示さなくても違法ではないが（名古屋高決昭26・9・10）、法の趣旨からいえば、呈示することが妥当である。判例も、「令状の呈示は必ずしも、執行の要件ではなく、何等かの理由によって、処分を受けるべき者に出会うことのできない場合にはその呈示をすることなく、執行に着手できると解するを相当とし、かかる場合には、立会人に令状を示してその執行がなされるのを実務の通例とする。」（東京地決昭38・6・15）としている。

令状の呈示は、相手方にこれを示すことが要件であるから、いったん呈示すれば、たとえその際これを奪取され、破棄されたとしても、また、その後これを紛失したとしても、令状の再発付を受けることなく引き続き適法にその後の捜索・差押えをすることができる。

また、処分を受ける者に対して、令状の内容を十分理解できる程度に呈示しているのに、令状の筆写又はコピー等による複写、写真撮影等を要求されたり、被疑事実の告示を求められたとしても、これらに応ずる義務はない。判例も、「……令状の執行の方式を規定した刑事訴訟法一一〇条の規定に徴すれば、令状は処分を受ける者にこれを示すを以って足り、それ以上にその内容の筆写撮影の機会までも与えねばならないものとは解することはできない。」（東京地決昭34・5・22）とし、また、「……司法警察員Ｉは、申立人の右申入れを拒絶したことが認められるけれども、同時に右Ｉは捜索差押に先だって申立人に対し前記居宅玄関において前記許可状をその内容を充分了知できる程度に呈示したことが認められる。そうだとすれば、令状の呈示によって捜索差押手続の公正を担保し且つ被処分者の利益を保護しようとする刑訴法一一〇条の目的は一応達成されているのみならず、前記申入れに対し捜査官がこれに応じなければならない法的根拠も見出し難い。従って右申入れを拒んで捜索がなされたとしても、その捜索は適法であり、また同条の精神に反するともいえない。」（金沢地決昭48・6・30）としている。

令状呈示に際し、相手方が反抗的・拒否的な態度をとるなど、後日、公判廷で紛争に発展するおそれのあるような場合には、呈示の現場を写真撮影しておく必要がある。このような捜索・差押え状況の写真撮影は、それが必要な限度を超えないと認められる範囲内において行われるときは、捜索・差押えの状況を明確にするための付随行為であると解され、刑事訴訟法第二一八条そのものが法的根拠となるとされている。

令状の呈示の時期

令状の呈示は、執行の着手前に行うのが原則である。逮捕状の場合には、逮捕状を所持していないためにこれを示すことができない場合で急を要するときは、犯罪事実の要旨及び令状が発せられている旨を告げて逮捕し、事後できる限り速やかに逮捕状を示すというわゆる逮捕状の「緊急執行」が認められているが、捜索・差押えの場合は緊急執行は認められていない。したがって、捜索・差押えの際は必ず令状を所持し、これを示さなければならないのである。

しかし、実務上は、例えば、暴力団の事務所等多数の者が出入りしている場所を捜索する場合に、事前に令状を呈示していたのでは、抵抗・妨害行為が行われて現場が混乱し、その間に証拠物を隠匿・毀棄されるおそれがあるなど、その目的を達することが困難となる場合がある。このように、令状により捜索・差押えを実施する際、なんらかの妨害行為や証拠隠滅工作がなされるような客観的な状況が認められる場合には、その直前に、これらの妨害や隠滅行為を排除するための準備活動ないしは現場保存的活動が許されると解されている。そして、これらの準備活動の着手に密接した時点で、令状の呈示があれば違法な捜索ではないとされている。

判例も、「捜索差押許可状の呈示は、手続の公正を担保するとともに、処分を受ける者の人権に配慮する趣旨に出たものであるから、令状の執行に着手する前の呈示を原則とすべきであるが、前記事情の下においては、警察官らが令状の執行に着手して入室した上その直後に呈示を行うことは、法意にもとるものではなく、捜索差押えの実効性を確保するためにやむを得ないところであって、適法というべきものである」（最決平14・10・4）と判示し、令状呈示前に必要な処分を行うことを認めている。

また、警察官が令状呈示を行おうとしたのに対し、相手方が逃走し、暴行を加えようとした事案について、「司法警察職員は右令状の効果として捜索場所に立ち入ることができるものであり、令状を呈示するにしろ立会を求めるにしろ相手方にそれなりの受忍的協力的態度に出ることを期待しているものであり、また司法警察職員は捜索差押の開始前といえども証拠隠滅等の行為が行われるのを黙認しなければならない道理はなく、緊急の場合捜索差押の実効を確保するために必要な処置をとることができると解されるので、処分を受ける者らの行動など状況によっては、捜索場所に立ち入る前や立ち入った直後に令状を呈示することができなくてもやむを得ない場合があり、令状を呈示し立会人の立会を求める以前でも証拠の隠滅を防止する等のため必要な処置をとっても直ちに違法となるものではない」（東京高判昭58・3・29）としている。

つまり、原則としては捜索の着手前に、処分を受ける者に令状を示さなければならないが、証拠隠滅のおそれがあるなど捜索行為を阻害する状況のある場合には、例えば、数人の捜査員が一斉に踏み込んで配置場所についてから、令状の呈示をするというように、捜索行為の着手に密接した時点において呈示することも許されるのである。

事例の検討

事例の場合、捜索・差押えに着手する前に捜索すべき場所の支配者である暴力団Y組組長に令状を呈示しているのであるから、その着手手続に誤りはない。

その後、同人から、さらに令状を呈示するよう要求があったとしても、その法的義務はなく、もし、これを呈示すると、捜索実施中の反抗的態度等から判断して、令状を奪取されるおそれが強く、「その必要はない」とこれを拒否し捜索を続けた捜査員の措置は適法かつ妥当なものである。

25　捜索・差押えと立会い

空港管理会社の幹部宅に爆発物が仕掛けられたゲリラ事件について……
空港反対闘争をしている極左暴力集団から、本日マスコミ各社に犯行声明文が送りつけられました。
NNX
同集団が拠点としている事務所
爆発物取締罰則違反容疑の捜索を実施するので立会いを…
立会い⁉ 拒否する‼
同事務所の隣人に対し立会いを要請したところ
いやぁー報復が怖いので、お断りします。
所轄消防署員に立会いを要請し、その承諾を得て同署員を立ち会わせて、捜索を実施した。
消防署

キーポイント

①　捜索・差押えと立会いの意義
②　公務所内で捜索・差押えする場合の立会い
③　公務所以外で捜索・差押えする場合の立会い

捜索・差押えと立会いの意義

刑事訴訟法第一一四条は一項で、「公務所内で差押状、記録命令付差押状又は捜索状の執行をするときは、その長又はこれに代わるべき者に通知してその処分に立ち会わせなければならない。」とし、二項で、公務所以外の「人の住居又は人の看守する邸宅、建造物若しくは船舶内で差押状、記録命令付差押状又は捜索状の執行をするときは、住居主若しくは看守者又はこれらの者に代わるべき者をこれに立ち会わせなければならない。これらの者を立ち会わせることができないときは、隣人又は地方公共団体の職員を立ち会わせなければならない。」と規定し、これは、捜査機関が行う捜索・差押えに準用されている（刑訴二二二Ⅰ）。

このように、捜索・差押えの執行に際し、その責任者を立ち会わせる趣旨は、捜索・差押えという強制処分が令状に記載された以外の場所・物に及ばないようにして被執行者の利益を保護するとともに、その手続の公正を担保しようとするものである。

この責任者の立会いは捜索・差押えを執行するについての形式的要件であるから、この立会いがなければ捜索・差押えに着手することは許されず、また、立会いを求められた者はこれに応ずる義務があるとされている。しかし、いったん立会人となった者が、捜索・差押え実施中に立会いを拒否した場合には、そのままこれを続行することは許されず、執行の中止をした後、新たな立会人を選定して再開することになる。

立会人の数については特に定めはないが、法の趣旨が生かされている限り、一回の捜索について一人でよい。しかし、多数の警察官がいくつかの部屋について同時に捜索を行うような場合には、捜索の対象となった場所の面積、構造、捜索人員、差押え対象物、相手方の妨害抵抗の程度等を総合的に判断し、執行を受ける側の利益保護と手続の公正性の担保の要請と、捜索・差押えが妨害なく円滑に行われるための要請とを充たす程度に立会人の数を決定すべきであるとされている。

公務所内で捜索・差押えする場合の立会い

公務所内で捜索・差押えを行うときは、「その長又はこれに代わるべき者」を立ち会わせなければならないが、公務所内の場合の立会人をこのように限定的に定めているのは、国民から負託を受けて遂行している事務の支障を最小限にとどめるとともに、公務上の秘密を保護するためである。つまり、「その長又はこれに代わるべき」責任者以外の者を立ち会わせたのでは、的確にそのような判断をする権限がなく、公務所以外の場所を捜索・差押えする場合のように、隣人等を立ち会わせるという補充規定は設けられていない。

ここにいう「公務所」は、制度としての官公署その他の組織体を意味する刑法第七条にいう「公務所」とは異なり、公務員がその職務を行う場所そのものを意味し、当該公務所の長の管理下にある建物のほか、これに付随する施設、囲繞地の全てをいう。また、ここにいう公務員は、いわゆる「みなす公務員」を含むが、罰則の適用に関して公務員とみなされる者は含まないとされている。

しかし、公務所の一部に、売店・食堂等、公務以外の用に供されている場所がある場合に、その部分が公務所といえるか否かについては、一般的には、当該施設の存在形態、使用についての契約内容、使用及び看守の実態、施設内における公務の存在状況等を総合的に検討して、公務所の長の管理権があるかどうかにより判断することになる。例えば、当該施設が公務所内に存在していたとしても、その部分について適法な貸付等が行われ、借受人に管理の責任が委ねられているような場合には、その部分は「公務所」とはいえない。反対に、かりにその部分を事実上排他的に使用している者があったとしても、法律上その管理責任が公務所の長にある場合には「公務所」の一部と判断されるのである。

判例は、国立大学構内の学生自治会室の捜索に関し、「東京教育大学は国立大学であり、刑訴法上の公務所であるから、同大学内で捜索差押状の執行をするときは、その長である同大学の学長又はこれに代るべき者に通知してその処分に立ち会せなければならない」（東京地決昭38・6・15）として、学生自治会室を公務所であると判断している。

立会人となる「その長」とは、公務所を直接管理する責任を有する最上級者である。また、「これに代わるべき者」は、「長」が不在であったり「長」自身が立ち会うことに支障がある場合にこれに代わるべき立場にある者をいい、一般的には、次長・部（課）長又はこれに相当する地位にある者がこれに当たる。

しかし、必ずしも「長又はこれに代わるべき者」が直接立ち会う必要はなく、例えば、官公署の組織機構上、その「長」等が指揮監督下にある職員を指定し、その者を立ち会わせることができると解されている。

通知を受けた公務所の長等が立会いを拒否した場合には、これに代わるべき立会人の規定はないが、その行為は刑事訴訟法に定められた保障を自ら放棄したものであり、正当な理由もなく、しかも急速を要するやむを得ない場合には、立会人なしに公務所内の捜索・差押えを行うことができる。

また、公務所内で被疑者の捜索（刑訴二二〇）をする場合にも、この立会いの規定が適用されるから、急速を要するときでも公務所の長等に通知し立ち会わせなければならない。しかし、公務所内に逃げ込んだ被疑者を追跡する行為は、捜索ではなく単なる立入りであり、通知及び立会いの対象にはならないと解されている。

公務所以外で捜索・差押えする場合の立会い

公務所以外の住居等で捜索・差押えを行うときは、「住居主」「看守者」「これらの者に代わるべき者」を立ち会わせなければならない。もし、これらの者が不在であったり、その立会いを拒否した場合のように、立ち会わせることが不可能なときは、「隣人」又は「地方公共団体の職員」を立ち会わせなければならない（刑訴二二二Ⅰ・一一四Ⅱ）。

つまり、人の住居等で捜索・差押えを行うときは、これらのいずれかの者を立ち会わせることが要件となっているから、たとえ急速を要する場合であっても、立会人がいなければ捜索・差押えを行うことはできない。

したがって、相手が不在であるとか立会いを拒否することなどがあらかじめ予想される場合には、消防署員等地方公共団体の職員に依頼し、準備しておくことが必要である。

ここにいう「隣人」は、文字どおり隣に居住する者だけでなく、近所に居住する人を意味している。また、「地方公共団体の職員」は、立会いの規定が執行を受ける者の保護と手続の公正の担保という目的を含む制度であることから、地方公共団体の職員であればだれでもよいというものではなく、捜索・差押えの場所を管轄する都道府県市町村の一般職員をいうものと解されている。警察官も文理上はこれに含まれるが、手続の公正性の担保という観点から、他の地方公共団体の職員を立ち会わせるべきである。

また、これらの場所で被疑者の捜索（刑訴二二〇）をする場合において急速を要するときは、立会いの規定は除外されているから（同二二二Ⅱ）、立会人なく捜索をすることが許される。

なお、女子の身体について捜索を実施する場合には、急速を要する場合を除き成年の女子を立ち会わせなければならない（同二二二・一一五）。これは、女子の貞操、羞恥心を保護するための規定であり、たとえ本人の承諾があっても立会いの省略をすることは許されない。

事例の検討

事例の場合、捜索・差押えの場所は、極左暴力集団の拠点としている事務所であり、同所は公務所以外の「人の看守する建造物」と思料される。

このような場所で捜索・差押えをするときは、「看守者」又は「これらの者に代わるべき者」を立ち会わせなければならず、もしこれを拒否されるなどして立ち会わせることができないときは、「隣人」又は「地方公共団体の職員」を立ち会わせなければならないとされている（刑訴一一四Ⅱ）。

したがって、「地方公共団体の職員」である所轄の消防署員を立ち会わせて捜索を実施した本事例の手続は適法である。

なお、事前に拒否されることが予想される場合には、予めこれに代わるべき者を準備し捜索に臨む配意が必要である。

26　別件の証拠物の押収手続

キーポイント

① 証拠物等の押収手続

② 捜索中、令状に記載された物以外の証拠物を発見した場合の措置

証拠物等の押収手続

捜査機関が証拠物等を押収するためには、強制処分としての差押え（刑訴二一八Ｉ・二二〇）と、任意処分としての領置（同二二一）とがある。

これらの手続は、証拠物等の占有を捜査機関の下に移す押収の手段が、強制手段として行われるのか、任意手段として行われるのかという点に差異があるだけで、その後の法的効果は全く同一である。

差押えについては、裁判官から発付を得た令状により行う場合と、逮捕の現場で令状によらずに行う場合とがある。そして、この両者とも、差し押さえることができるのは、令状発付の根拠となった犯罪事実に関する証拠物等、また、逮捕した犯罪事実に関する証拠物等に限られている。しかも、令状による場合は、令状に「差し押さえるべき物」として記載されている物についてしか差し押さえることができない。

したがって、令状によって差押えを行う場合に、令状発付の基礎となった犯罪事実に関する証拠物を発見したとしても、それが令状に「差し押さえるべき物」として記載されていなければ、当該令状によってこれを差し押さえることが許されないし、それが他の犯罪事実の証拠品である場合には、なおさら差し押さえることは許されない。

これに対し、領置の対象となり得る物は、「遺留物」「任意提出物」である限り制限はなく、それがある特定の犯罪事実に関するものであれ、余罪に関するものであれ、何らかの犯罪に関係あるかもしれないと思料されるものであれ全て領置できることになる。

捜索中、令状に記載された物以外の証拠物を発見した場合の措置

証拠物を押収する手続としては、強制手段としての差押えと任意手段としての領置とがあり、捜索中に令

状に記載されていない証拠物を発見した場合でも、このいずれかの手続により押収するよりほかない。

○ **任意提出を受けて領置する**

最も効率的な方法は、発見した証拠品について任意提出を受け領置することである。領置の対象となる物について、制限はなく、それが権限ある者からその承諾に基づき任意に提出された物であれば領置することができる。

任意提出をすることができるのは、当該物件の「所有者」「所持者」「保管者」である。所有者はその所有権者、所持者は自己のためその物を占有している者、保管者は他人のためにその物を所持している者である。しかし、所持者ないし保管者は、必ずしも権限に基づいて所持し、あるいは保管する者である必要はないとされ、判例も、同居していた被疑者の雇主が同人の居室に立ち入り阿片散を発見、これを警察官に任意提出した事案について、「被疑者の主人である甲らといえどもみだりに被疑者の居室に立ち入りその所持品を持ち出すというのは本来許されないことであるが、……任意提出による領置においては、その提出者が所有者その他権限ある者であることを必ずしも必要としないのであるから、これを領置した警察官の所為がそのことからすぐに不法になるという筋合いのものではない」（東京高判昭28・11・25）としている。

また、恐喝未遂事件につき発付された令状で捜索中、被疑者のコートから覚醒剤を発見し、立会人である内縁の妻から任意提出させた事案について、判例は、「被告人（夫）の不在中はその居宅内にある物の保管を任されていたものと推認すべきであり、したがって、刑事訴訟法二二一条に定める任意提出の資格ある保管者にあたる」（東京高判昭50・2・20）としているが、例えば、アパートの管理人には通常は任意提出をする権限はないとされている。

また、これは提出者の任意の承諾・同意に基づく処分であるから、相手方が説得に応じず提出を拒否した場合にはこの手続をとることはできない。

○ **令状の発付を得て差し押さえる**

相手方が任意提出に応じない場合には、別に新たな令状の発付を得て差し押さえることになる。

この場合に、それが令状発付の根拠となった犯罪事実に関するものであれば、令状請求に手数はかからないが、全く別の事件の場合には相当の時間を要することになる。この場合に当該証拠物を隠匿されたり、散逸してしまうおそれがあるが、これを防ぐために監視者を置いたり、同所への出入者に対して職務質問を行うなどの方法をとらなければならない。

そして、被処分者や関係者がこれを隠匿しようとした場合には証拠隠滅罪（刑一〇四）で現行犯逮捕し、逮捕現場における令状によらない差押えをすればよい。

交通事故で追突された車両を点検中、車内に拳銃の実包等があるのを発見し、令状を得て捜索したところ、車内から令状に記載のない改造拳銃とエフェドリンを発見、これを警察署に持ち帰って保全して令状を請求、同車内においてこれを差し押さえた事案について、判例は、「右の捜索中に偶々発見せられた改造拳銃一丁、エフェドリン二〇びん（覚せい剤原料）は、許可状に差し押えるべき物として記載せられていないが、いわゆる法禁物であって、その所持が禁止されている物であり、また被害自動車が破損したまま路上に放置されているため、道路における交通の安全や円滑を図る必要からも右自動車を修理工場に運搬することを急がなければならない等緊急切迫時のことでもあり、しかもこれら物件の任意提出を求めえられず、新たに令状を求める暇もない状況のもとでは、右法禁物の隠匿、散逸等を防止するための処置として、一応これをF同道のうえ警察署に持帰った後、短時間内に右物件につき差押許可状の発付を請求しその許可を受けるや、直ちに移動先の被害自動車内で立会人の立会いのもとに差押がなされているのであるから、この差押を目して所論のごとく令状なくして行われた差押であると解するのは相当でない。」とした上で、「差し押えるべき物として令状に記載していない物件まで警察署に持帰った点において瑕疵があるけれども、その瑕疵の程度は収集手続を全体的に観察評価するとき、憲法、刑事訴訟法所定の令状主義の精神を没却するような手続上の重大な瑕疵があるとまではいえない」（大阪高判昭49・7・19）としてその証拠能力を認めている。

○ **逮捕の現場における令状によらない差押えをする**

この方法は、発見された証拠物が、各種法令によって所持を禁止されている物件であった場合にとることのできるものである。例えば、それが麻薬・覚醒剤や銃砲刀剣類等のいわゆる所持禁制品であり、被疑者がその場に現在している場合には、覚醒剤取締法や銃砲刀剣類所持等取締法の所持違反の現行犯人として逮捕することができる。

そして、逮捕の現場においては、令状によらなくても捜索・差押えができるのであるから、その場で当該物件を差し押さえればよい。

もし、被疑者が別件で逮捕されており、当該事件について捜索・差押えを実施中にいわゆる所持禁制品を発見した場合には、更に被疑者を「二重逮捕」した上でこれらの物件を押収することになる。この二重逮捕については、通説・判例の認めているところであるが、逮捕の必要性の問題もあり、その現場において余罪の証拠物を押収しなければ、これが滅失したり証拠隠滅が図られるおそれがあるなどの事情がある場合に限って行うのが妥当である。

所持禁制品を発見したが、被疑者がその場所に不在の場合には、これを逮捕することができないから、その任意提出を受けるか、新たな令状の発付を得て差し押さえる以外ないが、これを監視中、被疑者が帰宅したような場合は、その時点で所持違反の現行犯人として逮捕し、差押えをすることになる。

事例の検討

事例の場合、銃砲刀剣類所持等取締法違反容疑で、暴力団A組組長の自宅マンションを捜索したものである。当該令状に「差し押さえるべき物」として何が記載されていたか明らかではないが、「拳銃」やその所持事実を立証する証拠物等が記載されていたと思われる。

その捜索中、別件の覚醒剤の粉末等を発見したというのであるが、覚醒剤は所持することを禁じられたいわゆる所持禁制品であるから、同人を覚醒剤取締法違反で現行犯逮捕し、逮捕現場で令状によらない捜索・差押えを実施して、証拠物である注射器とともにこれを差し押さえるべきである。もちろん、同人からこれらの任意提出を受け、領置するという方法もあるが、被疑者が暴力団組長であってこれに応ずる可能性は薄く、また、逃走、証拠隠滅のおそれも高いことから、現行犯逮捕による方法が妥当である。

27 還付・仮還付

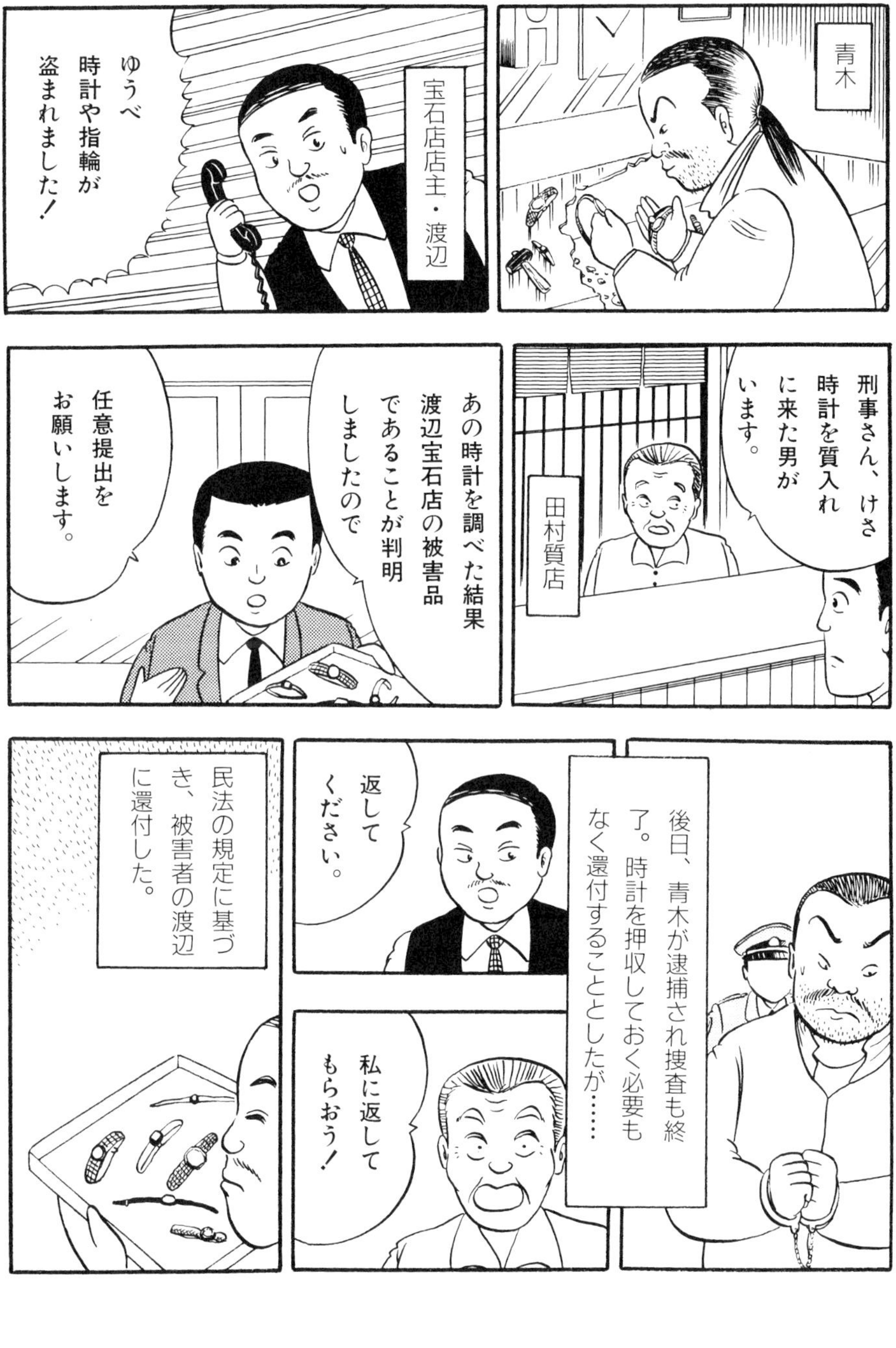
青木
宝石店店主・渡辺
ゆうべ時計や指輪が盗まれました！
刑事さん、けさ時計を質入れに来た男がいます。
田村質店
あの時計を調べた結果渡辺宝石店の被害品であることが判明しましたので
任意提出をお願いします。
後日、青木が逮捕され捜査も終了。時計を押収しておく必要もなく還付することとしたが……
返してください。
私に返してもらおう！
民法の規定に基づき、被害者の渡辺に還付した。

キーポイント
① 還付・仮還付の意義
② 還付・仮還付を受けるべき者
③ 押収贓物の被害者還付

還付・仮還付の意義

刑事訴訟法第一二三条一項は、「押収物で留置の必要がないものは、被告事件の終結を待たないで、決定でこれを還付しなければならない。」とし、二項で、「押収物は、所有者、所持者、保管者又は差出人の請求により、決定で仮にこれを還付することができる。」とし、この規定は、刑事訴訟法第二二二条により、捜査機関が行う押収物の還付・仮還付に準用されている。

捜査機関の行う押収は、強制処分である差押えによる場合と、任意処分である領置による場合とがあるが、いずれも、その物に対する所有者、所持者の占有を排除し、捜査機関が自らその占有を取得、保有するものである。したがって、押収が継続している間は、押収物に対する所有者、所持者等被押収者の使用・処分が制限され、その財産権が制約を受けることになる。

押収物は、原則的には、当該事件の判決確定や不起訴処分がなされるなど、その終結まで押収の効力を持続させるものであるが、押収後、捜査機関においてこれを留置しておく必要がなくなった物については、被押収者等に対してこれを終局的又は一時的に返還し、その権利の制限を必要最小限にとどめようとするのが、押収物の還付・仮還付の規定である。

「還付」とは、押収物についての押収の効力を解き、これを所有者又はこれを本来受け取るべき権利を有する者に返還することである。還付は「留置の必要がない」という要件を充たした場合には、権利者の請求がなくても行われなければならず、留置の必要がないのに漫然と押収を継続したときは国家賠償法が適用される（長崎地判昭29・12・28）。

捜査機関が行う押収物の還付は、押収物還付の決定をし、これを受還付者に通知したときに効力が発生し、同時に押収の効力が消滅するとされ（東京地決昭48・4・21）、受還付者はこれを何の制限もなく使用・処分することができる。

還付の要件である「留置の必要がない」というのは、押収の効果としての捜査機関による占有を継続する必要がないという意味で、その判断は、捜査中の事件についての証拠の収集・保全という犯罪捜査の見地から判断すべきであるとされている。そして、その判断は、捜査機関（検察官・検察事務官・司法警察員）において行うのであるが、それは恣意的なものであってはならず、犯罪捜査という公共的必要性と留置の継続によってこうむる被押収者の権利とをいかに調和させるかという憲法上の要請により慎重に判断しなければならない（東京地決昭40・7・15）とされている。

留置の必要がないものとしては、一般的に、「没収すべき物として押収した物が没収不可能の物であるか、又は没収する必要のない物であることが判明した場合」、また、「証拠物として押収した物が証拠物でないか、又は証拠能力若しくは証拠価値の点で証拠として利用し得る見込みのないことが判明した場合」などがある。

また、押収物の留置の必要性の判断は、差押えの必要性の判断とその基礎を同じくするものと考えられるが、差押えの必要性について、押収物が証拠物又は没収すべき物と思料される場合であっても、「犯罪の態様、軽重、差押物の証拠としての価値、重要性、差押物が隠匿毀損されるおそれの有無、差押によって受ける被差押者の不利益の程度その他諸般の事情に照らし明らかに差押の必要がないと認められるときにまで差押を是認しなければならない理由はない。」（最決昭44・3・18）とした判例がある。

留置の必要がないことを理由に、捜査機関の押収処分が取り消されたものとして、次のようなものがある。

○　電車による業務上過失致傷事件に関し押収された事故電車について、その証拠としての価値、重要性がさほど大きくないのに対し、押収の継続によって受ける被押収者（電鉄会社）の不利益がはるかに大きい（大阪地決昭43・2・19）。

○　凶器準備集合・公務執行妨害事件に関して押収したヘルメット四五個について、これらは被告人の実行行為の特定、共犯者との意思の連絡の有無ないしその状況の立証上、証拠としての価値、必要性に乏しい（大阪地決昭45・9・11）。

「仮還付」とは、押収物について留置の必要が全くなくなったわけではないが、一時的にこの留置を解いても捜査上又は公訴を維持する上で支障がないという場合に、将来必要がある場合には再び留置の状態にもどすことを留保して、所有者等の請求に基づき、これを一時的に返還する処分をいう。

したがって、仮還付を受けた場合には、その物を保管しながら使用することは許されるが、たとえその所有者であっても、これを売却・入質・破壊等の処分をしたり、再提出することを不可能又は困難ならしめたり、証拠価値に変動を生ぜしめたりすることは許されない。もし、仮還付を受けて保管中の物を勝手に処分した場合には、処分者がたとえその物の所有者であったとしても、刑法の横領罪（刑二五二）・損壊罪（同二六一）の刑責を負うことになる。

なお、仮還付した証拠品の再提出を求めたが、これに応じない場合、押収の効力は持続しているが、その占有は仮還付を受けた者にあるので、捜索差押許可状の発付を得てこれを押収することになる。

還付・仮還付を受けるべき者

還付・仮還付を受けるべき者について、刑事訴訟法上明文の規定はないが、「特段の事由」がない限り被押収者である差出人に還付するのが最も妥当とされている（大阪地決昭38・1・29）。

つまり、還付・仮還付は、本来、押収物について留置を継続する必要がない場合に、捜査機関の占有を解いて押収物を押収直前の現状にもどす処分であるからである。

ここにいう特段の事由というのは、例えば、被押収者が還付を受ける権利を自ら放棄して他の権利者へ還付することを希望するなど、原状回復の必要がない場合や、実質的な被押収者が他にいることが明らかで、被押収者にこれを還付することが不合理な場合などである。

なお、還付・仮還付の処分をするに当たっては、還付・仮還付を受ける者が正当な権限を有する者であるかどうかの調査を行い、事後に紛議の生ずることがないようにしなければならない（犯捜規一一五）。

押収贓物の被害者還付

ところで、刑事訴訟法第一二四条一項は、「押収した贓物で留置の必要がないものは、被害者に還付すべき理由が明らかなときに限り、被告事件の終結を待たないで、検察官及び被告人又は弁護人の意見を聴き、決定でこれを被害者に還付しなければならない。」として、被押収者還付の原則の例外規定を設けており、これは捜査機関の行う還付・仮還付に準用されている（刑訴二二二Ⅰ）。

この規定は、贓物は、所持者に対する民事上の請求によって被害者に回復されるのが本来であるが、被害者に引渡しを請求する権利のあることが明らかな場合は、被害者に還付することを認める方が実際上便宜であり、また妥当でもあることから置かれたものである。「被害者に還付すべき理由が明らかなとき」というのは、被害者が私法上無条件で押収贓物の引渡請求をする権利を有することが明白な場合をいい、それは、当事者が民事訴訟を提起して争ったとしても、当然に被害者が勝訴するであろうと認められる程度に明らかな場合である。もし、この点について、疑義のある場合には、被害者に還付すべき理由が明らかとはいえないから、原則にもどって被押収者に還付すべきで、その後の受還付者と被害者との紛争の解決は、民事上の本来の解決方法に委ねればよい（刑訴一二四Ⅱ）。

被害者に還付すべき理由が明らかでないとされるものとして、次のようなものがある。

○ 詐欺・脅迫による意思表示は、取消権者の取消しがあるまでは一応有効なものとして取り扱われるから（民九六Ⅰ・一二〇・一二一）、詐欺・恐喝により財物を交付した場合には、被害者が犯人に対し財物交付の意思表示を取り消さない限り当該財物は犯人の所有に帰属するから、被害者に返還請求権がない（京都地決昭48・6・27）。

○ 同種の物品が混同しているなど、どれが被害者の物であるのか特定されていなければ、被害者に還付すべき理由が明らかとはいえない。しかし、押収贓物が現金である場合には、たとえどれが被害者の物であるか特定できなくても還付することが許されるとされている。判例も、「通貨は高度の代替性を有するものであって、被告人としては、七個のうちいずれの二個が竹内（注＝被害者）に還付されることになっても、その利益を害されるわけではなく、刑事訴訟法第三四七条第一項の解釈としても還付されるべきものが通貨である場合、同種の通貨のうちのいずれを還付するかを特定することは必ずしもその必要がない」（東京高判昭45・2・10）とし、被害者還付を認めている。

○　恐喝犯人が入質した被害品の腕時計を質屋から押収した際、質店主から「用済み後は私方へお返し下さい。」と意見を明示されている場合には、被害者に還付すべき理由が明らかとはいえない（広島高判昭56・2・24）。

○　被押収者が盗品を平穏・公然・善意・無過失で買い受けた場合で、それが盗難・遺失のときから二年以上経過したときは、その善意の被押収者が当該押収盗品の所有権を適法に取得するから（民一九二・一九三）、被害者は回復請求権を失い、その贓物性も失われるから、被害者に還付すべき理由が明らかとはいえない（最決昭34・2・9）。

なお、刑事訴訟法第一二四条にいう押収贓物の還付の規定は直接は裁判所が還付する場合のもので、これが準用されて捜査機関が行う場合には、検察官・弁護人の意見を聴くことは要しないとされている。

事例の検討

事例の場合の被害品は、渡辺宝石店に侵入した犯人が窃取した時計であるから、財産犯によって取得された贓物である。還付すべき相手方については、原則としては、押収前に復するという趣旨から被押収者とするというのが一般であるが、これを「被害者に還付すべき理由が明らかなとき」は、被害者に還付することができるとされている。

そこで、事例の押収贓物である時計の権利関係について検討すると、質店主・田村は平穏かつ公然とその占有を始め、しかも善意無過失であるので、善意取得（民一九二）が認められるが、同時計は「盗品」であることから、盗難の時から二年間は被害者に回復請求権（民一九三）が認められている。したがって、これを被害者・渡辺に還付した手続は適法である。

28　身体検査

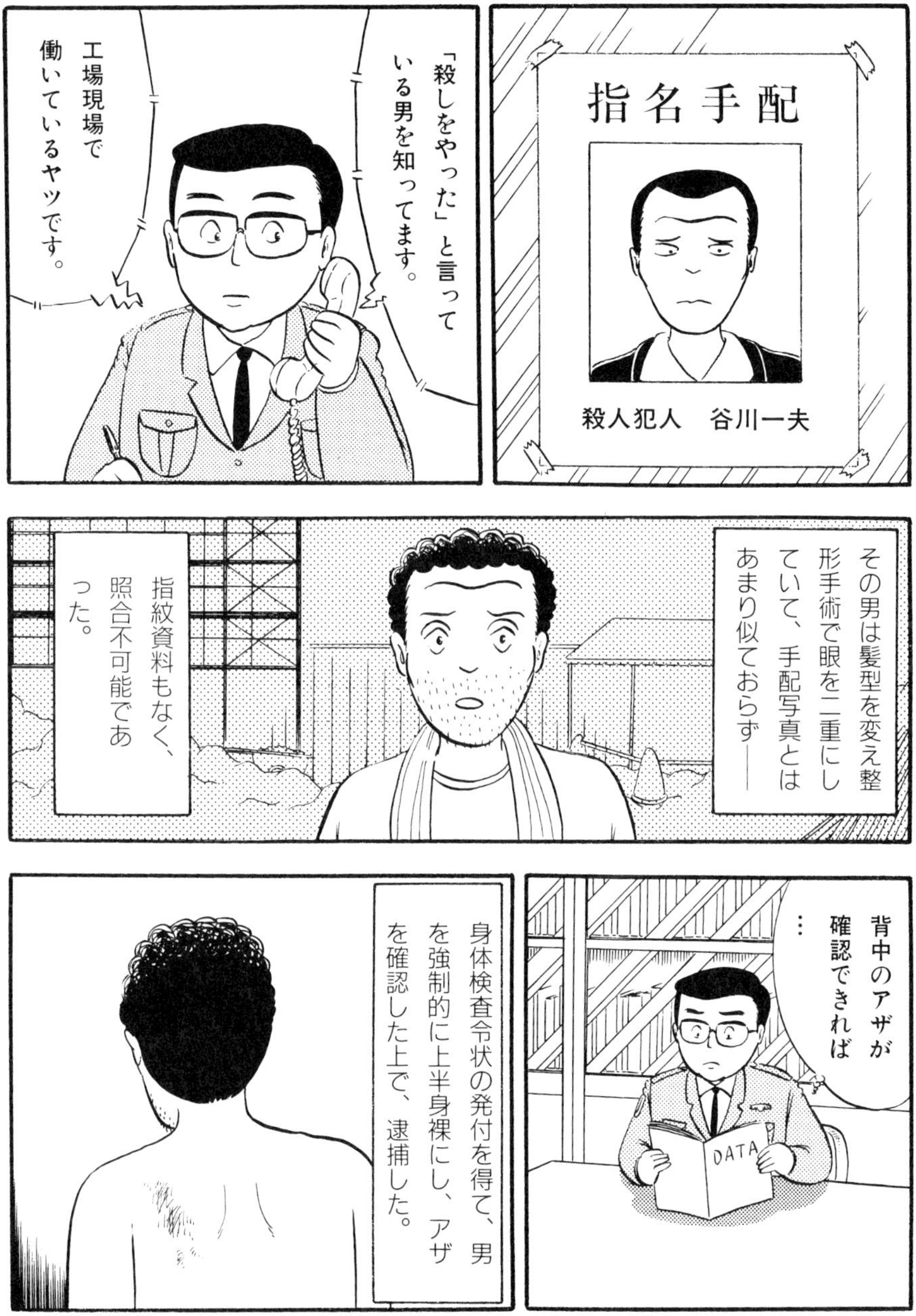

指名手配
殺人犯人　谷川一夫
「殺しをやった」と言っている男を知ってます。
工場現場で働いているヤツです。
その男は髪型を変え整形手術で眼を二重にしていて、手配写真とはあまり似ておらず――
指紋資料もなく、照合不可能であった。
背中のアザが確認できれば……
DATA
身体検査令状の発付を得て、男を強制的に上半身裸にし、アザを確認した上で、逮捕した。

キーポイント
① 身体検査の意義
② 身体検査の強制

身体検査の意義

一般的に、「身体検査」というと、身体の捜索としての身体検査、検証としての身体検査、鑑定のための身体検査がある。

身体の捜索（刑訴二一八Ⅰ・二二〇Ⅰ）としての身体検査は、差し押さえるべき物を発見することを目的に、これを所持・携帯していると思われる人の身体・衣服について調べる手続で、令状によるものと、逮捕の現場における令状によらないものとがある。身体に対する捜索は、着衣の外部から触ったり、ポケットを調べるなど、着衣のまま外部から行う検査や口腔内を調べたり頭髪を櫛ですいて調べるなど、直接に肉体の状況を調べながら物を捜索する限度で許されるとされている。相手方を全裸にして差し押さえるべき物を捜索する場合には、物の発見を目的とする捜索と身体の状態を確認する身体検査との両方の性質を併せもつものであるから、令状による場合は、捜索許可状と身体検査令状との両方が必要であるとされている。

検証としての身体検査（刑訴二一八ⅠⅢⅤ・二二〇Ⅰ）は、人の身体について、その形状・状態を五官の作用により認識する強制処分で、身体の捜索と同様、令状によるものとそうでないものとがある。検証としての身体検査は、物の発見を目的とする身体の捜索とはその目的を異にし、その限界も異なっていることから、特に、「これを受ける者の性別、健康状態その他の事情を考慮した上、特にその方法に注意し、その者の名誉を害しないように注意しなければならない」（同二二二Ⅰ・一三一Ⅰ）と注意事項が設けられている。

また、「女子の身体を検査する場合には、医師又は成年の女子をこれに立ち会わせなければならない。」（刑訴二二二Ⅰ・一三一Ⅱ）とされている。そして、この規定には、女子の身体を捜索する場合の立会い（同二二二Ⅰ・一一五）のように急速を要する場合の例外文言はなく、女子の身体検査を実施する場合には、必ず医師又は成年の女子を立ち会わせることが要件となっている。

刑事訴訟法が女子の身体検査についてこのような立会人を置くことを規定している趣旨は、もともと男子が女子の身体検査を行うことを予想し、その羞恥心を軽減し、後日当該処分の適否についての紛議を予防するためのものである。したがって、成人の女性警察官が自ら女子の身体検査を行う場合には、医師又は成年の女子の立会いを求める必要はないことになるが、実務上は、手続の公正性の担保あるいは保安上の観点から、医師又は成年の女子を立ち会わせることが妥当である。

検証としての身体検査は、被検査者を裸にして、人が通常露出等をしていない身体の部分にあるあざ・ほくろ・入れ墨・傷痕等を検査したり、膣・肛門等の体腔内を外部から検査することが許される。

また、身体の拘束を受けている被疑者について、指紋・足型を採取し、身長・体重を測定し、写真撮影することも検証としての身体検査に含まれるが、これらの場合には、被疑者を裸にしない限り令状によることを要しない（刑訴二一八Ⅲ）。

指紋採取等に類する処分は、被疑者を裸にしない限りはその侵害の程度が比較的小さい処分であり、既に加えられている身体の拘束という処分の中に実質的に包含されるものと解されているからである。そして、ここに規定された処分は例示であり、これと同程度の検査、例えば、身体の露出部分にあるあざ・ほくろ・入れ墨等を調べることはもちろん、掌紋や歯型の採取・歯並びの検査・着衣の上からの胸囲の測定・唾液の採取等も令状なく行うことが許される。

また当該処分をするため、腕をとったり写真撮影のため顔面を固定させる程度の実力行使をすることも許される。

身体を拘束されている女子被疑者の指紋採取等を行うに際しては、その性質上、医師又は成年の女子の立会いの規定（同一三一Ⅱ）の準用はないものと解されているが、実務上は他の警察官の立会いを求め、無用の誤解を受けないようにする必要がある。

鑑定のための身体検査（同一六八Ⅰ）は、鑑定処分許可状により、学識経験者である鑑定人によって行われ、単に身体の表面からの検査だけではなく、身体の内部の検査も許される。

鑑定としての身体検査は、医療行為ではなく捜査手続として行われるものであるから、その手段・方法は、身体に与える影響はわずかで、苦痛をあまり与えず、社会通念上許される程度のものでなければならない。

したがって、例えば、血液採取のために耳の一部を少し傷付ける行為、頭髪や体毛を引き抜く行為、レントゲン照射により飲み込んで体内にある証拠物を透視する行為、吐剤・下剤を使用して胃腸内にある証拠物を排出させたりする行為などは許されると解されている。しかし、通常、外科手術とされるような行為は鑑定処分としては許されず、また、口や鼻から胃の中に管を入れて吐剤を流し込むような身体への障害や苦痛が大きい方法も許されないとされている。

また、精液や膣液の採取についても、プライバシー保護上の問題はあるが、医師等の専門家によって行われるものであり、しかも身体の損傷も健康状態にもさほど影響を与えないことなどから、鑑定のための身体検査として許されると解されている。

身体検査の強制

被疑者等が正当な理由がなく身体検査を拒んだ場合には、次の三つの手段により、間接強制・直接強制の措置をとることができる。

○ **身体検査拒否と過料等**（刑訴一三七Ｉ・一三七）

刑事訴訟法は、被疑者又は被疑者以外の者が正当な理由なく身体の検査を拒んだときは、一〇万円以下の過料に処し、その拒絶により生じた費用の賠償を命ずることができると規定している。これは、身体検査を受けさせるための間接強制の方法を規定したものである。

あらかじめ身体検査を拒む意思表示をしただけであったり、単に出頭を拒んだだけでは「身体の検査を拒んだとき」にはあたらず、身体の検査が現実になされ、又は少なくともなされようとしたときにこれを拒否したことが必要である。

○ **身体検査拒否罪**（刑訴一三八Ｉ・一三八）

刑事訴訟法は、正当な理由がなく身体検査を拒んだ者に対し、一〇万円以下の罰金又は拘留に処すると規定し、刑罰による間接強制を図っている。本罪の成立要件は、前の過料の場合と同じで、身体検査を拒むことによって成立する。また、その際、暴行、脅迫を加えた場合には公務執行妨害罪（刑九五）が成立し、本罪はこれに吸収される。いったん拒否した場合には、その後身体検査に応じても本罪が成立する。

○ **身体検査の直接強制**（刑訴二二二Ⅰ・一三九）

刑事訴訟法は、過料等や刑罰を求めるなどの間接強制の手段によってはこれに応じる見込みがない場合には、「そのまま、身体の検査を行うことができる。」として、直接強制によって身体検査を行うことができる旨規定している。この規定は、身体検査の直接強制を行うための条件を規定し、直接強制が最後の手段であることを明らかにしたものである。

直接強制を行うためには、必ずしも事前に過料や刑罰を科したかどうかは問わないが、これに応じる見込みがない状況のあることが必要で、その判断は捜査機関がなすことになる。間接強制を行わず、いきなり直接強制を行う場合は、このような状況を明らかにしておかなければならない。

直接強制は、身体検査の目的を達するため必要最小限度の妥当な方法で、被検査者の身体に実力を加えることによって行うが、実務的には、たとえ正当な理由のない拒否であってもできるだけ説得に努め、これに応じるように仕向けるべきである。

事例の検討

身体の検査は、人の捜索、検証、鑑定の三様のものがあるが、人の捜索は物の発見、検証は形状・状態の認識、鑑定は専門家による嘱託事項の検査・鑑定とそれぞれ目的が異なる。

事例の場合には、殺人事件の犯人として指名手配中の男に似た者が、整形手術をしたり、指紋資料もないなどの状況下にあるため、その身体の特徴を確認するためのもので、検証としての身体検査に当たる処分である。したがって、身体検査令状の発付を得た上、同令状執行の際これを拒否した男に直接強制を加え、「あざ」を確認するために強制的に上半身裸にすることも許され、事例の場合の身体検査は適法な手続であるといえる。

29　採血の手続

ユラ
ユラ
そこのジグザグ運転の車！
止まりなさい!!
だ、だ、だい、だいじょ〜ぶ！ヒック！
プン
プン
アルコールの呼気検査をさせてもらう。
やなこった！
道路交通法違反で、現行犯逮捕する！
血中アルコール濃度を検査する必要から、「鑑定処分許可状」「身体検査令状」を請求、その発付を得て—
男を病院に連れて行き、同令状によって、医師により強制的に採血を行った。

キーポイント
① 強制採血に必要な令状
② 令状によらない採血

強制採血に必要な令状

血液は人の生命・健康を維持する上で不可欠な体液であり、血液中の成分を調べることにより、さまざまな事実が解明できる。中でも、自動車運転者の酒気帯び運転又は酒酔い運転の事実、覚醒剤使用の事実等を立証する上で、被疑者の血液の証拠価値は高い。しかし、血液は尿とは異なり、いずれ体外へ排出されることは予定されておらず、通常の状態においては被疑者の身体に傷害を及ぼすことなく採取することは不可能である。したがって、本人の承諾が得られないときには令状を得て採取することになるが、この場合にいかなる令状により行うべきかについては、次の各説が主張されている。

○　捜索差押許可状説……強制的に採尿を行うには捜索差押許可状によって行うとした最高裁判所決定（昭55・10・23）の趣旨に従い、採血に当たっても同じ体液の採取であり、医師をして医学的に相当と認められる方法で行うとの条件を付した捜索差押許可状（刑訴二一八Ⅰ）によるべきであるとする説

○　身体検査令状説……血液検査は、検証としての身体検査（同二一八Ⅰ）に含まれ、その検査を行う前提としての血液採取も身体検査であり、身体検査令状により行うものであるとする説

○　鑑定処分許可状説……血液の採取は、鑑定に必要な処分の一環としての身体検査として行うものであり、捜査機関から嘱託を受けた鑑定人が鑑定処分許可状によって血液の検査と、そのために必要な血液の採取を行うものであるとする説

捜索差押許可状説は、採尿を行う場合についての最高裁判所の判例が拠り所であり、身体検査令状説は、検証としての身体検査も鑑定のための身体検査も、事実発見を目的としている点ではいずれも差異がなく、医師を補助者として用いるならば血液採取も検証として行うことが許されるという考え方である。

鑑定処分許可状説は、検証としての身体検査と鑑定のための身体検査とでは、その目的を異にするものであり、検査の方法、内容等にも差異があるとする考え方である。例えば、検証としての身体検査では、外面から見たり触れたりする程度の手段しか採れないが、鑑定のための身体検査は、必要な限度で社会通念上是認される程度の軽微な身体の傷害も許され、多少なりとも身体の損傷を伴う採血は鑑定処分許可状によるべきであるとするものである。そして、この鑑定処分許可状説が通説となっている。

判例も、「本来、捜査機関による被疑者の身体からの血液の採取は、被疑者の同意に基づくか、右同意が得られない場合は、裁判官の発する鑑定処分許可状に基づき、専門的医師等により行なわれるべきであることは多言を要しない」（松山地大洲支判昭59・6・28）と判示している。

ところで、検証としての身体検査では、相手がこれを拒んだ場合には、直接強制により身体検査を行うことができる旨規定されている（刑訴一二二Ⅰ・一三九）。しかし、鑑定処分許可状に基づき身体検査を行う場合には、これを拒んだ者に対し直接強制することができるという規定は準用されておらず（同一六八Ⅵ）、したがって、鑑定処分許可状による場合には血液採取を強制することは許されないことになる。

捜査機関が採血を行う場合には鑑定処分許可状によるべきであるが、これを実効あらしめるためには、相手方がこれを拒んだときにも強制的に採血できるようにしておかなければならない。そのためには、鑑定処分許可状に加えて、直接強制をすることが許される身体検査令状も併せて発付を受け、相手方が採血を拒んだときは身体検査令状により直接強制を行い、その際に鑑定受託者が立ち会って鑑定に伴う必要な処分として採血を行うという方法を採ることができ、実務上もこれによって採血が行われている。

令状によらない採血

血液の採取をするについて、相手方の任意の承諾がある場合には、特に令状によることを要しない。相手方の同意に基づいて病院に同行し、医師・看護師等に採血を依頼した上、これを鑑定依頼すればよい。

しかし、現実には、交通事故を起こした被疑者が自らも負傷して意識不明であるなどその承諾を得られないことが多く、時間の経過とともに変化する血液中のアルコール濃度の証拠保全を急がなければならないことも多い。このような場合、例えば、被疑者の出血部位から体外に流血した血液を同人の承諾のないまま採取して証拠化することが許されるであろうか。

判例は、酒酔い運転により交通死亡事故を起こした被疑者も負傷し、病院に搬送されたが、その際酒の匂いがしたため病院の医師に血液の採取を依頼したところ、同医師が被疑者の左膝関節部の出血部位から流血して貯留した状態になっていた被疑者の血液を針のない注射器で吸収して約五cc採取したという事案に対し、「被告人からの本件血液採取は、本件事故直後の重傷を負った被告人の意識状態からして同人の承諾を得たものとみることは困難だとしても、被告人から採取された血液は、同人の身体から流出して左膝関節部に貯留していたもので、被告人の身体の一部に付着していたとはいえ同人の排他的支配の意思はすでにないものとみられ、一方、その採取方法は、専門的医師により被告人の生命、身体に支障を来さないとの判断のもとになされており、加えて、血液中のアルコール含有量の検査は、飲酒後なるべく早い時期に採取された血液からなされるべきで、その意味から本件では被告人の血液を採取する必要性と緊急性が認められ、以上の事情を総合考慮すれば、被告人からの本件血液採取をもって、令状主義を逸脱した違法、無効なものであるとまでいうことはできないというべきである。」（松山地大洲支判昭59・6・28）としている。

また、酒気帯び運転で交通事故を起こした被疑者が意識不明の状態で病院に搬送されたが、酒の匂いがしていたため看護師に試験管を渡して血液の採取を依頼し、看護師が、手術中被告人の出血部位を押えていたガーゼに付着していた血液五・六ミリグラムを試験管に入れて採取したという事案について、「被告人の血液の採取は法定の令状も被告人の承諾もなしに行われたものであるから、一応問題の余地はあるが、……手術担当の主治医の承諾の下に、手術中の被告人の体から流れ出る血液を押えていたガーゼから看護師に少量の血液を採取してもらったものであることが認められるので、右採血は被告人の身体に何らの傷害も苦痛も与えるものでなく、たとえ意識不明の被告人やその家族の同意を得ていなかったとしても、右のような状況の下でなされた被告人の採血は適法なものというべきである。」（福岡高判昭50・3・11）としている。

つまり、このような採取方法は被疑者の身体に新たな傷害を与えるものでないこと、体外に流出した排他的支配の意思がないとみられる血液を採取したものであること、専門的知識を有する医師又はその指示を受けた看護師によりなされたものであること、被疑者から酒の匂いがし血液採取の必要性・緊急性があったことなどが、適法と判断された理由である。したがって、例えば、注射器により被疑者の身体に傷害を与えて、その血管から体内の血液を採取するという方法については、たとえこれが医師によるものであったとしても、令状がなければ許されないということになる。

判例も、失神状態にある被疑者から、血中アルコール濃度測定のため令状なしに注射器により採血した事案について刑事訴訟法の基本原則である令状主義に反し重大な手続違背を犯してなされたもの（仙台高判昭47・1・25）とか、憲法第三一条の適正手続の保障に反する行為（横浜地判昭45・6・22）などを理由に違法とし、当該鑑定書の証拠能力を否定している。

事例の検討

事例は、ジグザグ運転をしていた乗用車を停止させたところ、運転していた男が酒の匂いをさせ、立っていられないほどの酩酊状態にあったため、呼気検査を実施しようとしたところこれを拒否したため、道路交通法違反で現行犯逮捕した。

その後、血液中に含有するアルコール濃度検査のために血液を採取する必要があるが、男がこれを承諾すれば、そのまま注射器により採血することが許される。しかし、これを拒まれたため、「鑑定処分許可状」と「身体検査令状」とを用意し、強制的に採血したものである。

これは、直接強制が許される身体検査令状により男を押さえ付け、その際に医師が立ち会って、鑑定に伴う必要な処分として行ったもので、通説・判例の認めた適法な手続である。

30　採尿の手続

暴力団幹部・田中の自宅アパートを覚醒剤不法所持容疑で捜索――
覚醒剤粉末と注射器を天井裏で発見しました!!
よし、差押えだ!
田中の腕に真新しい注射痕があったため、直前に覚醒剤を注射したものと認められた。
尿の提出を求める!
ふざけんな!
強制採尿をすることとし、捜索差押許可状の発付を得た。田中を病院に連行――
医師がカテーテルを使用したが…
田中を押さえつけ、再びカテーテルにより、強制採尿を行った。

キーポイント

① 尿の採取の意義
② 強制採尿の適否
③ 強制採尿に必要な令状

尿の採取の意義

覚醒剤等の薬物を使用したりアルコールを飲酒した場合には、その成分が体内の血液や尿に溶け込むことになり、これらを採取してその含有の有無や含有量を検査することによって、覚醒剤の使用や飲酒の事実を立証することができる。

尿は血液とは異なり、時間が経過すれば自然に排泄されるものであるから、自然排尿を待ってこれを採取すれば殊更身体の損傷等を伴うものでもなく、また、被疑者に鑑定資料として用いることを告げて任意提出を受け領置することにより、何ら問題なく採取することができる。また、自然排尿を求めるに当たっては、強制にわたらない限り、排尿を促したり、説得する行為も許されるが、排尿を強要したり、捜索差押許可状が発付されているように装って尿の提出を求めるなど積極的に欺罔する行為は許されない（東京地判昭62・11・25）。

また、自然排尿する際、あらかじめ鑑定資料とすることを告げずにこれを採取する行為については、適法な採取であるとされている。

例えば、酒酔い運転で逮捕された被疑者がアルコールの呼気検査を拒否していたところ、看守が房内に差し入れた便器内に自然排尿した尿を押収した事案について判例は、「各人がその自宅の便所以外の場所において日常排泄する尿の如きものは、特段の意思表示のない以上は、排泄の瞬間にこれに対する権利を放棄する意思をもって排泄するというのが社会常識上も首肯できる解釈であり、……排泄後の占有が被告人にあったことを前提とする所論は、採ることができない。……被疑者が自ら排泄した尿をそのまま採取しただけでその身体を毀損するなどのことの全くないものは、むしろ右二一八条二項に列挙する各行為と同列に考えるのが相当である。……尿はその性質上飲酒後の時間の経過とともにアルコールの含有量が漸減していくものであって、飲酒後なるべく早い時間に採取される必要性、緊急性があることも、考慮に値いしないことではなく、……自然的生理現象の結果として自ら排尿方を申し出て担当看守者が房内に差し入れた便器内に排尿した場合に、担当看守者が尿中のアルコール度を検定する資料とする意図をもって右便器内の尿を保存採取することは、たとえ右担当看守者が……意図があることを告知しなかった場合であっても、……令状主義の原則及び適正手続に違反する無効の証拠収集であるということはできない」（東京高判昭49・11・26）と判示し、鑑定書の証拠能力を認めている。これは「尿に対する権利の放棄」「採尿と刑事訴訟法第二一八条の行為との同列性」「検査の必要性・緊急性」がその理由であり、最高裁判所判決（昭50・12・6）もこれを支持している。

強制採尿の適否

相手方が尿の提出を拒み、さらに採尿を拒んだ場合に、直接強制により、強制的にカテーテルを尿道から膀胱内に挿入して尿を採取することが許されるのかどうかその性格上、争いのあるところであった。

消極説は、被疑者の下腹部を露出させた上、カテーテルを使用して採取するという方法は、身体を傷つける危険があるし、人の名誉、羞恥心を余りにも害し、ひいては人格の尊厳を損うおそれがあるという点を理由に、許されないというものである。

積極説は、カテーテルによる尿の採取行為は、医師によって行われる限り身体上格別の障害を与えるものではない上、被疑者の身体を押さえつける等強制力を用いるのはむしろその安全を図る目的でなされるものであるし、屈辱感等を伴う下腹部の露出も刑事訴訟法上の手続である身体検査として許される行為である。また、このような不利益は、自然排尿によって容易に回避することができるのに、そうしない以上、被疑者に不利益を受忍させることも不当とはいえないし、尿の任意提出を拒んでいる被疑者であるから、留置室の床に放尿する等自然排尿を待ってもこれを採取させない方法を採ることが十分予想され、他に手段がない以上、必要やむを得ない場合には、令状によって強制採尿することが許されるというものである。

判例も、「尿を任意に提出しない被疑者に対し、強制力を用いてその身体から尿を採取することは、身体に対する侵入行為であるとともに屈辱感等の精神的打撃を与える行為であるが、右採尿につき通常用いられるカテーテルを尿道に挿入して尿を採取する方法は、被採取者に対しある程度の肉体的不快感ないし抵抗感を与えるとはいえ、医師等これに習熟した技能者によって適切に行われる限り、身体上ないし健康上格別の障害をもたらす危険性は比較的乏しく、仮に障害を起こすことがあっても軽微なものにすぎないと考えられるし、また、右強制採尿が被疑者に与える屈辱感等の精神的打撃は、検証の方法としての身体検査においても同程度の場合がありうるのであるから、被疑者に対する右のような方法による強制採尿が捜査手続上の強制処分として絶対に許されないとすべき理由はなく、被疑事件の重大性、嫌疑の存在、当該証拠の重要性とその取得の必要性、適当な代替手段の不存在等の事情に照らし、犯罪の捜査上真にやむを得ないと認められる場合には、最終的手段として、適切な法律上の手続を経てこれを行うことも許されてしかるべきであり、ただ、その実施にあたっては、被疑者の身体の安全とその人格の保護のため十分な配慮が施されるべきものと解するのが相当である。」（最決昭55・10・23）と積極説に立ち判示している。

強制採尿に必要な令状

必要があれば強制採尿をすることが許されるとしても、強制採尿を行うのに必要な令状の種類についても各説の争いがある。刑事訴訟法上、強制的に証拠を収集する方法として、捜索・差押え、検証、鑑定の三種類が規定されているが、強制採尿の場合には、採尿行為の性格、強制力行使の法的根拠をめぐって、従来から「身体検査令状説」「鑑定処分許可状説」「併用説」等各説の争いがあった。

しかし、最高裁判所は、昭和五五年一〇月二三日決定で、体内の尿は、身体の一部ではなく、体腔に貯留されいつでも体外に排出できる老廃「物」であって、捜索・差押えの対象となるという新たな見解をとり、次のように判示した。

「体内に存在する尿を犯罪の証拠物として強制的に

採取する行為は捜索・差押の性質を有するものとみるべきであるから、捜査機関がこれを実施するには捜索差押令状を必要とすると解すべきである。ただし、右行為は人権の侵害にわたるおそれがある点では、一般の捜索・差押と異なり、検証の方法としての身体検査と共通の性質を有しているので、身体検査令状に関する刑訴法二一八条五項が右捜索差押令状に準用されるべきであって、令状の記載要件として、強制採尿は医師をして医学的に相当と認められる方法により行わせなければならない旨の条件の記載が不可欠であると解さなければならない。」

つまり、体内にある「尿」という証拠物を強制的に採取するのであるから、その性格は捜索・差押えであるが、カテーテルを尿道に挿入するという方法での捜索・差押えは一般のそれとは区別して、「医師をして医学的に相当すると認められる方法により行わせなければならない旨」の条件を付した、身体検査令状を部分的に取り込んだ新しい形の捜索差押許可状によるべきであるとしたのである。

なお、強制採尿のための捜索差押許可状の発付を得て、採尿場所まで被疑者等を強制的に連行する行為について、「身体を拘束されていない被疑者を採尿場所へ任意に同行することが事実上不可能であると認められる場合には、強制採尿令状の効力として、採尿に適する最寄りの場所まで被疑者を連行することができ、その際、必要最小限度の有形力を行使できるものと解するのが相当」（最決平6・9・16）としている。

事例の検討

事例の場合、尿の提出を拒否されたため、捜索差押許可状の発付を得て強制採尿中に、田中が暴れて尿の入った容器を破壊したものである。この場合に問題となるのは、新たに令状の発付を受けた上でもう一度捜索・差押えをするのか、それとも、最初の令状でそのまま再び強制採尿できるのかという点である。

事例の場合は、被採取者・田中が暴れたため、執行の中止処分（刑訴二二二Ⅰ・一一八）をしたものと解され、この点を明らかにしてそのまま強制採尿をすることが許されることになる。

31　鑑定嘱託

地下鉄に有毒ガス《サリン》撒く
乗客数名死傷
A宗教団体信者の犯行か
ゴ
捜索により、A宗教団体の施設内に保管されている多量の薬品類が発見された。
押収した薬品類から犯行に使用された有毒ガス「サリン」が生成できるのか…今後の焦点となります。
「薬品の種類」「同薬品類で有毒ガス『サリン』の生成が可能かどうか」
――この鑑定を、専門の研究機関に、鑑定嘱託書により嘱託した。

キーポイント
① 鑑定の意義
② 鑑定嘱託の手続
③ 鑑定のための処分

鑑定の意義

「鑑定」というのは、特別な知識・経験をもついわゆる学識経験者が、もっぱらその知識・経験によってのみ知ることのできる実験法則又はこの法則を具体的事実に適用した結果得た意見・判断の報告をいう（最判昭28・2・19）。

ここにいう実験法則の報告というのは、例えば、ある薬物の致死量であるとか、ある物質の引火点等に関するものをいう。

また、具体的事実に適用した結果得た意見・判断の報告というのは、例えば、当該人物に精神障害があるかどうか（精神鑑定）、ある死体についての死因・死後経過時間がどのくらいであるか（死因等の鑑定）、凶器に付着した血液と被害者の血液型が同一であるかどうか（血液型の鑑定）、採取した尿の中に覚醒剤の成分が含まれているかどうか（覚醒剤の鑑定）などに関するものをいう。

このような種類のものは、捜査機関が自らもっている一般的な知識・経験によっては正確に判断することができないため、刑事訴訟法第二二三条は、捜査機関は「犯罪の捜査をするについて必要があるときは、被疑者以外の者の出頭を求め、これを取り調べ、又はこれに鑑定、通訳若しくは翻訳を嘱託することができる。」と規定し、特別な知識・経験を有する学識経験者に、これらの事項についての鑑定を嘱託することができるとしている。

そして、捜査機関は、その結果得られた鑑定結果を捜査に生かすことになる。

鑑定は、もっぱら鑑定人の知識・経験に基づいてなされるところに特色があるのであるから、鑑定を求める事項は、特別の知識・経験を有する者の知識・経験をもって判断できる種類のものでなければならない。捜査機関の有する一般的知識をもってしても判断できる事項である場合には、捜査機関自身が、五官の作用により実験・判断する検証や実況見分の手続によってその事項を明確にしておけばよい。

当該捜査を担当する捜査員の中に、その経歴等からいて、その者に判断させることが必ずしも不可能ではないという場合であっても、第三者である学識経験者に鑑定嘱託をすべきであるとされている。これは、鑑定の結果が裁判官の事実認定の資料として活用されるもので、捜査機関以外の第三者の行った鑑定の方が、その公正性等から裁判官により信用されやすいからである。

例えば、自動車事故による過失運転致死容疑事件の捜査で、事故原因がブレーキの故障であった場合に、その故障の有無や原因が単純なもので、捜査機関の一般的知識で十分に判断できるものであれば、検証や実況見分の手続で明らかにしておけばよい。しかし、それが一般的知識をもってしてはその原因等を明らかにすることができない種類のものである場合には、たとえ捜査員の中に自動車工学を学んだ者や自動車整備に知識・経験のある者がいたとしても、専門家に鑑定を嘱託しなければならないのである。

鑑定の嘱託をする相手方である「鑑定受託者」は、当該事項に関し特別の知識・経験を有する者でなければならない。そして、鑑定は、裁判所や捜査機関がある一定の事項について行う判断の補助をするという意味をもつものであるから、その目的に則していれば、当該知識・経験は必ずしも学問的なものであるかどうかは問わないとされ、学問的研究の結果として特別の知識を有している者に限らず、自己の日常経験によって特別の知識を有している単なる経験者も含まれるとされている。

鑑定嘱託の手続

捜査機関が鑑定嘱託をする場合には、当該事項の鑑定を行うことのできる特別の知識・経験を有する者を選定し、事件名、鑑定資料の名称・数、鑑定事項等を記載した「鑑定嘱託書」によって行うものとされている（犯捜規一八八）。

そして、必要に応じ鑑定受託者に出頭を求めることもできるが（刑訴二二三Ⅰ）、鑑定嘱託は任意処分であるから、嘱託された者は出頭や鑑定を拒むことができ、捜査機関はこれを強制することができない。このような場合には、他に適当な鑑定受託者を選定し、これに嘱託し直すことになる。

鑑定受託者が鑑定のために身体検査や物の破壊等の処分をする場合には、裁判官の発する「鑑定処分許可状」に基づいて行うことを要する（刑訴二二五）とされており、鑑定嘱託をするについてこのような処分を伴う鑑定を内容とする場合には、鑑定処分許可状の発付を受ける必要がある。

しかし、物の破壊を伴う鑑定を嘱託する場合であっても、例えば、犯罪現場で採取した血液や毛髪などのように、その対象となる物の財産的価値が極めて低く、破壊によって個人の財産権が不当に侵害されるおそれがないと認められるときは、鑑定処分許可状の発付を受ける必要はない。

つまり、社会通念上その物に使用価値がなく、所有権者等がその権利を放棄したと認められるような物については、その財産権が不当に侵害されるおそれがないと認められるからである。

鑑定を嘱託した場合には、鑑定受託者から、鑑定の日時・場所・経過・結果を記載した「鑑定書」を提出させるようにしなければならないが（犯捜規一九二）、鑑定の経過や結果が簡単であるときは、鑑定書に代えて鑑定受託者から口頭の報告を求め、その供述調書を作成することもできる。

鑑定のための処分

鑑定嘱託を受けた鑑定受託者は、「裁判所の許可を受けて、人の住居若しくは人の看守する邸宅、建造物若しくは船舶内に入り、身体を検査し、死体を解剖し、墳墓を発掘し、又は物を破壊することができる」（刑訴二二五Ⅰ・一六八Ⅰ）とされている。

裁判官の許可は鑑定処分許可状の発付によって行われるが、その請求権者は、検察官・検察事務官・司法警察員（同二二五Ⅱ）であり、鑑定受託者には請求権は認められていない。

実際に鑑定を行うに当たって強制力を行使するか否かは鑑定受託者が行うことになるが、その前提として、鑑定処分が必要か否かを判断することは捜査機関に委ねられているからである。したがって、鑑定処分許可状の発付を受けた請求権者がこれを鑑定受託者に交付して鑑定を行わせることになるのであるが、鑑定受託者は鑑定の処分を行う場合には、被処分者にこれを示さなければならないとされている（同二二五Ⅳ・一六八Ⅳ）。

捜査機関が捜索のため、被疑者の心神ないし身体に関する鑑定を嘱託するに際し、当該被疑者を病院等一定の場所に留置する必要がある場合には、裁判官から「鑑定留置状」の発付を得てこれを行わなければならない（同二二四・一六七）。

勾留中の被疑者・被告人に対し鑑定留置状が執行されたときは、鑑定留置処分が継続している間、勾留の効力は自動的に停止し、また、その期間が満了したり当該処分が取り消された場合は勾留の効力が復活して（同二二四Ⅱ・一六七）、被疑者等は再び勾留されることになる。

鑑定受託者は、鑑定をするについて相当と認められる限り、あらゆる資料を参考にすることができ、またその資料を入手するために必要なあらゆる処分を行うことができるのであるが、刑事訴訟法第二二五条に鑑定の嘱託を受けた鑑定受託者が行うことができるものとして列記された処分は、鑑定を行う上で必要な処分のうち、人権問題その他に対する配慮から、特に裁判所の許可を要するものについて規定したものである。

○ 人の住居等への立入り

鑑定事項が家屋の構造に関することであるとか、住居内に設置された施設に関することであるなど鑑定のために人の住居等へ立ち入る必要がある場合には、憲法第三五条の令状主義の規定により、鑑定処分許可状により相手の意思に反しても、立ち入ることが許される。

○ 身体の検査

検証としての身体検査は、身体の外面からの検査しか許されないが、鑑定のための身体検査は専門家によって行われるものであることから、身体の内部の検査はもとより、鑑定に必要な限度で、かつ医学的に許される程度の処分をすることができる。例えば、被疑者が証拠物を飲み込んだため実施するレントゲン照射や吐剤・下剤の投与、唾液・血液・精液の採取、体毛の採取、頭髪の除去等が許される。

　もし、相手方がこれを拒んだときには、併せて身体検査令状の発付を得た上、直接強制によりこれを行うことになる。

○　**死体の解剖**
　検証として行う死体の解剖は、鑑定と異なり特別の知識・経験に基づくものではないから、その方法・程度は一般人も行うことができる程度の死体の開披が限度であるが、鑑定のための死体の解剖は、専門医師の手により行われる本来の意味での解剖であり、通常、創傷の部位・程度、死因、死後経過時間、凶器の種類・用法等を鑑定するために行われる。

　なお、鑑定のための死体の解剖であっても、死体解剖保存法の適用がある。

○　**墳墓の発掘**
　墳墓を発掘する行為は、墳墓発掘罪（刑一八九）に当たる行為であるが、埋葬された死体や遺品等について鑑定する必要がある場合には、鑑定処分許可状により墳墓を発掘することが許される。

○　**物の破壊**
　物の破壊は、例えば、血液型の鑑定のため血液が付着した衣類を切り裂いたり、薬物の種類を判定するため当該薬物を用いて化学変化を起こさせたり、それが爆発物に該当するか否かの判定のためこれを爆発させることなどがこれに当たる。

事例の検討

　事例の場合の鑑定事項は、押収した薬品の種類の特定と、同薬品を使用して有毒ガスの「サリン」の生成が可能かどうかについての鑑定である。

　この場合に、押収した大量の薬品について、それぞれ化学反応を起こすなどしてその種類を特定したり、サリンを生成したりすることになるが、その過程において、当該薬物を消費（破壊）することになる。

　刑事訴訟法は、このように物の破壊を伴う鑑定を嘱託する場合には、財産権保障の観点から、裁判官の発する「鑑定処分許可状」に基づいて行う旨定めており、鑑定の嘱託をする際、鑑定処分許可状の発付を得て行わなければならない。

第6章

令状によらない
捜索・差押え・検証

32 「逮捕する場合」の意義

小野巡査が職務質問をしたところ――
ハッ！
銃刀法違反（不法所持）の現行犯人として逮捕する！
ぐいっ
待てっ！
ダッ
岡野宅
ポイ
小野巡査は令状なく、岡野宅敷地内に立ち入り、捜索、拳銃を発見して、これを差し押さえた。

キーポイント

① 令状によらない捜索・差押えの意義
② 「逮捕する場合」の意義

令状によらない捜索・差押えの意義

憲法第三五条は、捜索・差押えにおける令状主義を規定しているが、これをあらゆる事態に徹底させるとすると、実務上、緊急の必要に即応できないおそれを生じさせ、捜査活動の実効性を阻害するという結果となる。そこで、同条で「第三十三条の場合を除いては」として、逮捕する場合には令状によらない捜索・差押えを認めている。

このように令状主義の例外を認めているのは、「逮捕の場所には、被疑事実と関連する証拠物が存在する蓋然性が極めて強く、その捜索差押が適法な逮捕に随伴するものである限り、捜索差押令状が発付される要件を殆ど充足しているばかりでなく、逮捕者らの身体の安全を図り、証拠の散逸や破壊を防ぐ緊急の必要があるからである。」（東京高判昭44・6・20）という理由によるものである。

例えば、被疑者の逮捕状の発付を得、その所在確認の捜査をしていたところ、被疑者の潜伏している場所に遭遇した場合に、令状請求の手続が必要だとしたらその間に被疑者が逃走してしまうということになるからである。

このような憲法の趣旨を受け、刑事訴訟法は、被疑者を逮捕する場合において必要があるときは、令状なくして、次の処分をすることができるとしている。

○ 人の住居又は人の看守する邸宅、建造物若しくは船舶内に入り被疑者の捜索をすること（刑訴二二〇Ⅰ①）

○ 逮捕の現場で差押え、捜索又は検証をすること（同二二〇Ⅰ②）

ここにいう「逮捕」は、通常逮捕・現行犯逮捕・緊急逮捕のほか、司法警察職員が検察官の指揮によって被告人に対する勾引状・勾留状を執行する場合や被疑者に対して発せられた勾引状・勾留状を執行する場合も含まれる（同二二〇Ⅳ）。

また、捜索・差押えの根拠となる逮捕行為は当然適法なものでなければならないから、緊急逮捕する場合に令状によらない捜索・差押えを実施して証拠物を差し押さえた後、緊急逮捕状の発付が得られなかったときは、当該差押物は直ちに還付しなければならないとされている（同二二〇Ⅱ）。

令状によらない捜索・差押えの手続においても、令状による捜索・差押えの手続と同様に、必要な処分、執行中の出入禁止、責任者の立会い等裁判所の行う捜索・差押えの処分に関する規定が準用されている。しかし、「夜間執行の制限」（同一一六・一一七）の規定は、それが逮捕というあらかじめ予定されない手続に伴うものであるという性質のものであることから、令状によらない捜索・差押えの手続には準用されていない。

令状によらない捜索・差押えをすることのできる権限を与えられているのは、検察官・検察事務官・司法警察職員という捜査機関だけである。一般私人は、現行犯逮捕をする権限は与えられているが（同二一三）、捜索・差押えの権限までは与えられてはいない。したがって、逃走する現行犯人が他人の住居に逃げ込んだとしても、一般私人が他人の住居に立ち入って犯人の捜索をすることは許されないし、たとえ逮捕の現場であったとしても、犯人の着衣や携帯品を捜索したり、被害品の差押えをすることは許されない（名古屋高判昭26・3・3）。

また、一般私人が逮捕した現行犯人の引渡しを受けた警察官は、たとえそれが逮捕の現場でかつ逮捕直後であったとしても、警察官自身が逮捕行為を行ったものではないから、令状なく捜索・差押えをすることは許されないとされている。したがって、このような場合は、犯人から任意提出をさせ領置するか、後刻令状の発付を得て差し押さえることになる。

警察官は、一般私人が逮捕した被疑者であっても、警察官職務執行法第二条四項により、被疑者の身体について凶器を所持しているかどうか捜検することが許されているが、これは被疑者等の自傷防止などの身柄の安全等を目的としたもので、刑事手続としての捜索とは性格を異にするものであり、その結果、証拠物が発見されたとしても、これを令状によらないで差し押さえることは許されない。

「逮捕する場合」の意義

令状によらない捜索・差押えは、被疑者を「逮捕する場合」において必要があるとき（刑訴二二〇Ⅰ）に行うことが許されている。

ここにいう「逮捕する場合」というのは、文字どおり「逮捕行為を行う際」という意味であり、具体的には、逮捕行為に着手してから逮捕を完了するまでの全ての段階を含むと解されている。したがって、少なくとも逮捕行為に着手していれば、その後被疑者が逃走し逮捕が不成功に終わったとしても、捜索・差押えをすることが許される。しかし、逮捕行為の着手があったといえるためには、通常逮捕に際して逮捕状を被疑者に示すとか緊急逮捕に際しその理由を告げるなどの手続を開始することまでは要しないが、逮捕するための被疑者への接近行為や追跡行為がなければならず、例えば、逮捕に赴いたところ、被疑者が不在であったとか、既にその場所から逃走した後であった場合には、「逮捕する場合」には当たらない。

「逮捕する場合」は、単なる時点ではなく、時間的にゆとりのある概念を意味するとされ、着手と終了までの間に時間的間隔のある場合はその中間も含むとされている。したがって、逮捕しようとしたところ逃走した被疑者を追跡するような場合は、追跡を続けている限り「逮捕する場合」に当たるので、その間に被疑者が他人の住居等に立ち入ったとしても、令状なく同所に立ち入り、被疑者の捜索をすることが許される。

また、逮捕と時間的に接着していれば、逮捕着手時の前後を問わず捜索・差押えが許される。判例も、「……前者の場合（注＝「逮捕する場合」）は、逮捕との時間的接着を必要とするけれども、逮捕着手時の前後関係は、これを問わないものと解すべきであって、このことは、同条一項一号の規定の趣旨からも窺うことができるのである。……捜索、差押は、緊急逮捕に先行したとはいえ、時間的にはこれに接着し、場所的にも逮捕の現場と同一であるから、逮捕する際に逮捕の現場でなされたものというに妨げなく……」（最判昭36・6・7）と判示している。

逮捕に着手する前の令状によらない捜索・差押えが許されるのは、被疑者が現場にいて、逮捕と同時若しくは逮捕の直前又は直後に行う場合に限られると解されている。したがって、現に被疑者がその場所におらず、同所に立ち回るか否か不確実な状況であるのに、これを勝手に予測して捜索・差押えをすることは許されない。

しかし、被疑者が現場にいる場合、例えば、人質をとって立てこもっている被疑者が、包囲している警察官にも凶器等を投げつけて抵抗したようなときは、逮捕着手前であっても、これを令状によらないで差し押さえることが許される。この場合に、これを差し押さえた警察官とその後被疑者を逮捕した警察官とが異なっていたとしても、各警察官が一体となって有機的に、また組織的に活動しているものであることから、適法な差押えの手続であると解されている。

「逮捕する場合」の終期は逮捕を完了したときである。被疑者の身柄を完全に逮捕者の実力支配下に置けば逮捕は完了したことになるが、その直後のこれに接着した時期にその場所において令状なく捜索・差押えをすることは許される。しかし、いったん警察署に引致してしまった時点では既に「逮捕する場合」にはあたらず、同所で令状なく捜索・差押えをすることは許されないし、たとえあらためて逮捕現場に引き返したとしても許されないことになる。

事例の検討

捜査機関は、被疑者を「逮捕する場合」において必要があるときは、逮捕の現場で令状なく捜索・差押えをすることができる。この「逮捕する場合」というのは、逮捕行為を行う際という意味で、逮捕の着手の前後は問わないが、逮捕行為との時間的接着性を要し、また、逮捕行為に着手していれば、逮捕に成功したか否かを問わないとされている。

事例の場合、銃刀法違反の現行犯人として逮捕する旨を告げ追跡しているのであるから、当然、逮捕に着手しているもので、その後逃走されたとしても「逮捕する場合」に当たるものと解される。そして、その範囲は、逮捕の着手から逮捕行為が行われた場所、被疑者の身体と顕著な影響が及んだ場所をいうとされており、被疑者が拳銃を投げ込んだ道路脇の岡野宅は正にこれに当たり、同所に令状なく立ち入り捜索・差押えをすることが許される。

33 「逮捕の現場」の範囲

スリ係の森・南刑事
山村だ！
スリの常習者・山村
電車がX駅に近づく直前――
スリの現行犯人として逮捕する！
電車内は混雑していたため両刑事は被害者を伴い、X駅に下車した。
X駅ホームで山村の身体を捜索、ポケットの中から女物財布を発見、被害者の物と確認の上、これを差し押さえた。

キーポイント

①「逮捕の現場」の意義
②　捜索の場所的範囲

「逮捕の現場」の意義

令状によらない捜索・差押えが許されるのは、被疑者を逮捕する場合の「逮捕の現場」（刑訴二二〇Ⅰ②）においてである。

ここにいう「逮捕の現場」は、逮捕行為に着手した場所から逮捕が完了した場所までの間をいい、例えば、被疑者が逃走したような場合は、その追跡中の場所も含むとされている。

そして、その範囲は、当該事件の具体的事情において合理的に判断されるべきであるとされ、当該逮捕行為を開始した後、それが完了するまでの間に被疑者の顕著な影響が及んだ範囲内であるならば、単なる場所はもちろん、その場所内にある物、人の身体もこれに含まれると解されている。したがって、例えば、被疑者を追跡し逮捕した場合には、現実に被疑者が逃走した際に通過した経路・場所だけに限らず、被疑者が所持していた凶器や贓物を投げ込んだと認められる敷地内や家屋内についても、その影響が及んだ範囲としてこれに含まれることになる。

それが「逮捕の現場」に含まれるか否かの判断をするについて判例は、「被疑者を逮捕する場合、その現場なら、令状によらないで、捜索差押ができるとしているが、逮捕の場所には、被疑事実と関連する証拠物が存在する蓋然性が極めて強く、その捜索差押が適法な逮捕に随伴するものであるかぎり、捜索差押令状が発付される要件をほとんど充足しているばかりでなく、逮捕者らの身体の安全を図り、証拠の散逸や破壊を防ぐ急速の必要があるからである。したがって、同号にいう『逮捕の現場』の意味は、……右のごとき理由の認められる時間的・場所的かつ合理的な範囲に限られるものと解する。」（東京高判昭44・6・20）としてその基準を示している。

具体的には、その合理的範囲は社会通念によって決せられることになるが、被疑者の住居等において逮捕した場合の「逮捕の現場」について、次のような判断がなされている。

○　被疑者の住居内で逮捕した場合は、逮捕した室内に限らず、その支配内にある住居全体が含まれる。

○　住居内で逮捕行為に着手したところ、被疑者が同所から逃走し、道路上で逮捕したとしても、当該住居も含まれる。

○　被疑者が住居前の道路上にいるところを偶然発見し逮捕した場合、いくら住居が近接していたとしても、その住居は含まれない。

○　第三者の住居内で逮捕した場合、被疑者がその住居内を自由に行動していたときは当該住居内全てを含む。しかし、たまたま同所に逃げ込み玄関等で逮捕したときは他の室等は含まれない。

○　アパートの一室で逮捕した場合は他人の居住している他の室等は含まれない。

○　官公庁や企業ビルの一室で逮捕した場合、他の多数の部屋が同一管理権の下にあったとしても、それらが自動的に「逮捕の現場」とはならない。

捜索の場所的範囲

令状によらない捜索・差押えの許される場所的範囲は、現実に逮捕行為を完成したその現場だけに限らず、「逮捕行為を行った現場」、つまり、逮捕行為に着手してから逮捕を完了するまでの場所をいうとされている。ところで、例えば、集団による暴力事件で、集団中にいる現行犯人を逮捕した場合に、混乱した現場で捜索・差押えをしているところこれを奪還されたり、逃走されたりするおそれがあるため、若干離れた安全な場所に連行しその身体について捜索・差押えを行う必要があるが、この場合も「逮捕の現場」における捜索・差押えといえるのであろうか。

同じ「逮捕の現場」であっても、捜索が対物的処分としてなされる場合と、対人的処分として被逮捕者の身体に対しなされる場合とではその場所的限界は同一ではないから、一般に、「逮捕の現場」そのものにおいて被逮捕者の身体捜索を行うのが不適当な事情があるときは、多少離れた所に連行した後に捜索をすることが許されてよいと解されている。

判例も、着衣の下に鉄棒を隠し持っていた男を路上で軽犯罪法違反の現行犯人として逮捕したが、被疑者を数分後約一二〇メートル離れた交番に連行し、同所内で鉄棒を差し押さえた事案について、「……白い布で巻いた鉄棒と思料される物を靴下の袋に入れ、背広の下に左肩からつるしているのを現認し、これを前記軽犯罪法違反の被疑事実として逮捕する旨告げるとともに右鉄棒と思料される物を一寸引張って『これ押収や』といって押収に着手したが鉄棒等を取り上げるにはレインコートおよび背広を脱がせる必要があるところ、そこは路上であり場所柄執行に不適当であったため、そのまま直ちに約一二〇メートル離れた駅前派出所に連行し、……押収手続きを完了しているのであるから、鉄棒等の占有を現実に取得する執行手続きが逮捕地点の路上でされず、派出所で行われていても、逮捕地点における押収の着手、派出所内の執行は、被告人に不利、不体裁であるばかりか、捜査官にとっても抵抗その他不測の事態を招来し、スムースに完了しがたい虞れのあったこと、逮捕被疑事実と押収物の関連性、押収の対象物の同一性、逮捕地点と派出所の間における時間的接着、場所的近接等からいって本件鉄棒等の捜索は勿論、押収についても、刑事訴訟法二二〇条一項にいうところの、現行犯人逮捕の場合に逮捕の現場でなされた捜索・押収にあたるものと解するのが相当である。」（大阪高判昭50・7・15）と判示している。

また、多数の群衆のい集する中で公務執行妨害等で現行犯逮捕した被疑者を現場から約四〇〇メートル離れた警察署まで連行し、同所で所持品等を捜索・差押えをした事案について、「付近には数百名の群衆が集まり、駅前のことで交通が混雑し、酔払いが騒ぎ立てる等して混乱を生ずるおそれもあったので、被告人らを直ちにパトロールカーに乗せ、三、四分で現場から直線距離で約四〇〇メートル南東の蒲田署に連行し、到着後直ちに腕章……等を押収し、その手続は逮捕後三〇分で終ったこと」を認定し、「逮捕現場が群衆に取り囲まれていて同所で逮捕者について着衣や所持品等を捜索・押収することが、混乱を防止し、被疑者の名誉を保護するうえで適当ではないと認められる場合、当該現場から自動車で数分、距離約数百メートル程度離れた警察署等適当な場所で押収手続きをとることは刑訴法二二〇条一項二号にいう逮捕の現場で差押する場合に当たると解すべきである。」（東京高判昭53・11・15）としている。

しかし、凶器準備集合罪で逮捕した現行犯人を約一キロメートル離れた警察署まで連行した後、所持品の爆竹を差し押さえた事案について、「現場が混乱しており、被告人を奪還されるおそれがあったので、これを避けるためその場で捜索差押えができなかったことは首肯できるけれども……」と認定したが、その後、被告人を連行する途中の歩道上ではそのような状況はなく、「同歩道上で捜索差押えが不可能あるいは著しく困難であったことは認められない。」（大阪高判昭49・11・5）として、違法な差押えであるとしている。

つまり、逮捕した現場において、被疑者の身体につき捜索することが、現場を混乱させ、他の交通の妨害や危険を生じさせるような場合や被疑者の名誉を害すると認められるような特別の事情が存在する場合には、必要最小限度の場所的移動が許されるとしているのである。通常、場所的移動が許される範囲は、交通の妨害・危険という状況がなくなり、また被疑者の名誉が担保される直近の場所と解されており、通常は、最終的に被疑者を引致する場所である警察署がふさわしい適当な場所であるといえる。

事例の検討

事例の場合、窃盗の現行犯人として逮捕した場所が混雑した満員の電車内であったことから、捜査員は次の駅で下車し、同駅のホームで被疑者・山村の身体を捜索し、被害品を発見、差し押さえたというものである。令状なく捜索・差押えをすることが許される「逮捕の現場」は、原則的には逮捕に着手してから逮捕を完了するまでの場所をいうが、特別の事情がある場合には、具体的な事情に応じて合理的に判断し、最小限度の場所的移動が許されるとされている。

事例の場合は、逮捕したのが混雑した電車内であり、同所で山村の身体を捜索することは困難な状況下にあったばかりでなく、被疑者にとっても不利益な事態であり、被疑者の抵抗、車内の混乱も予想されたことから、その直近である次の駅で下車し、ホーム上で捜索・差押えを行った手続は適法である。

34　捜索の必要性

暴力団B組
組員・金沢
オラ、オラッ！
金出さんかい！
暴力犯捜査係
北山刑事
オイッ！
恐喝の現行犯で
逮捕する！
くそっ
ダッ
待てっ！
――周辺の人の話から、金沢らしい服装をした男がB組事務所に駆け込んだことが判明したが…
B組
金沢なんか
いねぇよ！
令状を
見せろ！
110番通報により駆けつけた他の警察官とともに組員を押し退け、同事務所を捜索、奥の部屋に隠れていた金沢を発見・逮捕した。

キーポイント
① 被疑者の捜索と必要性の意義
② 捜索の必要性の判断基準

被疑者の捜索と必要性の意義

捜査機関は、被疑者を通常逮捕、現行犯逮捕又は緊急逮捕をする場合において「必要があるとき」は、令状なく、人の住居、人の看守する邸宅・建造物・船舶内に入って被疑者の捜索をすることができる（刑訴二二〇Ⅰ①）。

被疑者を逮捕する場合というのは、「逮捕行為を行う際に」という意味であり、これは逮捕に着手してから逮捕を完了するまでをいう。このように、逮捕する場合に別に捜索令状なく被疑者の捜索をすることができるのは、通常逮捕であれば、「被疑者が罪を犯したことを疑うに足りる相当な理由」（同一九九Ⅰ）があって裁判官から逮捕状が発付されており、緊急逮捕であれば、被疑者が「罪を犯したことを疑うに足りる充分な理由」（同二一〇Ⅰ）があり、現行犯逮捕であれば、被疑者が「現に罪を行い、又は現に罪を行い終つた者」（同二一二ⅠⅡ）であるという逮捕の要件が備わっており、この適法な逮捕行為を実効ならしめるためである。

ここにいう「必要があるとき」というのは、令状なく人の住居等に立ち入っても被疑者の捜索を行う必要があるときという意味である。したがって、たとえ被疑者を逮捕する理由がある場合であっても、その必要性が認められなければ、これを行うことは許されない。

具体的に捜索の必要性の有無を判断する場合には、これから逮捕しようとする被疑者が、当該住居等に現在する可能性が客観的に認められるか否かによってなされるべきであるとされる。例えば、当該住居等が単に被疑者の立ち回り先だからというだけの理由で安易に捜索をすることは許されず、当該住居等について確実な内偵捜査を実施し、被疑者が同所に現在する状況を把握した上で、その高度の蓋然性が認められるときに限って捜索を実施しなければならないのである。

ところで、刑事訴訟法は第一一〇条で、捜索状・差押状・記録命令付差押状の呈示義務を定め、この規定が、捜査機関が第二二〇条に基づいて行う令状によらない捜索・差押えの場合に準用されているが（同二二二Ⅰ）、逮捕状によって被疑者を逮捕するため人の住居等に立ち入り捜索する場合に、住居主等に捜索令状に代えて逮捕状を示す義務があるのであろうか。下級審の中には、呈示義務があるとしたものもあるが（大阪地判昭38・9・17）、刑事訴訟法第一一〇条は、物の捜索・差押えに関する規定であって人の捜索に関するものではなく、第二二〇条の処分については令状を要しないとする明文の規定もあることから、「同法を準用する余地はなく、捜索令状はもちろん逮捕状の呈示もその必要がないものといわなければならない。」（大阪高判昭39・5・21前記大阪地判の控訴審）と解されている。

　しかし、実務上の運用としては、人の住居等に入って強制的に捜索を行う以上、その住居の平穏を侵害することになるのであるから、捜索の正当性及び受忍義務を住居主等に理解させ納得させるという趣旨から、通常逮捕の場合は、逮捕状の存在することを告知する程度に呈示し、また、現行犯逮捕、緊急逮捕、逮捕状の緊急執行の場合のようにこれを呈示できないときは、その要旨を告知すべきであるとされている。もちろん、このような措置をとっていたのでは、被疑者に逃走されるおそれがあるなど急を要するときは、捜索行為、逮捕行為を行った後にこれらの措置をとる必要がある。

　また、捜査機関が令状なく被疑者を捜索する場合にも、刑事訴訟法第一一四条の立会人の規定が準用されているから、同条に定める立会人をおかなければならない。公務所以外の人の住居等について被疑者の捜索を行う場合で急を要するときは、住居主等の立会いは要しないとされているが（同二二二Ⅱ）、公務所の場合は、急を要するときでも、捜索に際してその長又はこれに代わるべき者を立ち会わせなければならない（同二二二Ⅰ・一一四Ⅰ）。

　この場合に、例えば、夜間・休日に、公務所内に逃げ込んだ被疑者を捜索する際、長又はこれに代わるべき者の到着を待っていたのでは被疑者に逃走されるおそれがあるなどのときに、宿直員を立ち会わせて被疑者の捜索をすることが許されるか否かが問題となる。

　通常、宿直員は、公務所の事務を分掌し、その長に対して責任を負うという「長に代わるべき者」としての立場にはないと解されている。しかし、被疑者の捜索は、物の捜索・差押えの場合とは異なり、捜索行為によって公務所の秘密が侵害されるおそれはほとんどなく、押収拒絶権の行使という事態を生じ得ない。したがって、夜間、犯人を逮捕する場合のように緊急性が高く、しかも所要の立会人を直ちに得難いときは、宿直員などの立会いを求めて捜索することも違法ではないとされている。

捜索の必要性の判断基準

どのような場合に、令状なく人の住居等に立ち入って被疑者の捜索をする必要が認められるかについては、具体的状況に応じて個別に判断することになる。

この判断基準について、窃盗の現行犯人を逮捕するために人の住居等を捜索した事案に対する次の判例が参考になる。

事案は、被害者が、背広を盗んだ犯人（白のダスターコートを着た二〇歳くらいの男）を目撃して追尾し、民家（犯人宅）に入ったのを確認、家人に声をかけたところ相手にされなかったが、玄関には男物のサンダルが脱ぎ捨てられており、家の奥の部屋で白のダスターコートを足で寄せている姿が障子の破れから見えたため、その場を離れ警察官に事情を話して共に同所に引き返し、家人に説明を求めたがその返答があいまいで、被疑者の捜索を実施しようとした警察官に対し、刃物を手に脅迫したという公務執行妨害事件における職務行為の適法性の判断としてなされたものである。

「捜査機関は現行犯人を逮捕する場合において必要があるときは、令状なくして人の住居に入り被疑者の捜索をすることができるのであるが、同条において『必要があるとき』とは、たんに捜査機関がその主観において必要があると判断するのみでは足らず、客観的にもその必要性が認められる場合であることを要するものと解する。けだし同条は令状主義の例外の場合として憲法第一一条、第三三条、第三五条の趣旨にかんがみ厳格に解釈すべきものであるからである。この点につき原判決が、被疑者が人の住居に現在することの高度の蓋然性を必要としている見解は、当審においても正当なものとして是認することができる。」と必要性判断の基準を示し、「……原判決の右判断は、H巡査が被告人方に赴いた後、窃盗現行犯人逮捕の目的をもってする被告人方の捜索に着手するに先立って被告人に事情を尋ねたのに対し、被告人が当初は、『誰もこない。』と言っていたが、後にその言をひるがえし、『誰か来たけれどもその名前はいえない。』と言い、またH巡査がその場にいたO男に聞こうとするや、被告人は、『答えるな』と同人を制し、終始犯人を隠匿するかのごとき態度を示していた事実を看過したものであって、これらの事実をよく考えてみると、H巡査がK女を伴い被告人方に至った際、窃盗現行犯人を逮捕するため被告人方を捜索する必要があると判断したのは、客観的にもその必要があると認められる場合であって、同巡査の右判断は相当であり、H巡査が被告人方玄関において、上体をかたむけ障子より内側を確かめようとし、捜索に着手した行為は、刑事訴訟法第二二〇条による適法な捜索行為ということができる。」（札幌高函館支判昭37・9・11）としている。

この判決では、必要性の判断について、原判決の「被疑者が人の住居に現在することの高度の蓋然性を必要」とする見解を是認している。これは、犯人が現在するという「可能性がある」程度では不十分であるが、「十中八九間違いがない」程度までは必要なく、その「公算が大きい」程度であればよいとされている。

事例の検討

事例の場合、警察官が恐喝の犯行現場を現認し、現行犯逮捕に着手し追跡中、いったん見失ったのであるが、その中断は五分程度であり、同所に被疑者・金沢がいれば、同人を現行犯人として逮捕することができるし、場合によっては緊急逮捕することも可能である。

令状なく被疑者の捜索をするためには、「捜索の必要性」がなければならないが、事例の場合は、金沢に似た服装、人相の者が、かけ足で同所に入った目撃のあること、居合わせた組員が「令状を見せろ」などことさら立入りを妨害していることなどから、被疑者の現在していることの高度の蓋然性があるものと判断される。

したがって、事例の追跡中の警察官が令状なく同所に立ち入り、他の組員等を押しのけて強制的に被疑者の捜索をした行為は適法である。

第7章

接見交通権

35　弁護人の選任

○○スポーツ
暴力団対立抗争激化
組員射殺される
殺人の容疑で逮捕されたA組組員　沢
沢は完全黙秘で犯行を否認していた。
……
ある日、弁護士が――
A組組長に沢の弁護を依頼されました。
組長に弁護人選任権はなく、沢も「これ以上組に迷惑をかけたくない」と言うため、面会をさせせなかった。
別の弁護士が――
沢の妻から依頼され、弁護人をすることになりました。
沢に面接させたところ、沢はこの弁護士を弁護人として選任し、連名の弁護人選任届を提出した。
弁護人選任届
弁護人

キーポイント

①　弁護人選任権の保障
②　弁護人選任権者
③　弁護人の選任方法

弁護人選任権の保障

刑事訴訟法は、第三〇条一項に「被告人又は被疑者は、何時でも弁護人を選任することができる。」と規定している。そして、「勾引又は勾留された被告人は、裁判所又は刑事施設の長若しくはその代理者に弁護士、弁護士法人又は弁護士会を指定して弁護人の選任を申し出ることができる。」（刑訴七八Ⅰ）とし、さらに、「前項の申出を受けた裁判所又は刑事施設の長若しくはその代理者は、直ちに被告人の指定した弁護士、弁護士法人又は弁護士会にその旨を通知しなければならない。」（同七八Ⅱ）と規定して、その担保を図っている。これらの規定は、「被告人」についてのものであるが、「被疑者」についても準用されている（同二〇七・二〇九・二一一・二一六）。

被告人や被疑者が身柄を拘束されている場合には、その権利を自ら十分に行使できないため、このような規定を設け、その保障を図っているのである。つまり、逮捕・勾留されている被疑者・被告人は、その防御権を行使するため、捜査機関に対して弁護人の選任を申し出ることができるものとし、その申出を受けた捜査機関に対し弁護人への通知義務を課することによって、弁護人選任権の行使を保障しようというのである。したがって、逮捕されて、留置中・勾留中の被疑者・被告人から弁護人選任の申出があった場合には、必ず、当該弁護士、弁護士法人又は弁護士会に通知をしなければならない。

このような権利は、逮捕・勾留されている被疑者・被告人の権利であり、身柄を拘束されていない任意の被疑者・被告人の権利ではない。

一方、刑事訴訟法は、捜査機関や裁判所に対し、身柄を拘束された被疑者・被告人に対し、その手続の節目節目で、「弁護人を選任することができる旨」を告知すべきことを義務付けている。

まず、逮捕後、引致された被疑者に対し、司法警察員又は検察官は、直ちに「弁護人を選任することができる旨」を告げなければならないし（刑訴二〇三Ｉ、二〇四Ｉ等）、更にその段階で、被疑者国選弁護制度対象事件の被疑者に対しては国選弁護人選任権についての一定の事項を教示しなければならない（同二〇三Ⅳ、二〇四Ⅲ、犯捜規一三〇Ⅱ）。

※「被疑者国選弁護制度」後掲二八一頁参照

また、裁判所は、勾引された被告人や起訴された被告人に対し、直ちに（遅滞なく）「弁護人を選任することができる旨」を告げなければならない（刑訴七六、二七二）とされている。

このように、被疑者・被告人に対し、捜査機関・裁判所が、その各段階で、「弁護人を選任することができる旨」等の告知を義務付けるとともに、その趣旨を理解した被疑者が、弁護人選任を申し出た場合の弁護士等に対する通知義務を保障することによって、制度的にその万全を期しているのである。

被疑者・被告人は、いつでも弁護人を選任することができるのであり、捜査の段階、起訴の段階、訴訟の段階、審級はもちろん、身柄拘束の有無も問わないとされている。したがって、被疑者が選任を申し出たときは、たとえ官庁執務時間外であろうと、休日であろうと、その通知をしなければならない。

また、このような通知義務を負うのは、被疑者・被告人が「弁護士、弁護士法人又は弁護士会を指定して弁護人の選任を申し出たとき」に限られる。したがって、弁護士等を指定せずに、被疑者の親類、所属する暴力団の組長、会社の上司、友人等に連絡してほしい旨の申出があったとしても、法律的には通知義務は生じない。しかし、実務上は、捜査上の支障のない限り、被疑者の申し出た者へ連絡し、弁護人を選任できるように措置することが妥当であるとされている。

弁護人選任権者

刑事訴訟法第三〇条二項は、「被告人又は被疑者の法定代理人、保佐人、配偶者、直系の親族及び兄弟姉妹は、独立して弁護人を選任することができる。」と規定している。ここに列記されている者は、独立選任権者といい、いずれも、被疑者、被告人に代わるべき者、またその直近にいて、一定の身分関係にある者であり、これらの者は、被告人・被疑者から独立して、つまり、被告人・被疑者の意思にかかわらず、その弁護人を選任することができるものとされている。

もちろん、被告人・被疑者が気にいらなければ、これらの選任された弁護人を自由に解任することができる。また、逆に、被告人・被疑者の選任した弁護人について、独立選任権者が解任することは許されず、このことは、独立選任権者相互についても同様である。

これらの独立選任権者以外の者については、弁護人選任権は有していないのであるから、例えば、被疑者の勤め先の顧問弁護士が、社長から依頼されたとしても、それは、ここにいう選任には当たらず、その選任行為は無効であるとされている。

被告人・被疑者と独立選任権者との身分関係は、戸籍上、法律上存在していなければならない。もし被告人等との関係に疑問のあるときは、その事実を証明することのできる戸籍抄本等の資料の提示を求めるなど、確認のために必要な措置をとらなければならない。

また、「告訴」は、代理人によりこれをすることができる（刑訴二四〇）が、弁護人選任権については、代理人によりこれを行使することはできない。

弁護人の選任方法

弁護人選任の方式については、「公訴の提起後における弁護人の選任は、弁護人と連署した書面を差し出してこれをしなければならない。」（刑訴規一八）として公訴提起後の被告人についてのみこれを定めている。

公訴提起前の被疑者の弁護人選任の方式については、「公訴の提起前にした弁護人の選任は、弁護人と連署した書面を当該被疑事件を取り扱う検察官又は司法警察員に差し出した場合に限り、第一審においてもその効力を有する」（同一七）として、第一審における効力発生要件については規定しているが、この選任方式については、直接これを定めていない。

したがって、これを根拠に、公訴提起前の被疑者の弁護人選任には何らの要式をも必要としないとする考え方もあるが、逆に、被疑者の弁護人選任についても要式が必要で、被疑者の署名のない弁護人選任届は無効であるとするものもある。

この点についての裁判例も分かれており、要式を必要としないとするものは、「公訴提起前における被疑者の弁護人選任については、特段の形式を要しないけれども、……」（東京高判昭26・12・11）としており、逆に、要式を必要とするものとしては、被疑者の署名のない弁護人選任届は無効（東京地決昭44・2・5）、被疑者の留置番号でした選任届を無効（京都地決昭44・6・2）、署名のない弁護人選任届によってした被疑者の弁護人選任届は無効（日立簡決昭45・6・13）と分かれている。

犯罪捜査規範第一三三条一項は、選任手続を明確にする意味と、被疑者の利便を図る意味で、被疑者の場合であっても、弁護人と連署した選任届を差し出させることが原則であると規定している。

ところで、ここにいう連署というのは、それぞれの氏名を並べて自署し、押印することを意味するが、判例は、この署名、押印に代え、記名押印をした場合でも無効ではないとしている（東京高判昭30・8・30）。また、選任する者が、文盲であったり、記憶喪失であるなど、自署することができない合理的理由のあるときは、他人に代書させた上で指印することも許されると解されている。

また、被疑者が、本名ではなく、芸名やペンネームを用いて連署した弁護人選任届を提出してきた場合には、それが日常使用しているものであれば、有効な選任届であると解されており、これを受理しなければならない。

事例の検討

事例の被疑者に対して、当初来署した弁護士は、沢の所属するA組の組長から依頼された者である。しかし、A組の組長は、沢と親族関係にあるなど一定の身分関係があるわけではなく、独立選任権者という立場にはない。そして、沢も「組に迷惑をかけたくない」と接見を拒否したのであるから、これと接見をさせる必要はない。

しかし、その後来署した弁護士は、「沢の妻」から依頼されたというのである。沢の配偶者である妻には、独立選任権があり、沢の意思には関係なく、弁護人の選任をすることができるのであるから、沢の配偶者であるという戸籍上の必要な身分確認を行った上で、接見をさせなければならない。

36　弁護人との接見交通権

キーポイント
① 接見交通権の意義
② 弁護人又は弁護人となろうとする者
③ 接見交通の指定

接見交通権の意義

身体の拘束を受けている被告人又は被疑者は、弁護人又は弁護人選任権者の依頼により弁護人となろうとする者と立会人なくして接見し、又は書類若しくは物の授受をすることができる（刑訴三九Ⅰ）。

この接見交通権は、被告人・被疑者とその弁護人が、接見をすることによって、弁護の準備をするための手続であり、通常、「弁護人の接見交通権」と呼ばれている。

この接見交通権は、身柄を拘束されている被告人・被疑者に対し、起訴の前後を問わず認められているものので、その内容は、弁護人又は弁護人となろうとする者と「立会人なくして接見し」又は「書類若しくは物の授受をすることができる」という二つの要素からなっている。

ここにいう身柄の拘束は、逮捕に限らず、勾引・勾留・鑑定留置・他事件で刑の執行中であるなど、事由のいかんを問わず、身体の拘束を受けている場合の全てを意味するとされている。

「立会人なくして接見することができる」というのは、接見をしている被告人・被疑者と弁護人との会話が、捜査機関に聞き取られることなくこれを行い得るということを保障したものである。したがって、例えば、接見室のように、外部からは会話の内容が聞き取れないようにしてある施設で接見をさせているような場合に、通常、会話が聞き取れないような位置に、逃走防止のために監視の警察官を置くことなどは、当然に許される。

弁護人との接見交通は、「立会人なくして」行うことが保障されているのであるから、接見後、弁護人との接見内容について取り調べることは原則として許されない。しかし、弁護人が弁護士倫理に反する捜査妨害行為を行ったことが客観的に明らかであったり、それが犯人蔵匿罪（刑一〇三）や証拠隠滅罪（同一〇四）等に当たる場合などは、その事実に関連する範囲でこれを取り調べることが許されるとされている。

また、弁護人となろうとする者と被告人・被疑者が弁護人選任の手続をとるために面会をする場合には、この手続は、弁護人選任届作成のためであるからここにいう接見には含まれず、警察官の立会いが許されるという見解がある。

しかし、接見とは、弁護人又は弁護人となろうとする者と被告人・被疑者との面会そのものを意味しているのであるから、たとえ手続上のことであっても、その面会自体は接見であるから、警察官の立会いは許されない。

また、弁護人との接見交通権として電話利用権が認められるとの見解があるが、被告人・被疑者に保障されている弁護人との接見交通権は、「立会人なしに面接・面談する権利」であって、これと異なる接見方法は現行法上その権利として規定されておらず、許されないものと解されている。

被告人・被疑者と弁護人等の間で、書類若しくは物の授受をする場合は、接見の場合とは異なり、その秘密交通権を侵害するおそれはないから、警察官等の立会いが認められている。書類若しくは物の授受は、接見に比べて、逃亡・罪証隠滅や戒護に支障のある物の授受をされるおそれが強いため、これを防止する趣旨からその立会いが認められているのである。

この権利は、全ての書類や物を自由に授受することのできる権利を認めているのではない。接見交通権が、弁護の準備のために認められていること、また、被告人・被疑者の身柄が、逃走防止、罪証隠滅の防止のために拘束されていること等の意味を考えれば、当然、その意味の範囲内で認められる書類・物に限られる。

弁護人又は弁護人となろうとする者

被告人・被疑者との自由な接見交通が許されるのは、「弁護人又は弁護人となろうとする者」に限られている。

ここにいう「弁護人」は、選任の手続を終えた弁護人、つまり、弁護人選任権者から依頼を受け、捜査機関（裁判所）に選任の手続を済ませた弁護人である。選任権者から依頼はあったものの、また選任の手続が完了していない場合は、「弁護人となろうとする者」であって、弁護人ではない。

弁護人に選任される者については、弁護士の中からこれを選任しなければならない（刑訴三一Ⅰ）とされている。

「弁護人となろうとする者」とは、弁護人選任権者から弁護の依頼を受けているが、未だ所定の選任手続を終えていない者をいう。したがって、例えば、弁護人選任権者から、「私の弁護人になってほしい」とか、「息子の弁護をしてほしい」などと、具体的に弁護を依頼された事実もないのに、自発的に、被告人・被疑者の弁護を買って出ようとする者や、弁護人選任権者以外の知人や友人などから被疑者の弁護を依頼されたに過ぎない者は、たとえその者が弁護士であっても、ここにいう「弁護人となろうとする者」には当たらない。

また、弁護士であれば、将来は「弁護人」に選任される可能性はあるが、ただ単に弁護士であるというだけで、弁護人選任権者から何らの依頼も受けていなければ、接見交通に関する法的地位は、被疑者の友人等と同様である。

また、弁護人となろうとする者であるから、弁護人選任権者から依頼を受けて弁護することを決意し、その旨を応諾した者でなければならない。「一応被疑者に会ってから、弁護を引き受けるかどうか判断する」というのでは、ここにいう「弁護人となろうとする者」には当たらないことになる。

接見交通の指定

被告人・被疑者と弁護人等は、立会人なくして接見することが認められている。

しかし、被告人・被疑者と弁護人との接見が何の制限も受けずに全く自由に認められるとなると、これらの者の逃亡や自殺等の事故、罪証隠滅等を防止できないほか、捜査にも著しい支障を来すおそれがある。そこで、刑事訴訟法は、この接見交通権について、二つの制限規定を置いている。

その一は、「法令の規定」による場合で、接見又は授受については、法令で、被告人・被疑者の逃亡、罪証の隠滅又は戒護に支障のある物の授受を防ぐため必要な措置を規定することができる（刑訴三九Ⅱ）としたものである。

その二は、捜査機関による接見交通の指定による制限である。

すなわち、刑事訴訟法第三九条三項は、「検察官、検察事務官又は司法警察職員は、捜査のため必要があるときは、公訴の提起前に限り、第一項の接見又は授受に関し、その日時、場所及び時間を指定することができる。」と、接見交通の指定について規定している。そして、接見交通の指定をする場合についてただし書で、「その指定は、被疑者が防禦の準備をする権利を不当に制限するようなものであってはならない。」として、被疑者の防御権の確保に配意することを求めている。

接見指定の対象者は、身柄拘束中の起訴前の被疑者に限られている。つまり、指定の対象となるのは、警察留置中、検察留置・勾留中の被疑者である。したがって、指定する権限のある者は、これらに応じ、検察官、検察事務官又は司法警察職員とされている。

接見交通権の指定は、「捜査のため必要があるとき」にすることができる（刑訴三九Ⅲ）のであるが、その意義につき、「現に取り調べている場合、まさに取調べをしようとしているとき、検証・実況見分に立ち会っているときなど取調べ中に準ずる場合をいう。」と厳格に解する狭義説と、「罪証隠滅の防止等を含め、広く捜査全般の必要性をいう。」と解する広義説があり、対立していた。

これについて最高裁は平成一一年三月二四日決定で、次のように示した。

「捜査機関は、弁護人等から被疑者との接見等の申出があったときは、原則としていつでも接見等の機会を与えなければならないのであり、同条三項本文にいう『捜査のため必要があるとき』とは、右接見等を認めると取調べの中断等により捜査に顕著な支障が生ずる場合に限られ、右要件が具備され、接見等の日時等の指定をする場合には、捜査機関は、弁護人等と協議してできる限り速やかな接見等のための日時等を指定し、被疑者が弁護人等と防御の準備をすることができるような措置を採らなければならないものと解すべきである。」とし、さらに、「弁護人等から接見等の申出を受けた時に、捜査機関が現に被疑者を取調べ中である場合や実況見分、検証等に立ち会わせている場合、また、間近い時に右取調べ等をする確実な予定があって、弁護人等の申出に沿った接見等を認めたのでは、右取調べ等が予定どおり開始できなくなるおそれがある場合などは、原則として右にいう取調べの中断等により捜査に顕著な支障が生ずる場合に当たると解すべきである。」との判断を示している。

接見交通権について本判例は、「身体の拘束を受けている被疑者が弁護人等と相談し、その助言を受けるなど弁護人等から援助を受ける機会を確保する目的で設けられたものであり、その意味で、刑訴法の右規定は、憲法の保障に由来するものであるということができる。」としている一方で、「もっとも、憲法は、刑罰権の発動ないし刑罰権発動のための捜査権の行使が国家の権能であることを当然の前提とするものであるから、被疑者と弁護人等との接見交通権が憲法の保障に由来するからといって、これが刑罰権ないし捜査権に絶対的に優先するような性質のものということはできない。」とし、「接見交通権の行使と捜査権の行使との間に合理的な調整を図らなければならない。」としている。

接見指定の時期、時間、回数については、判例等の動向をみると、一般的に、「少なくとも、逮捕中に一回、勾留後比較的に早い時期に一回、勾留期間満了までに一回、さらに勾留が延長された場合には、さらに少なくとも一回」の接見の機会を与えるのが相当とされ、接見時間については、逮捕中は、一〇～一五分間以上、勾留中は二〇分間程度以上が相当とされている。また、接見の時刻については、原則として、執務時間内に限られている。

事例の検討

事例の詐欺犯人・加藤は、逮捕留置中の被疑者であり、弁護人と立会人なくして接見することができる。しかし、それはいつでもできるというものではなく、「捜査のため必要があるとき」には、日時、場所及び時間を指定することができるとされている。

事例の接見の申入れがあった時点では、加藤は現に取調べ中であったというのであるから、これは「捜査のため必要があるとき」に当たる。したがって、司法警察職員は鈴木弁護人に対し、加藤との接見について指定をすることができる。その結果、取調べが終了する「二時間後」に「二〇分間」という指定を受け、これに基づいて、接見室で、「立会人なく」接見したものである。指定された時間は妥当な範囲のものであり、一連の手続は適法な手続であるといえる。

37　接見交通権の制限

殺人犯人として勾留中の宗教団体教祖の原口に…
弁護人である木内弁護士が立会人なく接見を行った。
教祖のお声を信者に聞かせましょう。
自分は潔白である!
完全黙秘で頑張っている!修行に励め!!
鞄にしまって持ち出す気だな!
レコーダーを提出しなさい!
再生して内容を点検した。

キーポイント
①　接見交通権の制限
②　書類・物の授受の制限
③　弁護人による接見内容の録音

接見交通権の制限

身体の拘束を受けている被告人・被疑者と弁護人又は弁護人となろうとする者は、立会人なくして接見し、又は書類若しくは物の授受をすることができる（刑訴三九Ⅰ）。

そして、この権利は、被告人・被疑者の最も重要な防御権のひとつであり、本来、この接見交通は無制限なものとされている。

しかし、弁護人と全く自由に接見交通を許していたのでは被告人・被疑者の罪証隠滅や、逃亡・自殺などの事故防止等の目的が十分に遂行できなかったり、限られた時間内に遂げなければならない捜査にも著しい支障をきたすおそれがある。

そこで、刑事訴訟法は、これを全く自由に認めるのではなく、二つの方向から制限を加えることができるものとしている。

その一は、「法令の規定」による場合で、接見又は書類・物の授受について、法令で、被告人・被疑者の逃亡、罪証隠滅又は戒護に支障のある物の授受を防ぐため必要な措置を規定することができる（同三九Ⅱ）としているものである。

被告人・被疑者と弁護人等が「立会人なしに接見」することは、その本質的な権利であるから、たとえ罪証隠滅のおそれがあるからといって立会人を置くことは法の趣旨に反することであり、そのような法の規定をすることはできない。しかし、書類・物の授受については立会人を置くことができ、さらに、逃亡、罪証隠滅又は戒護に支障のある物の授受の制限・禁止、また、その前提として、授受される物の点検、検閲を規定することも許される。

現行の制限法令としては、刑事収容施設及び被収容者等の処遇に関する法律（以下「被収容者処遇法」という。）、国家公安委員会関係同法施行規則、刑事施設及び被収容者の処遇に関する規則（以下「被収容者処遇規則」という。）の規定のほか、裁判所の規則として刑事訴訟規則第三〇条がある。

弁護人等との接見については、

○　面会時限の制限（被収容者処遇法一一八Ⅰ・二二〇Ⅰ・二六八等）

○　面会場所の制限（被収容者処遇法一一八Ⅳ・二二〇Ⅳ・二六八等・被収容者処遇規則七〇・国家公安委員会関係同法施行規則二五Ⅰ等）

○　面会の一時停止等の措置（被収容者処遇法一一三・一一七・一二三・二一九・二六七等）

等の措置をなし得るが、他には、日時、場所及び時間の指定によらない限りその制限をすることはできない。

その二は、捜査機関による起訴前の被疑者に対する接見指定に関する場合で、検察官、検察事務官又は司法警察職員は、捜査のため必要があるときは、公訴の提起前に限り、接見又は授受に関し、その日時、場所及び時間を指定することができる（刑訴三九Ⅲ）としているものである。これは、弁護人の接見交通権の権利や被疑者の防御権と捜査上の必要との調和を図るためのものであると解されている。

書類・物の授受の制限

弁護人との「書類若しくは物の授受」については、接見の場合と異なり、立会人を置くことが認められている。そして、留置施設等の保安上支障のある物の授受を防止するため、その授受しようとする物件の内容を点検することができ、もしそれが破壊用具や凶器などのように留置施設管理上、不適合のものであれば、そのような物件の授受を拒絶することができるものとされている。

身体の拘束を受けている被告人・被疑者の発受する信書については、これを検査することが認められる。

憲法第二一条は「通信の秘密」を保障し検閲することを禁止しているが、被収容者処遇法は、被告人・被疑者等被収容者の発受する「信書について、検査を行わせるものとする」（一三五・二二二・二七〇等）と規定している。これは、刑事施設の規律及び秩序の維持や罪証隠滅の防止という拘禁の目的を達するために必要な措置として認められているのである。したがって、その発受する信書について必要な検査をすることが許される。

ここにいう「信書」は、封書及び葉書のほかに電報も含み、これは弁護人その他の者が直接持参したものであろうと郵送されてきたものであろうとを問わない。

また、録音記録物なども信書に準ずると解されるが、通常の信書に比べて物としての要素も強いことから、差入物として取り扱うべきものとされている。

判例は、刑事被告人（被疑者）の発受する信書について、その内容が、「罪証隠滅に関する場合」「逃走に関する場合」「刑法に抵触する場合」「受信者に伝達されることによって監獄内における拘禁及び戒護に、明白かつ現在の危害を生ずることが必至に予見される場合」のほかは、これを差し止め、抹消、削除してはならないとしている（大阪地判昭33・8・20）。

信書以外の文書、図書、図画等についても、検閲、点検、検査をすることができ、その内容が拘禁の目的に反し、又は刑事施設の規律を害する場合は、これを差し止め、抹消、削除することもできる。

例えば、次のようなものが挙げられる。

○　罪証隠滅に資するおそれのあるもの

・その者の犯罪事件を直接報道したもの

・書込みなど罪証隠滅の工作をしたもの

○　身柄の確保を阻害するおそれのあるもの

・逃走等の事故を扱っているもの

・自殺の手段等を詳細に記載したもの

○　規律を害するおそれのあるもの

・わいせつ記事・写真など

・刑務所の暴動等の事故を扱ったものなど

弁護人による接見内容の録音

弁護人が、身柄拘束中の被疑者と立会人なくして接見する場合に、あらかじめボイスレコーダーなどを持ち込んだ上、接見の模様を録音して持ち帰ることが許されるであろうか。

刑事訴訟法第三九条一項が、弁護人の接見交通権として規定しているのは、立会人なしの「接見、書類・物の授受」に限定しており、「被疑者の供述の録音」については規定されていない。だからといって、弁護人が被疑者との接見の際に、その供述を録音採取したり、これを録音した記録機器を持ち帰ることを禁止していることを意味するものではない。つまり、接見の際、弁護人が被疑者の供述内容をメモしたり筆記することは許されており、録音も、これに類した行為であって、これを禁止する理由はないのである。

しかし、録音記録機器は、通常のメモとは異なり、被疑者の供述そのものを正確に再現できるものであることなどから、これを持ち帰る行為は、「書類の授受」に準ずるものと解され、弁護人の接見交通権の範囲内の許される行為であるとされている。つまり、弁護人と被疑者の対話、なかでも被疑者の供述の録音は、その供述そのものが正確に保存されており、しかも、将来法廷であるいは法廷外でそのまま再現できるものであって、弁護人が被疑者の供述の要旨を録取したメモの類というより、被疑者が自書した供述書とその性格を同じくするもので、その書類の授受が自由である以上、録音の採取もまた自由であるというのである。

しかし、書類・物の授受については、被疑者の罪証隠滅又は戒護に支障のある物の授受を防ぐため、点検・検査をすることができるので、弁護人が持ち帰ろうとする録音記録を再生の上、内容を検査することができ、それが拘禁の目的に反するものであれば、その内容の部分を消去することもできるとされている。

事例の検討

事例の殺人被疑者の教祖・原口と接見した木内弁護人は、接見の際の同人とのやりとりをボイスレコーダーに録音採取したが、その行為は、接見交通権の「書類の授受」に準じて許される。しかし、それは無制限に許されるものではなく、その内容が、拘禁の目的（逃亡、罪証隠滅の防止）や戒護に支障を生ずるおそれのあるものであればその部分を消去することができる。

原口の「自分は潔白である。完全黙秘で頑張っている。……」の供述は、例えば、同殺人事件に共犯者がいて、それが他の共犯者に完全黙秘を勧めるものであったり、信者に教祖奪回の動きがあって、これをそそのかすものであったりすれば、当然この部分は消去しなければならない。接見の際に、弁護人が録音しようとした際は、その前にこのような措置をとる旨、あらかじめ示達しておく必要がある。

38　弁護人以外の者との接見交通権

キーポイント
① 弁護人以外の者との接見交通
② 接見禁止処分
③ 信書の検閲

弁護人以外の者との接見交通

刑事訴訟法第八〇条は、「勾留されている被告人は、第三十九条第一項（弁護人又は弁護人となろうとする者）に規定する者以外の者と、法令の範囲内で、接見し、又は書類若しくは物の授受をすることができる。」と規定し、この規定は、同法第二〇七条一項によって、勾留中の被疑者にも準用されている。

つまり、勾留中の被告人・被疑者については、弁護人だけでなく、弁護人以外の者とも接見・物の授受をする権利が認められている。しかし、弁護人との接見等と異なるのは、弁護人の場合は立会人なくして接見することが認められているのに対し、弁護人以外の者の場合は「法令の範囲内」で、接見しなければならないということである。

ところで、勾留前の逮捕留置中の被疑者についてはどうであろうか。この点について定めた、刑事訴訟法、刑事訴訟規則の明文の規定は見当たらない。また、刑事訴訟法第八〇条の勾留中の被告人と弁護人以外の者との接見を認めた規定を準用する旨の規定もない。つまり、逮捕留置中の被疑者については、勾留中の被告人・被疑者と異なり、弁護人以外の者との接見は認められていないということとなる。

このように、逮捕留置中の被疑者について、弁護人以外の者との接見が認められていないのは、逮捕の場合においては、四八時間という限られた時間内に所要の捜査を行わなければならないことから、もし、接見を認めたりすると、捜査に著しい支障を来すおそれがあることを顧慮したためといわれている。したがって、警察で逮捕留置している被疑者と弁護人以外の者との接見を許可するか否かは、刑事訴訟法上は捜査官の自由な判断にゆだねられている。しかし、逮捕留置中の被疑者についても、できるだけ勾留中の被疑者と同様に扱うのが妥当であり、弁護人以外の者から被留置者との接見又は書類その他の物の授受の申出があったときは、支障が認められなければその便宜を図るようにしなければならない。

接見を許可するに際しては、留置の目的や保安上必要な遵守すべき条件を付すなどの制限をすることが許される。接見に当たっては、保安上支障のある物の授受や逃亡・罪証隠滅等の防止のため立会人として監視者を置くことになるが、接見中に、罪証隠滅等の面談や工作が行われたような場合は、直ちにその接見を中止させるなどの措置を講じなければならない。

また、接見に際し、同時に数人の者が接見を申し出たり、同一人がひんぱんに接見を申し出てきて、接見場所、看守体制等から留置施設の管理運営に支障を来すおそれがあるときは、その管理権に基づいて、接見人員・回数・時間等を必要最小限度の範囲内で制限することが許される。

被疑者と弁護人以外の者との接見及び物の授受に関する取扱いは、被疑者の氏名が明らかであるか不詳であるかによって、その取扱いを異にするものではないと解されており、たとえ氏名が不詳であっても、被疑者を特定することができる限り、氏名が明らかな被疑者と同等に扱うべきであるとされている。

しかし、接見又は差入れをしようとする者が、自分の住居・氏名・年齢や被疑者との関係について明らかにしない場合には、たとえ被疑者の氏名が明らかであっても、接見や差入れを許してはならない。

また、逮捕留置中の被疑者と弁護人以外の者との間の物の授受（差入れ）については、原則的には接見の場合と同様で、その許可・不許可は、捜査官の裁量にゆだねられている。

そして、これを許可する場合には、接見に立ち会い、又は授受しようとする物の検査を行うことができるとされている（被収容者処遇法一一六・二一八・一九一③）。これは、被疑者の逃亡、自殺などの事故防止、罪証隠滅などの防止、あるいは留置施設の管理・秩序維持などを目的として許されているのである。

勾留中の被告人・被疑者は、弁護人以外の者と「法令の範囲内」で接見をすることができるが、この法令には、被収容者処遇法（一一五以下・二一六以下等）、被収容者処遇規則第一一章等がある。

接見禁止処分

刑事訴訟法は、勾留中の被告人・被疑者について、「裁判所は、逃亡し又は罪証を隠滅すると疑うに足りる相当な理由があるときは、検察官の請求により又は職権で、勾留されている被告人（被疑者）と第三十九条第一項（弁護人又は弁護人となろうとする者）に規定する者以外の者との接見を禁じ、又はこれと授受すべき書類その他の物を検閲し、その授受を禁じ、若しくはこれを差し押えることができる。但し、糧食の授受を禁じ、又はこれを差し押えることはできない。」（刑訴八一）と規定している。

これを「接見禁止処分」という。接見及び物の授受の禁止は、被告人については裁判所の決定、起訴前の被疑者については裁判所の命令によって行われる。つまり、この接見禁止処分は、裁判所の処分であるから、捜査官の裁量の余地はなく、これに反して、接見禁止中の被疑者と弁護人以外の者とを接見させた場合には、違法な手続となる。

この接見禁止処分においても、「糧食の授受」については、これを禁ずることはできないとされている。糧食は人が生存していく上で必要不可欠なものであり、これを制限することにより被疑者に自白を強要するというような不当な取扱いが行われる事態を防止するため、たとえ裁判官による接見や物の授受の禁止処分があっても、糧食の授受だけは禁止することができないのである。この法意は、当然、逮捕留置中の被疑者に対しても及び、同様の取扱いをしなければならない。

ここにいう「糧食」というのは、専ら主食と副食及びこれを食べる際の湯茶を指すものとされている。つまり、ジュースやコーラなどの飲みもの、菓子、たばこ、果物などの嗜好品は含まないので、その差入れを許さないからといって、直ちに違法となるものではない。授受を禁止できない糧食にあっても、その内容を検査することは、当然に許される。

信書の検査

憲法第二一条二項は「検閲は、これをしてはならない。」として検閲を禁止し、通信の秘密を保障しているが、被収容者処遇法は、被収容者の発受する信書の

検査について、
○ 受刑者の発受する信書（同一二七）
○ 未決拘禁者の発受する信書（同一三五）
○ 被留置者の発受する信書（同二二二）
○ 海上保安被留置者の発受する信書（同二七〇）

などを規定している。

被収容者処遇法の規定は、拘禁という目的を達するために必要な措置として例外的に認められたものである。つまり、罪を犯したという理由のある被告人・被疑者は罪証隠滅のおそれや逃走のおそれがあると認められることから拘禁されている。したがって、これらの者の信書の発受が自由に行われるとなると、罪証隠滅が行われるおそれが非常に強くなり身柄拘束をしていることの目的が達成されなくなることになる。また、刑事施設の規律や秩序の維持等の施設管理の面からも好ましくない状況にもなりかねないことなどから、その発受する信書の検査が許されているのである。

検査の結果、その内容が拘禁の目的に反すると認められる場合には、

「信書の発受の禁止」（同一二八・一三八・二二三等）
「信書の内容による差止め等」（同一二九・一二四・二七一等）

の処分がなされることになる。

事例の検討

事例の被疑者・秋山は、右翼団体の塾長であり、しかも、共犯者がいるため、逃亡のおそれや通謀による罪証隠滅のおそれがあったため、裁判官により接見禁止等の処分がなされたものである。

接見禁止等の処分がなされ、秋山は弁護人以外の者との接見ができなくなり、物の授受も禁止され、差入れを受けることもできない状態にあるわけである。

しかし、接見禁止等の処分がなされても、「糧食の授受」についてはは禁ずることはできないため、配下の塾生が差し入れようと持参したものが、糧食である場合には、これを拒むことができない。ここにいう糧食は、専ら主食及び副食をいうとされているのであるから、同人らが持参した果物や缶ジュースなどはこれに当たらず、その差入れを拒んだ行為は適法である。

第8章

告訴

39　告訴権者

素行が悪い！
もっと真面目にやらんか！
工場主・前田
ムカムカ
自動車修理工・和田
深夜――
動車工場
クソッ！……
おまわりさん、大変です！
隣の家で大きな音が……
器物損壊罪で逮捕した和田を――
告訴する！
あなたは告訴権者ではありません。
告訴します。
車の所有者が告訴し、これを受理した。

キーポイント
①　告訴の意義
②　親告罪における告訴
③　告訴権者

告訴の意義

「告訴」とは、法律上の告訴権を有している者が、捜査機関に対し、犯罪事実を申告し、犯人の処罰を求める意思表示をいう。告訴に類似した手続に「告発」があるが、これは、告訴権者以外の者が捜査機関に対し犯罪事実を申告して犯人の処罰を求める意思表示である。公務員は、職務上犯罪を認めた場合には告発の義務を負っている。

告訴は、一般的には捜査の端緒となるものであり、その有効性は問わないが、それが親告罪の場合には告訴が訴訟条件となり、告訴がないと検察官は当該事件について公訴を提起することができない。したがって、それが親告罪の場合には、その告訴が、告訴要件を満たしているのかどうかについて確認する必要がある。

その告訴が有効であるといえるためには、次の要件がなければならない。

○　**犯罪事実の申告であること**

告訴は犯罪事実を申告することによって行うが、その犯罪事実は、それが他と区別される事実であるという程度に特定されていればよく、例えば、日時、場所等がある程度幅があったとしても、また実行行為が詳細に判明していない場合でもよいとされている（大判昭6・10・19）。

犯罪事実が特定されていれば、必ずしも犯人の氏名が特定されている必要はなく、その犯罪を犯した者を処罰するという意思が表示されていれば有効な告訴である。

○　**犯人の処罰の請求であること**

告訴が有効であるためには、犯人を処罰してほしいという意思表示がなされていなければならないが、告訴権者の供述の中に、具体的に「告訴」という言葉が使われていなくても、その供述内容が実質的に犯人の処罰を求める意図で表現されていたり、全体からみて犯人の処罰を求める意図が表われていればよい。しかし、捜査機関に対して被害事実を申告したとしても、それが単なる被害届や被害上申書であったり、取調べに対する被害事実の供述だけで、犯人の処罰を求める意思が表示されていなければ告訴とはいえない。また、形式的に、「告訴状」という表題がつけられていても、その内容に犯人の処罰を求める意思が表現されていなければ、有効な告訴ではない。つまり、告訴という言葉よりも、犯人を処罰してほしいという意思がなければならないのである。

親告罪における告訴

親告罪というのは、告訴権者による告訴が、訴訟遂行上の条件となっている罪、つまり、告訴がなければ、検察官が公訴の提起をすることができない罪をいう。

親告罪には、絶対的親告罪と相対的親告罪との二種類のものがある。

通常の親告罪を絶対的親告罪といい、これは犯罪事実を指示して告訴するだけで足り、特定の犯人まで指示する必要はない。これに対し、相対的親告罪は、例えば、親族間の窃盗・詐欺・横領のように、犯人と被害者とが一定の身分関係にあるため、その身分関係にある犯人に対する関係で親告罪とされているもので、いわゆる親族相盗例（刑二四四）がその典型である。したがって、相対的親告罪においては、その身分関係にある犯人を特に指示する告訴でなければ、その告訴の効力は認められない。

非親告罪における告訴は、単なる捜査の端緒にすぎないのに対し、親告罪における告訴は、このように、訴訟条件としての重要な意味をもっており、その有効性については慎重に判断しなければならない。

親告罪は、条文上は、例えば、「この章の罪は、告訴がなければ公訴を提起することができない。」（刑一三五）というように規定されているが、主要な親告罪としては、次のものがある。

○　信書開封罪（刑一三三）
○　秘密漏示罪（刑一三四）
○　過失傷害罪（刑二〇九Ⅰ）
○　未成年者拐取罪（刑二二四）、同罪の幇助目的の被拐取者引渡し等の罪（刑二二七Ⅰ）及びこれ

らの罪の未遂罪（刑二二八）

○ 名誉毀損罪・侮辱罪（刑二三〇・二三一）

○ 親族相盗例が適用・準用される犯罪

・窃盗罪・不動産侵奪罪（刑二四四）

・詐欺罪・背任罪・準詐欺罪・恐喝罪（刑二五一）

・単純横領罪・業務上横領罪・遺失物横領罪（刑二五五）

○ 私用文書毀棄罪（刑二五九）

○ 器物損壊罪（刑二六一）

告訴権者

有効な告訴をするためには、告訴する者が、告訴することのできる権利を有する者でなければならない。刑事訴訟法上、このように告訴をする権利を与えられている者を「告訴権者」という。告訴権者は、原則として「被害者」であるが、これに代わる法定代理人等被害者以外の者にも告訴権が与えられている。

○ **被害者**（刑訴二三〇）

被害者とは、犯罪によって直接被害を被った者をいい、その犯罪によって間接的に何らかの不利益を被ったとしてもそれは被害者ではない。

被害者の告訴権は告訴当時に存在すれば足りるとされ、例えば、器物損壊の被害者が告訴した後に被害品の所有権を失っても、先になされた告訴は有効であるとされている（大判昭14・2・7）。

器物損壊罪の被害者は、原則として、損壊された被害品の所有者であるが（大判明45・5・27）、場合によっては、所有者以外の賃借人・所有者の妻等も被害者と認められている（最判昭45・12・22）。

○ **被害者の法定代理人**（刑訴二三一Ⅰ）

ここにいう法定代理人は、未成年者の親権者（父母）、及び未成年・成年被後見人の後見人をいう。法定代理人は、被害者本人の明示・黙示の意思に拘束されず、独立して告訴をすることができる。もし、被害者本人の告訴権が何らかの理由により消滅したとしても、法定代理人の告訴権は消滅せず、有効に告訴できるものとされている（最判昭28・5・19）。

○ **被害者の配偶者・直系親族・兄弟姉妹**（刑訴二三一Ⅱ）

被害者が告訴をしないで死亡した場合には、死亡した被害者の配偶者・直系親族・兄弟姉妹は、死亡した被害者の明示した意思に反しない限り、告訴することができる。死亡被害者とその配偶者等の身分関係は、被害者の死亡当時存在していればよく、死後の身分変動は告訴の効力に影響を及ぼさない。

○ **死者の親族・子孫**（刑訴二三三）

死者の名誉を毀損した罪について、又は生前の名誉毀損罪の被害者が告訴しないで死亡したときについて、前者においては独立して、後者においては被害者の明示の意思に反しない限り告訴することができる。

○ **指定による告訴権者**（刑訴二三四）

親告罪において、告訴権者がいない場合に、利害関係人の請求により、検察官が告訴することのできる者として指定した者は、告訴することができる。

これらの告訴権者のした告訴を取り消すことができるのは、その告訴をした当の告訴人に限られ（大判昭12・12・23）、他の告訴権者が取り消すことはできない。また、告訴権者が、「今後、告訴はしない」という意思表示をしたり、犯人と示談をしたりしたとしても、これは告訴権を放棄したことにはならないとするのが判例である（名古屋高判昭28・10・7）。

事例の検討

事例の被疑者・和田が、高級外車のガラス窓をハンマーでたたき割った行為は、器物損壊罪に当たる。同罪は親告罪であり、告訴が訴訟条件となっている。

そして、器物損壊罪における告訴権者は、原則として損壊された被害品の所有者であるとするのが、判例の一貫した態度である。

事例の場合に和田が損壊した高級外車は、工場主の前田が修理のためその所有者から預かり保管していたもので、事例の器物損壊罪の告訴権者は前田ではなく、車の所有者である。

40　告訴期間

おれと
つき合え
山本明子
やめてよ
さわらないで！
あなた 誰!?
数日後
山本
ダッ
明子は犯人が分からず被害届のみを提出していたが……
淫乱女
山本明子ハ
男が大好キデ、
男ナラダレデモOKデス
1年後
たまたま男を発見した。
顔のホクロが特徴で……
尾行してアパートを突き止めました。
明子の被害後、1年経っていたが犯人を知った日がその日であり、明子の告訴状を受理し捜査を開始した。

キーポイント
① 告訴期間
② 「犯人を知った日」の意義

告訴期間

非親告罪の告訴は、捜査の端緒となるもので、告訴期間について特に制限はない。これに対し、親告罪については、告訴が訴訟条件となっていることから、告訴期間に制限が設けられている。

刑事訴訟法第二三五条一項本文は、「親告罪の告訴は、犯人を知つた日から六箇月を経過したときは、これをすることができない。」と規定し、その期間を制限している。親告罪においては、被害者等告訴権者の告訴があってはじめて犯人を起訴できるものであることから、起訴そのものが告訴権者の意思にかかっている。したがって、もしその期間について制限がなされないと、時効が成立するまでいつでも告訴できるということになり、あまりにも後になってから告訴がなされるとかえって弊害があるため、告訴権者が犯人を知った日から六か月を経過したときは告訴できないとしているのである。

しかし、この規定にも例外があり、

○ 外国君主に対する名誉毀損罪につき外国の代表者が行う告訴

○ 日本国に派遣された外国の使節に対する名誉毀損罪と侮辱罪につきその使節が行う告訴

については、告訴期間の制限がない（刑訴二三五ただし書）。

「犯人を知った日」の意義

親告罪における六か月という告訴期間の起算点は、告訴権者が「犯人を知った日」であるが、これは、「犯罪終了後」に犯人が誰であるかを告訴権者が知った日を指すものとされ、その当日が告訴期間の起算日に当たる。ところが、犯罪がまだ終了しない継続中に犯人が誰であるかを知った場合は、その日が告訴期間の起算日となるものではないとされている（最決昭45・12・17）。もし、その日を起算点とすると、例えば、未成年者拐取罪（親告罪）のような継続犯が実行されている場合に、被害者が犯人が誰であるかを知ったとしても、犯人の支配下に置かれている限り、告訴をしたくてもそれができないのであるから、もし、拐取の状態の下で犯人を知った日を告訴期間の起算点にすると、犯罪の継続中に六か月の告訴期間が経過してしまい、被害者の告訴権が消滅するという不合理な結果になってしまうからである。

したがって、告訴権者が犯行の途中で犯人を知った場合には、その日が告訴期間の起算日になるのではなく、それ以後の犯罪終了の日、例えば、継続犯では、実行行為が終了した日、また結果の発生を必要とする結果犯では、結果の発生した日、さらに包括一罪では、最終行為が終了した日がそれぞれ告訴期間の起算日になると解されている（大判昭6・1・17）。

「犯人を知った」というのは、告訴権者において、犯人が誰であるかを知ることであり、少なくとも、犯人の何人たるかを特定し得る程度に認識することを要するとされている（最判昭39・11・10）。

例えば、住所・氏名等によってそれが誰であるかを特定できる人物が犯人であるということを、被害者自身が知っていた場合とか、犯罪終了後に、被害者が、他の者や捜査機関から、その犯人自身又はその写真を示されて知ったというような場合が、犯人を知ったことに当たるのであり、この時点から告訴期間が進行することになる。

犯人を知ったといえるためには、どの程度犯人であることを特定して認識していればよいのかということであるが、判例は、「告訴権者において、犯人の住所、氏名、職業等の詳細まで知る必要はないけれども、一定の特徴によって合理的に他の者と区別できる程度に認識することを要し、かつそれで足りる」（最判昭39・11・10）としている。したがって、ただ単に、犯人の人相・着衣・大体の年齢等を知っただけで、それがどこの誰とも分からないような状態では、まだ犯人を知ったとはいえない（大阪高判昭31・6・4）。

ところで、他の者と犯人とを区別できる程度に特定して犯人を認識するという判断基準は、被害者の認識の程度という抽象的な印象が判断の中心となり、かつそれは、具体的事案によって異なってくる極めてあいまいな基準である。したがって、例えば、被害者が犯人の人相・年齢・体格・容貌・着衣その他一定の特徴を被害時につかんでおり、それまで面識のなかった犯人についての人間像を認識・記憶していたが、都合により告訴しないでいたところ、被害時から六か月以上経過した後に逮捕された者について警察から面通しを求められ、犯人に間違いないと確信、指摘して告訴したような場合が問題である。もし、被害者が、犯行後六か月以上も経過してから逮捕された者を犯人に間違いないと確認できる程度の認識・印象をすでに被害時にもっていたとすれば、その時点が「犯人を知った日」となり、告訴期間は犯行後直ちに進行するので、被害者は犯人を知った日から六か月経過後に告訴したことになり、当該告訴は無効な告訴ということになってしまう。

このような事例について、判例の態度は無効とするものと有効であるとするものに分かれている。

無効であるとするものは、被害当時、人相・着衣等の特徴を知ればその程度で犯人は特定されているから、面通し等による右確認は被害時すでに犯人として知られていた者が、やはり犯人であったことが確認されたにすぎないとし、例えば、「年齢二五、六歳位、肥って赤ら顔の中背、色は不明の洋服を着て、自転車をひいていた男」（仙台高判昭30・7・14）という認識の程度で犯人は特定されているとしている。

これに対し、有効であるとするものは、被害当時、人相・着衣等の特徴を知った程度ではまだ犯人は特定されておらず、右面通しによる確認によって初めて犯人が特定され、犯人を知ったときに該当すると解し、したがって告訴は有効であるとしている。この場合の犯人についての認識は、次のようなものである。

○　被害者が被害当時、犯人につき、「人相・着衣は知っているが、どこの誰とも分からない人」とし か犯人像を記憶していなかったが、警察に検挙された被疑者写真を示されて犯人である旨指摘したもの（大阪高判昭31・6・4）

○　被害者が、被害当時、犯人について、「三〇歳位の細面やせ型、背は普通よりやや大きい方、シャツとズボンを着用して地下足袋をはき、星のマークのついた紺色の宣伝帽をかぶり、汚なくて乞食

のような見知らぬ男」という程度の記憶があったもの（東京高判昭39・4・27）

無効説は、親告罪につき告訴権の行使がないため長期間不安定な状態を放置することは好ましくないので、告訴期間はなるべく早く終結させた方がよいという犯人の地位安定を重視する考え方、また有効説は、告訴権者が処罰を希望する以上、これを保護するためには、告訴期間をゆるやかに解した方がよいという被害者保護を重視した考え方によるものである。

事例の検討

事例の被害者・明子は、名誉毀損罪（親告罪）の被害者であり、その告訴は、犯人を知った日から六か月以内になされなければならない。

明子が被害にあったのは一年前であり、彼女がその時点で犯人を知っていたとなると、すでに「六か月」の告訴期間が経過してしまっているため、当該告訴は無効となる。

ところが明子は、犯人のほくろを特徴として憶えていて、たまたまこれに遭遇し、その者が犯人に似ているということで尾行したというのである。その遭遇は、警察において犯人と面通しないしは、被疑者写真を見せられた場合と同様と解され、前記判例の態度等からも、被害当時に、合理的に他の者と区別できるだけの犯人としての確信はなかったものと解することができる。判例でも、「左頬に小豆大のほくろ」等との記憶を有していても、他の者と区別して特定し得る程度の認識があるとはいえないとしたものがあり（東京高判昭37・6・27）、事例の告訴は有効である。

41　告訴不可分の原則

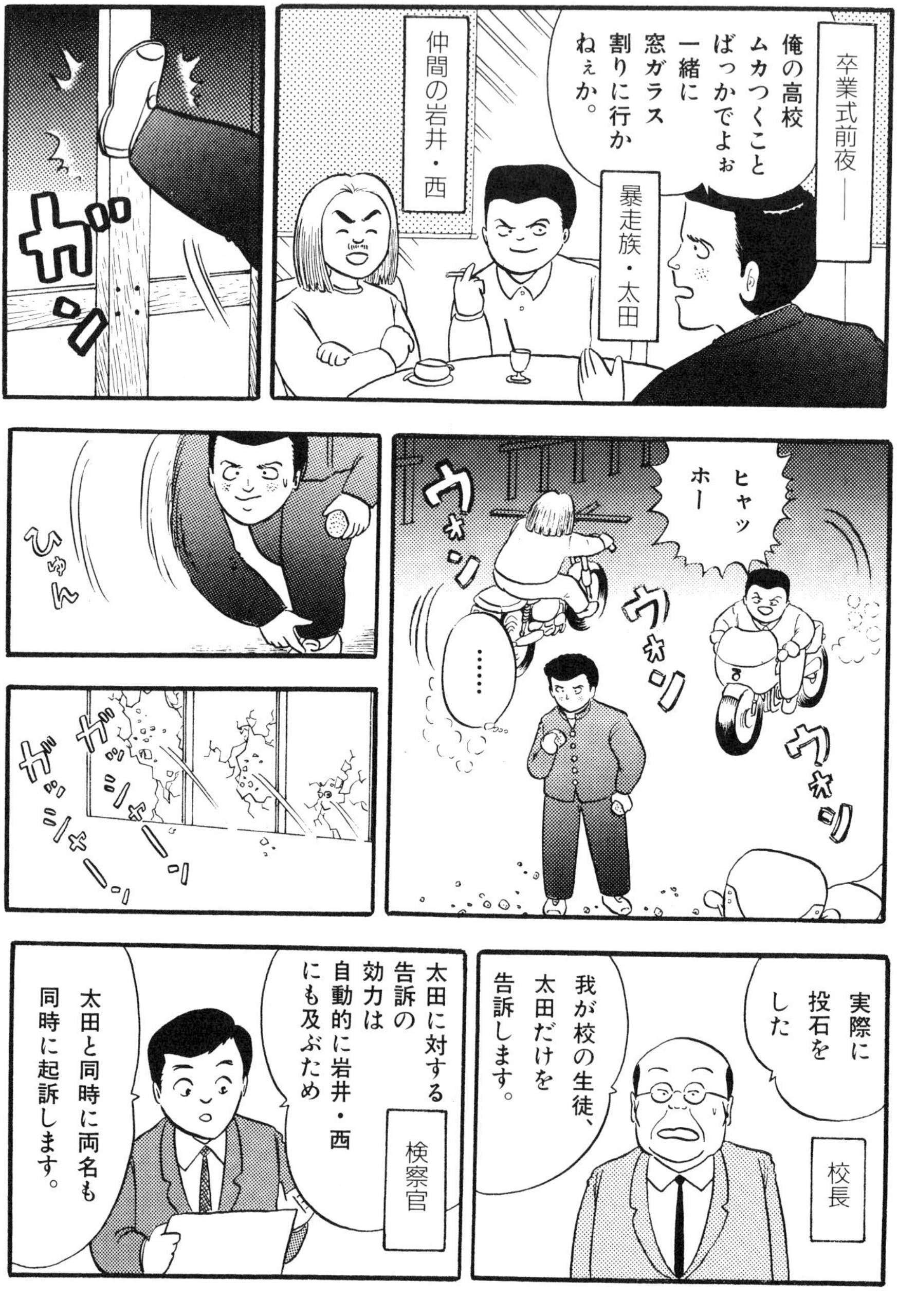
卒業式前夜――
俺の高校ムカつくことばっかでよぉ一緒に窓ガラス割りに行かねぇか。
暴走族・太田
仲間の岩井・西
ガッ
ヒャッホー
ウォン
ウォン
ウォン
……
ひゅん
ガシャーン
ガシャーン
実際に投石をした
我が校の生徒、太田だけを告訴します。
校長
検察官
太田に対する告訴の効力は自動的に岩井・西にも及ぶため
太田と同時に両名も同時に起訴します。

キーポイント
① 告訴不可分の原則
② 客観的不可分の原則
③ 主観的不可分の原則

告訴不可分の原則

親告罪における告訴の効力については、いわゆる「告訴不可分の原則」がある。

これは、一個の犯罪事実の一部について、告訴又はその取消しがあった場合には、犯罪事実の全部についで効力を生じ、共犯の一人又は数人に対してした告訴又はその取消しは、他の共犯者に対しても効力を生ずるという原則である。前者の犯罪事実に関するものを「客観的不可分の原則」といい、後者の共犯に関するものを「主観的不可分の原則」という。

このように、告訴不可分の原則が認められているのは、告訴が、直接的には犯人の処罰を求める意思表示であるとしても、それは、犯罪事実を申告して行う、つまり、結果的には犯罪事実について処罰を求めるものであって、特定の犯人を対象としているものではないということによるものである。

刑事訴訟法は、主観的不可分の原則についての規定を設けているが、客観的不可分の原則については、明文の根拠はなく、理論上で認められている原則である。

客観的不可分の原則

告訴の客観的不可分の原則というのは、「一個の犯罪事実の一部について告訴又は告訴の取消しがあった場合には、その犯罪事実の全部についてその効力を生ずる」（大判昭5・6・9）という原則である。

告訴の客観的不可分は、単純一罪については、そのまま適用される。例えば、同居していない弟にカメラを窃取された姉が、親族相盗例（刑二四四Ⅰ）により、同窃盗罪が親告罪となることから告訴し、その後の捜査で、弟はその際指輪も盗んでいたことが判明したが、被害者である姉があらためて指輪の窃盗事実についての告訴をしなくても、検察官は、カメラと指輪を窃取した事実で起訴することができる。つまり、客観的不可分の原則により、被害者のカメラを窃取した事実についての告訴の効果は、同一犯罪事実となる指輪を窃取した事実にまで及んでいるからである。

このように、単純一罪については、告訴の客観的不可分はそのまま適用されるが、牽連犯や観念的競合犯のような科刑上一罪（刑四五）の場合には、そのまま適用されるわけではない。科刑上一罪は、本来は独立の数罪であるものを、ただ科刑の点で一罪として取り扱うにすぎないからである。

客観的不可分の原則がそのまま適用されるのは、科刑上一罪の各部分がいずれも親告罪であり、しかも、被害者が同一人である場合に限られ、この場合は、その一部の事実に対する告訴又はその取消しの効力は、他の事実にも及ぶとされている。例えば、同居していない兄方を訪ねた弟が、留守番を頼まれたすきに、金庫を損壊して、兄の現金を窃取し、兄から窃盗の事実だけの告訴がなされた場合、窃盗の事実も器物損壊の事実も親告罪であり、しかも被害者が同一人であることからその告訴の効果は、牽連犯である器物損壊の事実にも及ぶことになる。

科刑上一罪の各部分がいずれも親告罪であるが、被害者を異にする場合は、一部の被害者のした告訴又はその取消しの効力は、他の被害者に関する事実には及ばない。例えば、一通の文書で数人の名誉を毀損したような場合、数罪は観念的競合となるが、名誉毀損罪は親告罪であるため、起訴できるのは、告訴があった被害者に対する名誉毀損の事実だけになる。

科刑上一罪の一部が親告罪で、他の一部が非親告罪の場合は、たとえ被害者が同一人であったとしても、一方の事案に対する告訴又はその取消しの効力は他方の事実には及ばない。

主観的不可分の原則

告訴の主観的不可分の原則というのは、「親告罪について共犯の一人又は数人に対してした告訴又はその取消は、他の共犯に対しても、その効力を生ずる。」（刑訴二三八Ｉ）という原則である。

この原則は、告訴というものが犯罪事実に対して訴追を求めるものであって特定の犯人の処罰を求めるものではないこと、及び犯罪事実の訴追を告訴人の意思にかからしめたのは共犯者中の特定の者の処罰までを告訴人の意思にかからしめた趣旨ではないことからくるものである。

例えば、告訴人がAを犯人として告訴したが、その後の捜査で告訴人の知らないBも共犯者であることが判明した場合や、名誉毀損となる文書を配布していたAを告訴した後、同文書を印刷していた共犯者Bが判明した場合などは、Aに対してした告訴の効力は、Bにも及び、別にBに対する告訴がなされなくても、Bを起訴することができるということになる。

また、数名の共犯者の判明している事実で、被害者が最も悪質な者一人を指名して告訴した場合でも、その告訴の効力は他の全ての共犯者に及ぶとされ、さらに、数名の者に対して告訴をした後、弁償を受け示談の成立した者だけについて告訴を取り消した場合にも、この告訴の取消しの効力は他の全ての共犯者に及ぶとされている。

主観的不可分の原則にいう「共犯」は、共同正犯（刑六〇）に限らず、教唆犯（刑六一）、幇助犯（刑六二）も含まれるとされている。

事例の検討

事例の場合は、三人の暴走族が、学校の窓ガラスを割ることを共謀し、そのうちの一人が投石をして、数十枚のガラスを損壊したもので、三人とも器物損壊罪の共同正犯の刑責を負うことになる。

この場合に、告訴権者である校長は、器物損壊の実行行為者である太田だけについて告訴をしたが、この告訴の効力は、告訴の主観的不可分の原則により、他の共犯者全てに及ぶものと解される。そうすると、告訴権者から告訴されていない他の共犯者についても、法律的には、告訴された者として扱われ、検察官がこの共犯者を起訴することは、何ら差し支えない。

また、校長が、告訴した太田についての告訴を取り消した場合にも、その効力は他の全ての共犯者に及び、その場合は、親告罪である器物損壊罪について、起訴することができないことになる。

第9章

その他の手続

42 検視

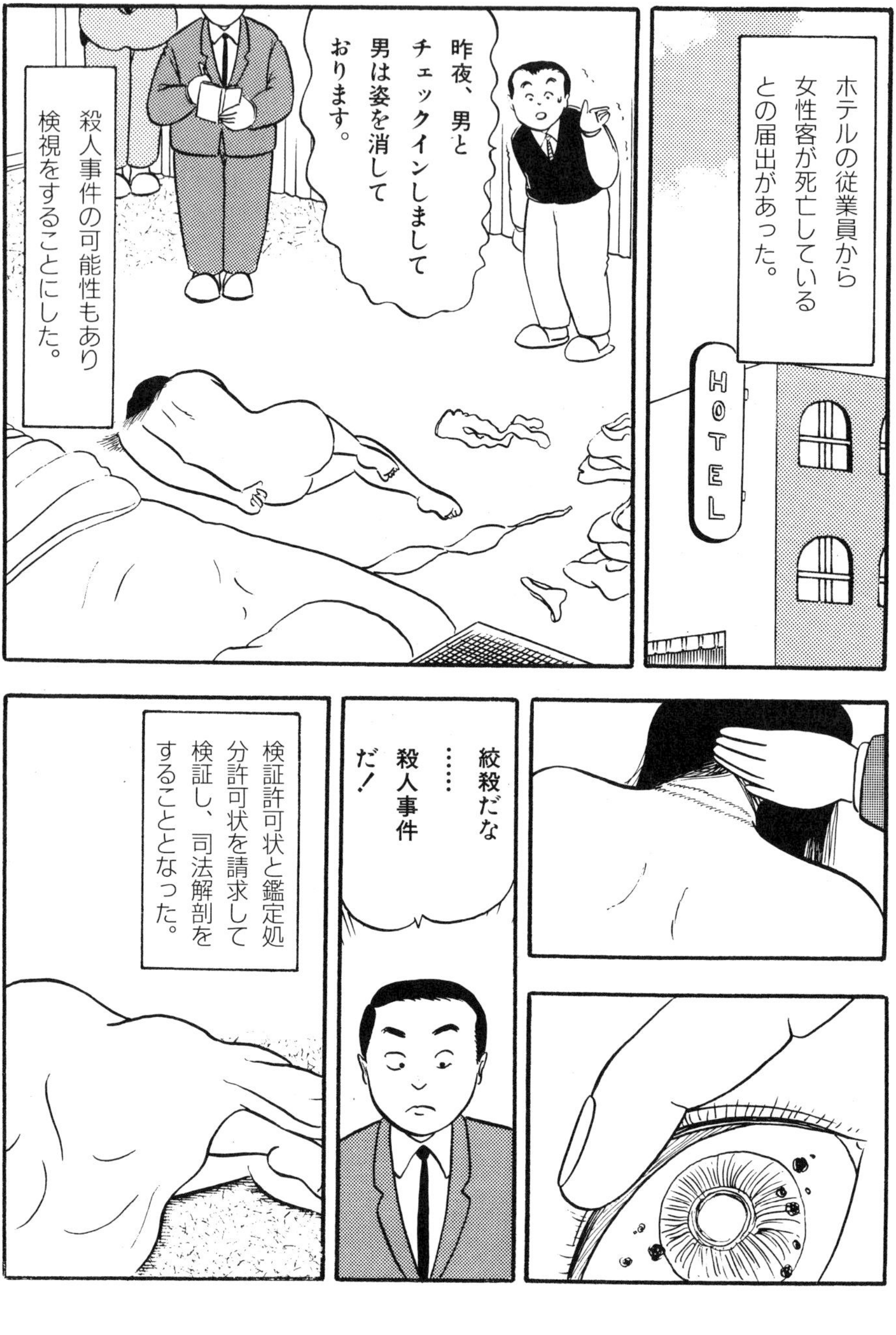
ホテルの従業員から女性客が死亡しているとの届出があった。
昨夜、男とチェックインしまして男は姿を消しております。
殺人事件の可能性もあり検視をすることにした。
絞殺だな……殺人事件だ！
検証許可状と鑑定処分許可状を請求して検証し、司法解剖をすることとなった。

キーポイント
① 検視の意義
② 検視の処分
③ 行政検視と司法検視

検視の意義

刑事訴訟法は、変死体の取扱いについて、「変死者又は変死の疑のある死体があるときは、その所在地を管轄する地方検察庁又は区検察庁の検察官は、検視をしなければならない。検察官は、検察事務官又は司法警察員に前項の処分をさせることができる。」（同二二九Ⅰ・Ⅱ）と規定している。

これは、もし、その死体が犯罪に起因するものであるのに、これを見落とし、犯罪が闇から闇に葬られることを防止するための規定で、捜査の端緒にもなるものである。このように、検視は、その死亡が犯罪によるものかどうかを判断するための手続で、その対象となる死体が「変死体」である。

変死体は、変死者又は変死の疑いのある死体で、「変死者」は、その死亡が犯罪に起因するものかどうか疑いのある死体、「変死の疑いのある死体」は、変死と認定するには疑問のある死体のことで、自然死（老衰死・病死等）であるか不自然死（天災死・自殺・犯罪死）であるか明らかでなく、あるいは犯罪によるものではないかという疑いがもたれるような死体をいう。

つまり、検視は、その死因が犯罪に起因するものでないかどうかを確認するために行うものであるから、それが初めから、自然死や犯罪によるものであることが明らかな場合には、その対象とはなり得ない。しかし、少しでも犯罪の介入している疑いのある場合、例えば、高血圧症の男が脳内出血のため死亡したが、その一週間前に他人から頭部を殴打された事実があったような場合、その死因は単なる病死にすぎない可能性もあるが、他人に殴打された事実が死亡の遠因になっている可能性もあり、まさに、変死の疑いのある死体として、検視の対象になるのである。

検視は、死体の所在地を管轄する地方検察庁又は区検察庁の検察官の専権とされている。したがって、警察官が変死体を発見したり、これがある旨の届出を受けたときは、その死体の所在地を管轄する検察官に、変死体発見の年月日時、場所及びその状況、発見者の氏名、その他参考事項を通知しなければならない（検視規則三）。この通知を受けた検察官は、その通知内容を検討して、自ら検視の必要があると判断すれば自ら現場に赴いて検視をするのであるが、必要に応じ、検察事務官、司法警察員に検視をさせることができる。これをいわゆる「代行検視」といい、実務では、司法警察員による代行検視が通常である。

検視は、五官の作用により、変死体の状況を外部検査によって調べることにより行い、その結果を検視調書に記載するが、検視の結果、犯罪があることを発見したときは、直ちに捜査を開始しなければならない。この場合、死体については、令状を得て検証をするか実況見分をし、その結果を検証調書又は実況見分調書に記載しておく。

検視の結果、それが犯罪に起因しないことが明らかになったときは、捜査は開始されず、死体は遺族に引き渡されることになる。

検視の処分

検視は、死因が犯罪に起因するものかどうかを五官の作用により調べる処分であり、形の上では検証と同じ性格をもっているが、検証は捜査そのものとして証拠収集のために行うもので、その目的が異なっている。

したがって、検視を行うのに令状は必要としない。これは、それが捜査手続ではないという形式的理由のほか、現に変死体が存在しているという緊急事態がある以上、検視をしないということは個人や社会の安全から許されないという実質的な理由がある。

検視の処分として令状なく行うことができる行為としては、次のものがある。

○　**変死体の存在する場所に立ち入ること**

検視を行うために、令状がなくても、また住居主やその場所の看守者の承諾がなくても立ち入ることができる。

○　**変死体の検査を行うこと**

検視としての検査は、医学的な外表検査として認められる限度の検査を行うことができる。例えば、直接、死者の眼けんを調べて溢血点の有無を調査したり、着衣を脱がせて身体の傷害の有無や死者の陰部・肛門を検査できるし、変死体の状況を写真撮影したり、指紋を採取することもできる。しかし、検視として解剖や死体を損壊することは許されないから、例えば、腐敗した変死体の指紋を採取するため、死体の真皮をはいだり、指を切断することなどはできない。もし必要があれば、鑑定処分許可状を得て解剖をするほかないが、これは検視ではなく、捜査としての処分である。

また、必要があれば、遺族の承諾を得た上で、ゴム管等で変死体の胃の内容物を採取したり、カテーテルで尿を採取することも許されるとされている。

○　**所持品の調査をすること**

変死者の着衣内にある所持品について、死者の身元確認（検視規則六）のため、調査することが許される。必要があれば、所持品の信書を開披して調査することも許されるとされている。

○　**着衣を損壊すること**

変死体の検査をするのに着衣を脱がせるため、必要最小限度でこれを損壊することが許される。

○　**凶器等を調査すること**

凶器その他死因と関係あると認められる器具や、死亡の原因となったと認められる薬品を調査することができる。

○　**関係者を取り調べること**

死因を明らかにするため、変死体そのものだけでなく、現場の状況を調査したり、遺族や死体の発見者等の関係者に質問したり取調べをすることが許されている。

行政検視と司法検視

刑事訴訟法第二二九条に定められた検視は、それが犯罪に起因するものであるかどうかを確認するために行うものであることから、「司法検視」という。これに対して、犯罪によるとの疑いが全くない不自然死体、例えば、明らかな行旅死亡人、凍死者、自殺死体等の不自然な死亡を遂げた異常死体を、警察官が現場に臨場して検視する手続を「行政検視」という。

行政検視は、司法検視とは異なり、直接犯罪捜査とは関係なく行われ、主として、公衆衛生、感染症予防、死体の処理、身元確認等の行政目的から行われるもので、警察等が取り扱う死体の死因又は身元の調査等に関する法律（以下「死因・身元調査法」という。）や死体取扱規則などにその根拠を有している。

しかし、行政検視であっても、その見分に当たっては、司法検視と同様に死体の状況を詳細に検案し、慎重に死因を判断しなければならない。一見すると自殺のように見えても、自殺を偽装した殺人である場合など、犯罪による死亡であることも稀ではないからである。

もし、検視の結果、死因が明らかにならないときは、監察医に検案をさせ、これによっても死因が判明しないときは、死体の解剖をすることになる（死体解剖保存法八）。これを行政解剖というが、その手続は死因等を明らかにするという行政目的のために行うもので、捜査手続として行うものではないため、裁判所の許可状は必要ないとされている。しかし、あらかじめ、遺族に対して解剖が必要である旨を説明しなければならない（遺族の所在不明等のときは不要）（死因・身元調査法六Ⅱ）。

この行政検視・行政解剖の結果、その死亡が犯罪に起因するという疑いを生じた場合には、速やかに検察官に報告の上、行政検視中であればこれを司法検視に、行政解剖中であれば、検証許可状や鑑定処分許可状の発付を得て司法解剖に切り替え、捜査手続に移行しなければならない。

事例の検討

事例のホテルで死亡していた女性は、通常、人が死亡するような状態で死亡したものではない。つまり、出先のホテルで急死し、しかも、前夜一緒にチェックインした男性が姿を消しているという異常な状態の死亡である。そのことだけで判断しても、いわゆる自然死である病死なのか、不自然死である自殺なのか、あるいは犯罪に起因するものなのか明確ではない。つまり、検視の対象となる「変死体」に当たるのである。

検視の結果、頸部の索溝や眼けんの溢血点などから、絞殺という犯罪に起因するものであることが明確になったが、その時点から、検視手続は司法手続に切り替えられ、捜査が開始される。

具体的には、検証許可状や鑑定処分許可状の発付を得て、同死体に対する検証、司法解剖をし、その死因を明確にすることになる。

43　微罪処分

待て！止まりなさい!!
キイッ
あっ！
？
職務質問したところ……
自転車に女性の名前が記されてますが？
駅の近くの路地に、立てかけてあったのを勝手に……
記名の持ち主は——
1か月ほど前駐輪場に停めておいたら盗まれたんです。
行為は占有離脱物横領に当たるが……
男に逮捕歴はなく被害相当額は5000円前後被害者も処罰を希望していない……
微罪処分手続書を作成した。

キーポイント
① 微罪処分の意義
② 微罪処分の対象事件
③ 微罪処分の判断基準

微罪処分の意義

「司法警察員は、犯罪の捜査をしたときは、この法律に特別の定のある場合を除いては、速やかに書類及び証拠物とともに事件を検察官に送致しなければならない。」（刑訴二四六）とされている。

事件送致については、

○ 身柄事件の送致（同二〇三・二一一・二一六）
○ 告訴・告発・自首事件の送付（同二四二・二四五）
○ 少年事件の家庭裁判所送致（少年法四一）

等の規定があるが、刑事訴訟法第二四六条の規定は、事件送致の一般原則を示したもので、いわゆる在宅事件については、この原則に基づいて送致される。

つまり、司法警察員が、犯罪があるものと思料して捜査を開始し、その結果、犯罪の嫌疑が認められるときは、事件を送致しなければならない。捜査を完了した結果、罪とならないことが明らかになったり、犯罪の嫌疑が明らかとなった場合には、強制捜査をしている等特別の事情がなければ、送致することを要しないとされている。

ところで、刑事訴訟法第二四六条は、但し書で、「検察官が指定した事件については、この限りでない。」として、検察官の裁量によっては、事件を不送致にすることができるとして、特例を設けている。これが、「微罪処分」の根拠となる規定である。

これに基づき、「送致事件の特例に関する件」（昭25・7・20）という検事総長指示がなされ、捜査した成人の刑事事件につき、犯罪事実が軽微で、刑罰を科することを必要としないと明らかに認められるときは、送致の手続をとることを要せず、他の同一の取扱いをした事件とともに、検察官に報告すれば足りるとして、微罪処分に付することのできる微罪事件の対象範囲、手続が明らかにされた。

検察官には、事件について公訴提起をする権限が独占的に認められているが(刑訴二四七)、犯人の行為が明らかに犯罪を構成している場合であっても、犯人の性格、年齢、境遇、犯罪の軽重、情状、犯罪後の情況により公訴の提起をしないことができる（同二四八）として、起訴便宜主義を明記し、起訴猶予処分権を認めている。

微罪処分制度は、微罪事件の処分権を司法警察員に委任し、警察限りで事件を処理する制度であり、検察官の有するこの起訴猶予処分権の一部を司法警察員に委任したものと解されている。

微罪処分によって事件を処理する場合は、微罪処分手続書を作成して行う。また、微罪処分をした事件については、微罪処分事件報告書により、処理年月日、被疑者の氏名、年齢、職業、住居、犯罪事実の要旨を記載し、一か月ごとに一括して検察官に報告することとされている。

検察官は、この報告に基づいて、この中に送致すべき事件がある場合には、本送致することを司法警察員に指示することになる。

微罪処分の対象事件

検事総長の前記「送致事件の特例に関する件」では、微罪処分の対象事件について、次のように指示している。

○　被害額僅少、且つ、犯情軽微であり、贓物の返還その他被害の回復が行われ、被害者が処罰を希望せず、且つ素行不良でない者の偶発的犯行であって、再犯の虞のない窃盗、詐欺、横領事件及びこれに準ずべき事由がある贓物に関する事件

○　得喪の目的たる財物が極めて僅少、且つ犯情も軽微であり、共犯者のすべてについて再犯の虞のない初犯者の賭博事件

○　犯情軽微であり、共犯事件でなく、被害者が処罰を希望せず、且つ素行不良でない者の偶発的犯行であって、再犯の虞のない暴行事件

○　検事正が特に指示した特定罪種の事件

これらの事件のうち、

「通常逮捕、緊急逮捕をした事件」

「告訴・告発・自首のあった事件」

「法令が公訴すべきことを規定した事件」

「検事正が特に送致すべきものと指示した事件」

については、微罪処分できないものとされている。

具体的には、この検事総長指示の範囲内で、各都道府県の地方検察庁検事正の指示（刑訴一九三Ⅰ）がなされ、これに基づいて微罪処分が実施されることになる。

この検事正の指示は、検事総長指示の範囲内で、各地方の実情に応じてなされるため、全て同一の内容ではなく、例えば、現行犯逮捕された事件や捜索差押等強制捜査した事件を除外事件として微罪処分することができないものもある。

微罪処分の判断基準

それが微罪処分の対象事件であるか否かを判断するためには、被疑者の前科・逮捕歴等犯罪経歴の有無、犯罪の動機又は原因、犯罪の手口及び方法等、被疑者の年齢・性格・経歴・家庭生活の状況等の要素について検討しながら具体的事実を明らかにし、これを適用すべきかどうかを決することになる。その判断基準としては、次の点に着眼する必要がある。

○ 成人事件であること

微罪処分は、成人事件についてなされるもので、二〇歳に満たない未成年者については適用できない。少年事件は、その処理目的が少年の健全な育成であり、その保護性の認定を専門機関である家庭裁判所に全面的に託しているからである。少年のときに犯した軽微な犯罪が成人に達した後に発覚した場合には、当該事件を成人事件として取り扱い、微罪処分をすることができる。また、共犯者の中に少年が含まれている場合であっても、それ以外の者について微罪処分することは可能であるとされている。

○ 罪名は、窃盗罪・詐欺罪・横領罪・盗品等に関する罪・賭博罪・暴行罪であること

窃盗のうち、侵入窃盗については、その犯行手口、犯情等が悪質であり、通常は微罪処分にはなじまない。詐欺には、未成年者を対象とする準詐欺（刑二四八）は犯情が軽微とはいえず、微罪処分にはなじまない。横領は、単純横領罪（同二五二）だけではなく、遺失物横領罪（同二五四）、業務上横領罪（同二五三）も含むとされている。しかし、業務上横領の場合は、その計画性、犯情等からその要件を欠くことが多い。盗品等に関する罪はその全てが微罪処分の対象となるが、賭博については、常習賭博罪・賭博場開張図利罪等(同一八六)が対象から除かれることになる。

○ **被害額が僅少・犯情が軽微であること**

被害額が僅少かどうかは、その時々の経済情勢の変化に応じて判断することになるが、通常、二万円程度が目安となる。また、犯情についても、一律に基準を設けることはできないが、犯罪の原因・動機等を総合的に判断して決すべきである。例えば、賭金がわずかであっても、暴力団員による賭博事件では犯情軽微とも偶発的ともいえない。

○ **偶発的犯行で再犯のおそれがないこと**

それが偶発的犯行か否か、あるいは再犯のおそれがあるか否かの判断は、単に、前科・前歴の有無だけではなく、同種の前歴はどうか、素行不良者としての前歴はないかなどに着眼する必要がある。

○ **その他の判断基準**

公務員による犯罪を微罪処分の対象から除外する旨の規定はないが、公務員は全体の奉仕者として公共の利益のために職務を行い。その清廉性が強く要求されており、いかに軽微な犯罪であっても、微罪処分にはなじまない。また、被害者・所有者が不明な事件も微罪処分はできないが、外国人(駐留軍構成員等は除く。)については特に制限がなく、その要件を満たしていれば、微罪処分をすることができる。

事例の検討

事例の犯人の行為は、自転車の占有離脱物横領に当たるというのであるから、その罪名としては、微罪処分の対象に含まれる。そして、その要件について検討すると、被害額が五、〇〇〇円程度と僅少で、路地に立てかけてあった無施錠のものを乗ってきたもので犯情は軽微であり、同自転車は被害者に返還されて、被害者も処罰を希望しておらず、また、逮捕歴も認められていない。

犯人の生活態度、家庭の状況、職業等は明らかではないが、その者が、いわゆる素行不良者でなく、犯行も偶発的で再犯のおそれがなければ、微罪処分の要件に該当するものと認められ、その処理は適正である。

44　任意同行

パトロール中、不審な男を見つけ、職務質問した。
なぜ逃げた!?
手に隠し持っているのは何だ!
コインロッカーの鍵だな!
男に任意同行を求め、コインロッカーを開けさせたところアタッシュケースがあり――
大量の指輪や高級腕時計が入っています。
昨夜管内で貴金属店が荒らされた事件がありましたが……
西口
本署に同行してもらいたい。
男は当初拒否していたが、渋々同行に応じた。
仕方ねぇ全部しゃべるよ。
俺が犯人だよ。
当該貴金属は前日の被害品であることが判明男を逮捕した。

キーポイント

① 任意同行の意義
② 任意同行の限界

任意同行の意義

任意同行は、強制手段によることなく相手方に同行を求め、その者の自由意思に基づく承諾を得て目的の場所へ同行することをいう。

この任意同行には、例えば、警察官が不審者に対して職務質問をし、これに引き続き不審点を明らかにするという行政目的を実現するための警察官職務執行法第二条を根拠に行うもの（同行要求）のほか、犯罪の嫌疑が濃い者に対して、取調べ等を行う場所への任意の出頭を求め、これに応じた者を当該場所まで同行させたり、既に逮捕状の発付を得ているが、これをこの場で執行しないで同行を求めたりする捜査上の目的を実現する犯罪捜査活動として刑事訴訟法を根拠に行うものとがある。

刑事訴訟法における任意同行は、警察官職務執行法における同行要求とは異なり、直接これを明文で規定してはいない。しかし、「捜査については、その目的を達するため必要な取調をすることができる。但し、強制の処分は、この法律に特別の定のある場合でなければ、これをすることができない。」（刑訴一九七Ⅰ）と規定して任意捜査の原則を明らかにするとともに、「司法警察職員は、犯罪の捜査をするについて必要があるときは、被疑者の出頭を求め、これを取り調べることができる。」（同一九八Ⅰ）としており、この出頭を確保するための手段となるのが任意同行である。

警察官職務執行法における同行要求は、その場で質問することが、本人に対して不利若しくは交通の妨害になると認められる場合になされるが、刑事訴訟法における任意同行は、被疑者の名誉を保護するため、あるいはその場で取り調べることが適当でない場合、さらには、既に逮捕状が発付されている場合であっても、任意の取調べによってさらに逮捕の必要性を慎重に検討するために、あるいはその場での逮捕がかえって被疑者自身やその家族や関係者に多大の心理的衝撃を与えかねないと認められるような場合に、あえて逮捕状を執行しないでなされる。

この二つの任意の同行は、理論的には当然区別されるべきであるが、実務上は、当初は警察官職務執行法に基づく同行であったとしても、質問の過程で不審者から被疑者に移行した時期がいつであるかを峻別するのは困難な場合が多い。

通説・判例は、職務質問・同行から逮捕にまで至った場合は、行政手続から刑事手続へ移行した警察官の行為全部を一体として刑事手続とみて観察し、どの時点から逮捕と同一視される状態となったかを判断すべきであるとしている。

任意同行の限界

任意同行は、あくまでもその者の自由意思に基づく承諾を前提としてなされなければならない。もし、それが実質的には逮捕に等しいような「強制」が加えられているような場合には、適法な任意同行とはいえない。したがって、たとえ表面上は任意同行という形がとられていたとしても、例えば、相手の身体に寄り添って監視するなど実質的に逮捕と同視すべき強制が加えられているとみられる状況下にあるときは、任意同行ではなく逮捕であると判断される。

この判断は、具体的な事情を総合的に検討してなされるが、その要素としては、次のものがある。

○ 同行の理由・行先等の告知

任意同行は、本人の自由意思に基づく承諾が前提であるが、この承諾をするについて、同行を求められる目的や理由が分からなければ、その意思決定をすることはできない。したがって、任意同行に当たっては、その理由や同行先等を告知する必要がある。

判例も、同行に際し、「用があるから警察までちょっと来てくれ」(神戸地決昭43・7・9)とか、「今から警察へ行くけんわかっとろうが」(佐賀地決昭43・12・1)などと明確な理由も告げずに同行した事案について、他の状況も含めて、同行時には既に身柄拘束の状態にあったと認定している。理由や行先等が分からないまま同行されるのでは、被疑者の心理状態が不安定なままで、結果として被疑者を強制的に同行したと判断されることになる。

○ 同行の時刻、被同行者の服装等

被疑者に同行を求める時刻が、特にやむを得ない事情もないのに、深夜や早朝など、通常人であれば就寝している時間であったり、同行に際して、着替えや洗面等の暇も与えなかったというような場合や、例えば、裸足や裸体のままで同行したような場合は、任意同行ではなく事実上の逮捕行為であると判断されるおそれがある（名古屋地決昭45・8・1）。したがって、被疑者に同行を求めるに当たっては、特別の事情がない限り、外出するにふさわしい服装に着替えさせるなどの配意をした上で同行するようにしなければならない。

○ 同行の場所

同行の場所については、通常、最寄りの交番、警察署などが挙げられる。同行場所をどこにするかは、同行の目的や理由、事案の態様等により決せられるが、例えば、いったん交番に任意同行した上で、さらに警察署に任意同行した場合のように、同行場所を転々とするようなことは、承諾の任意性に疑いをもたれ、その限界を超えていると判断されることもある（東京高判昭54・8・14）。

○ 同行の方法

同行の方法としては、まず、任意同行を求めた警察官の数、その態度、監視状況などの具体的状況が問題となる。一人の被疑者を同行するに際し、多数の警察官がこれに付き添ったり、取り囲んだりすると、強制的に同行していると認定されるおそれがある（佐賀地決昭43・12・1）。したがって、任意性の確保や事故防止等の観点から、被疑者一名につき、二名程度で同行するのが妥当とされている。判例は、警察官三名の看視下でパトカーに同乗させ同行した事案（秋田地決昭44・5・14）や、同行に素直に応じた被疑者の周囲に警察官三名が寄り添って看視し、いつでも携行の逮捕状により逮捕できる態勢をとりながら同行した事案（高松地決昭43・11・20）等について、それは任意同行ではなく逮捕行為であるとして、勾留請求を却下している。

また、同行に使用する車両については、一見して警察車両と分かるようなパトカーなどで同行した場合には、その車両自体が被疑者に心理的圧迫を与えるというのが、判例の態度である（広島地呉支決昭41・7・

8）。したがって、被疑者を同行するに当たっては、なるべく警察車両は避けてタクシー等を使用し、やむを得ず警察車両を使用するにしても、外見上、一般車両と区別し難い捜査用車両を使用するなどの配意をすべきである。警察官の服装についても、被疑者に対する心理的な圧迫を与えることは同様であり、なるべく私服により行う必要がある。

同行する警察官の態度や看視方法についても、言動が命令的であったり、被疑者の両脇に付き添ったりしたことが強制とみられることもあるので、殊更看視されているという重圧感、拘束感を与えないように、不用意な言動は慎まなければならない。

○　令状を準備している場合の任意同行

あらかじめ逮捕状や捜索差押許可状等の発付を受けた上で被疑者に任意同行を求める場合には、特に慎重でなければならない。あらかじめ逮捕状を用意していたとしても、直ちにこれを執行しないで任意同行を求めることは当然許されることであるが、反面、それは逮捕状のちらつかせ等の疑念を抱かせることにもなるので、その言動には注意しなければならない。また、被疑者の同行直後に捜索・差押えをした場合には、「被疑者の出頭後、……捜索差押許可状の執行が時を移さずなされ強制捜査に出ていることは、被疑者の連行が逮捕と同一視すべきものであったことをうかがわせる」（高松地決昭43・11・20）と判断されることもある。

事例の検討

事例のパトカー乗務員が、当初、男に同行を求めたのは、警察官職務執行法を根拠とするもので、男はまだ不審者の段階である。そして、質問の過程で、男がコインロッカーの鍵を所持しており、本人にロッカーを開けさせたところ、中から高級時計や貴金属が大量に発見されたもので、この時点から、男は、管内で発生した窃盗事件の容疑者となり、この後の任意同行は刑事訴訟法を根拠とするものとなる。

したがって、その任意であることを担保するため、無理やり同行したととられないようにする配意が必要であるし、もし、逮捕できる要件が揃ったらその時点で緊急逮捕するなど、時間稼ぎという疑念をもたれないよう早目の逮捕手続をとる必要がある。

45 領置

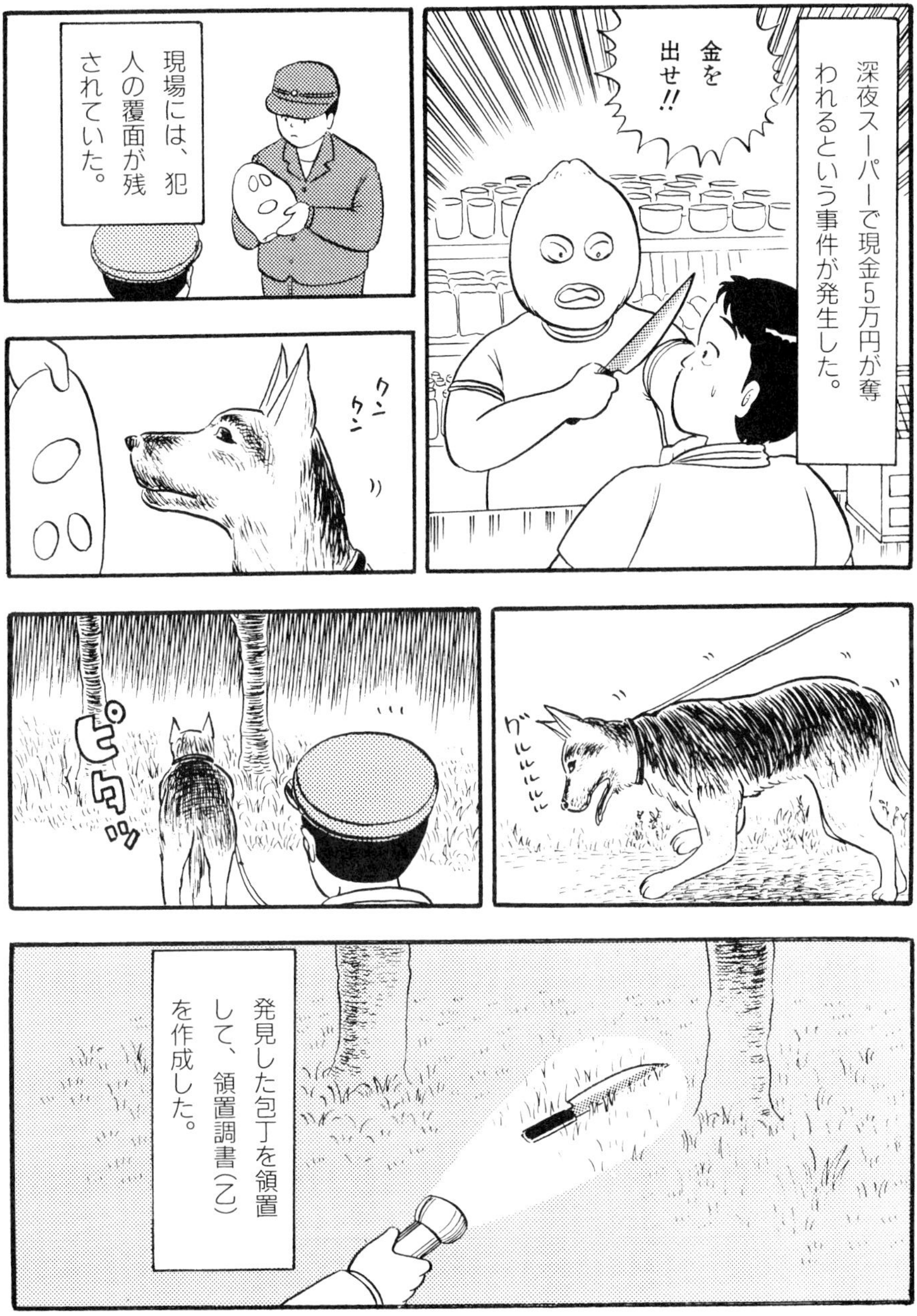
深夜スーパーで現金5万円が奪われるという事件が発生した。
金を出せ!!
現場には、犯人の覆面が残されていた。
クン クン
ガルルルルル
ピタッ
発見した包丁を領置して、領置調書(乙)を作成した。

キーポイント
① 領置の意義
② 領置の対象となる物
③ 領置の際の注意事項

領置の意義

刑事訴訟法第二二一条は、「検察官、検察事務官又は司法警察職員は、被疑者その他の者が遺留した物又は所有者、所持者若しくは保管者が任意に提出した物は、これを領置することができる。」と規定している。

ここにいう「領置」というのは、捜査機関が、捜査上の必要に基づき、被疑者その他の者が事件の現場等に遺留した物やその所有者等が任意に提出した物の占有を取得し、かつこれを持続する手続をいう。このように捜査機関が証拠物等の占有を取得し、この状態を持続する手続を「押収」というが、これには「領置」と「差押え」とがあり、その差異は、その占有を取得するのに、前者が強制的でない任意手段であるのに対し、後者が強制的であるということである。この手段の差異を除けば、その物の占有の取得・継続という効果は全く変わるところはなく、いったん占有を始めれば同一の扱いを受けることになる。

領置は任意手段であるから、その所有者等が、任意の提出を拒んだり、任意の意思を明らかにしないような場合には、これを領置することはできず、令状等による差押えという強制処分を行う以外にない。

領置の対象となる物は、領置が任意手段であることから、遺留物又は任意に提出された物であれば全て含まれ、差押えの対象である「証拠物又は没収すべき物」に限らないとされている。しかし、領置後、その物が証拠物でも没収すべき物でもないことが判明した場合には、それは捜査機関が領置を継続しておく必要のない物であるから、直ちに還付しなければならない。

領置については、刑事訴訟法第二二二条一項により、裁判所の行う領置に関する規定が準用されており、任意処分としての領置の性質上、押収物に対する必要な処分（刑訴一一一Ⅱ）、押収目録の交付（同一二〇）、保管・廃棄（同一二一）、代価保管（同一二二）、還付・

仮還付（同一二三）、押収贓物の被害者還付（同一二四）の規定が準用されている。

このうち、領置した物に対する必要な処分として、錠を外し、封を開くなどの処分ができるが、これは、領置した物に対する処分であって、領置をする際にこの処分ができるわけではない。

領置の対象となる物

領置の対象となる物は、被疑者その他の者が遺留した物、又は所有者・所持者若しくは保管者が任意に提出した物である。

○　**被疑者その他の者が遺留した物**（遺留物）

これは、その事件についての被疑者が現場等に遺留したと認められる物はもちろん、被害者や現場に居合わせた者の遺留した物など、事件に関係があると認められる全ての遺留物をいう。遺留した物であるから、その物は、被疑者その他の者の意思に基づくことなく偶然にその者の占有から離れた物、又はこれらの者が置き去った物である。したがって、被疑者が、通行人からひったくったバッグを、大声で騒がれたため慌てて投げ戻したような場合、そのバッグは被害者の手許にあるのであるから遺留物とはいえない。しかし、交通違反者が、激昂して、携帯していた運転免許証をその場に投げ捨てて立ち去ったような場合、その運転免許証は遺留物であるとされている。

犯行の現場に残されていても、足跡や指紋は遺留物とはいえず、これを領置することはできない。これらは、物ではなく、検証又は実況見分の対象となるもので、これを証拠化するためには、石こうや写真等によってこれを採取し、検証調書や実況見分調書で採取の経過を明らかにしておけばよい。

領置は任意処分であるから、もし遺留物が他人の住居等にある場合には、捜索・差押えの場合とは異なり、強制的に住居等に立ち入ることはできない。

なお、遺留物を警察官が直接発見した場合や、それが覚醒剤等法令により所持を禁じられている物などであるときは、拾得者の権利保護の問題が生じないので、直ちに領置することが許される。しかし、これを第三者が発見し届け出た場合には、遺失物法に定められた拾得者の権利保護の面から直ちに領置することは問題が生じる。このような場合には、直ちにこれを領置することなく、拾得者の利益を保護するため、いったん遺失物法の定める拾得物届出・受理の手続を行い、その後、行政機関の長たる署長が司法機関の長たる署長にこれを任意提出し、領置する手続をとることが妥当である。

○ **所有者・所持者・保管者が任意に提出した物**（任意提出物）

ここにいう「所有者」とは、その物の所有権を有する者、「所持者」とは、自己のためにその物を占有する者、「保管者」とは、他人のためにその物を占有する者である。所持者・保管者については、その者が当該物件についての所有権その他の権限を有しているかどうかは問わないが、その物を現実に管理又は所持していたと認められる状況がなければならないとされている。したがって、例えば、留守中のアパートの一室を管理人立会いのもとで捜索を実施中、別件の証拠品を発見した場合に、当該管理人は、同室内に存在している物について管理・支配している者ではないから、これを管理人から任意提出を受けることは許されない。

また、遺留物であっても、それが被害者方前の道路に遺留された被害品の一部である場合のように、その物の所有者等が居合わせているような場合には、これを所有者の意思に反して領置することはできないとされており、必要があれば、被害者の同意を得て任意提出を受けるか、差押許可状による差押えをすることになる（名古屋高金沢支判昭42・5・23）。

次に、いったん拾得物としての届出を受け保管中の物が、ある事件の証拠品であると判明した場合には、遺失物法上の行政機関の長である警察署長が、司法警察員である司法機関の長である自己あてにこれを任意提出し、刑事訴訟法上の手続にのせることになる。所有者が判明しているときには、これを所有者に返還して遺失物法上の手続を終了させ、その後に所有者から任意提出を受け領置する手続をとればよい。

領置の際の注意事項

遺留物等について領置を行う場合には、犯罪捜査規範に注意事項が定められており、これに基づいて行わなければならない。

まず、遺留物を領置するに当たっては、住居者・管理者その他関係者の立会いを得て行うようにし、また、実況見分調書等によりその物の発見された状況等を明確にした上、「領置調書（乙）」を作成しなければならない（犯捜規一一〇）。

また、任意提出物を領置するに当たっては、提出者から「任意提出書」を提出させた上、「領置調書（甲）」を作成して、提出者に「押収品目録交付書」を交付しなければならない。そして、領置した物についてその所有者が所有権を放棄する旨の意思を表示したときは、任意提出書にその旨を記載させ、又は、「所有権放棄書」の提出を求めなければならない（同一〇九）。

領置をするに当たっては、その物についている指紋その他の付着物を破壊しないように注意しなければならず、その物をできる限り原状のまま保存するため適当な方法を講じ、滅失、毀損、変質、変形、混合又は散逸などすることのないよう注意しなければならない（同一一一）。

領置した物については、必要があれば廃棄、換価、還付・仮還付の処分をすることが許されるが、廃棄、換価の処分を行うに当たっては、処分に先立ち、その物の状況を写真・見取図又は記録等の方法によって明らかにした上で、廃棄（換価）処分書を作成しておかなければならない（同一一三）。

事例の検討

捜査機関が事件に関係する物件を押収し、証拠化する手続には、強制処分としての差押えと任意処分としての領置とがある。事例の包丁は、強盗事件の凶器であると認められ、それは道路脇の植込みの中に放置されていたものであるから、令状等による差押えの手続をとる必要はない。そして、これを現実に所持・占有している者はいないのであるから、これは、「被疑者その他の者が遺留した物（遺留物）」である。したがって、警察官は発見した包丁を領置することができる。この場合に、当該包丁に付着した指紋や付着物は、被疑者特定の重要な資料となるものであるから、これを破壊しないようにしなければならないし、立会人を置いて領置するとともに、実況見分調書等によりその物の発見された状況等を明確にしておかなければならない。

46 実況見分

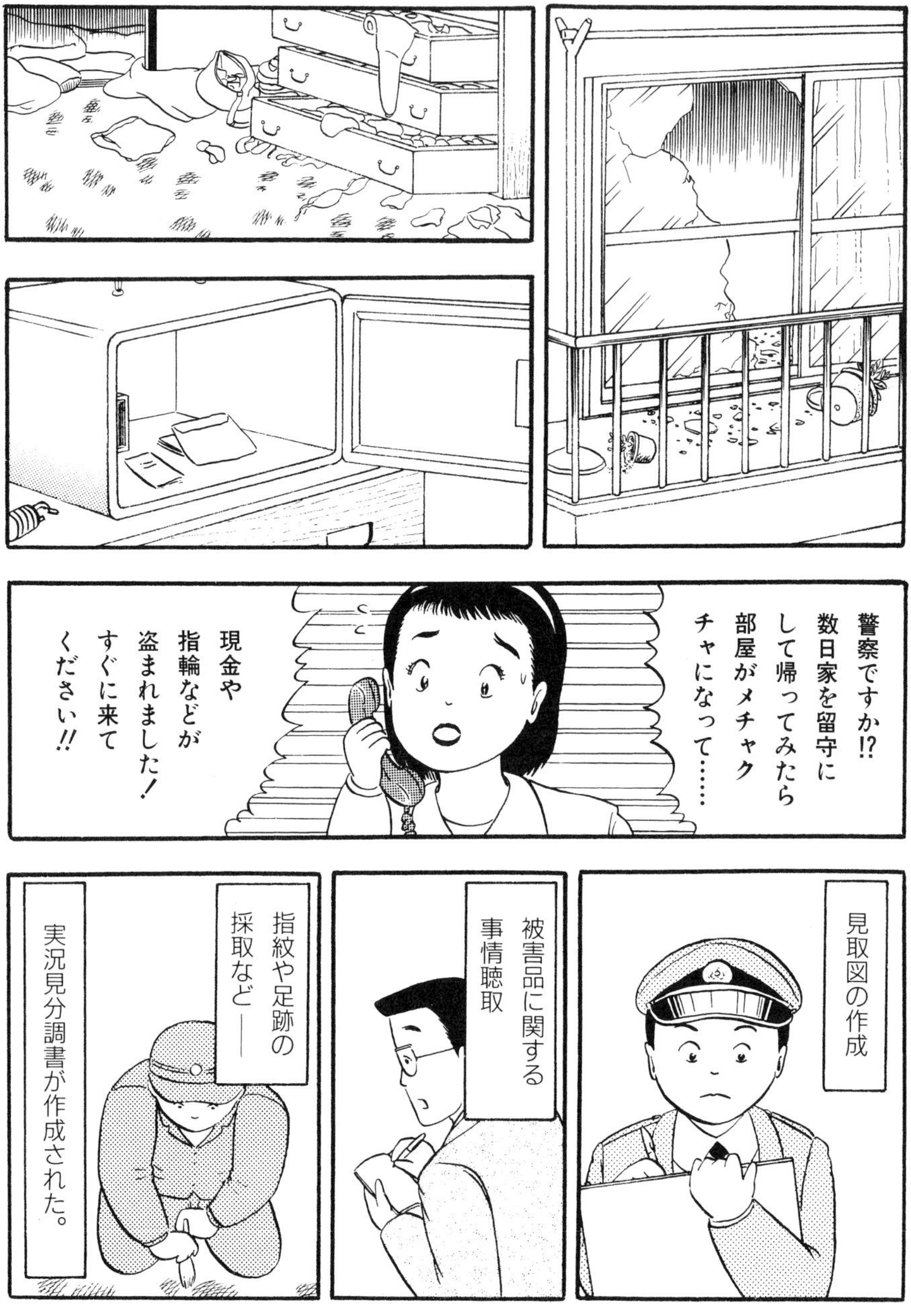
警察ですか!?
数日家を留守にして帰ってみたら部屋がメチャクチャになって……
現金や指輪などが盗まれました! すぐに来てください!!
見取図の作成
被害品に関する事情聴取
指紋や足跡の採取など――
実況見分調書が作成された。

キーポイント
① 実況見分の意義
② 実況見分の方法
③ 立会人の指示・説明

実況見分の意義

実況見分は、捜査機関が任意に、五官（視覚・聴覚・嗅覚・味覚・触覚）の作用によって、犯罪現場その他犯罪に関係のある場所、身体又は物について、その存在及び状態を実験・認識して事実を調べる行為をいう。

このような捜査手段は、令状により強制的に行う「検証」と任意処分として行うこの「実況見分」とがある。この両者は、強制の形式をとるか任意の形式をとるかの相違だけで、その実質は全く同じであり、実況見分は任意の検証ということもできる。

ところで、検証については、刑事訴訟法第二一八条（令状による検証）と第二二〇条（令状によらない検証）で規定し、その結果を記録した検証調書の証拠能力については第三二一条三項に規定されている。しかし、任意処分としての実況見分については、刑事訴訟法上、何ら具体的に規定されていない。

刑事訴訟法は、任意処分については、強制力を用いる逮捕や捜索と異なり、個別の行為についてそれぞれ規定せず、第一九七条一項本文で、「捜査については、その目的を達するため必要な取調をすることができる。」と概括的に規定している。これが、任意捜査の法的根拠となっており、実況見分は、ここにいう「必要な取調」の一手段として行うことができるのである。

実況見分は、犯罪の現場その他の場所、身体又は物について、事実発見のため必要があるときに行うものとされている（犯捜規一〇四）。そして、その場所が、例えば、交通事故による過失運転致傷事件のように、公道上で行われた場合は、何人の法益をも侵害をしていないから、特に検証許可状は要せず、任意処分としての実況見分を行うことになる。また、例えば、民家の中で行われる空き巣や忍込み等の窃盗事件のように、居住者や管理者のいる場所で行われた場合には、それが任意処分という性質をもっていることから、それらの居住者、管理者の任意の承諾がなければ、実況見分をすることはできない。もちろん、その方法も、居住者等の承諾の範囲の社会通念上妥当なものでなければならない。

実況見分の方法

実況見分は任意処分であるが、その実質は強制処分としての検証と異なるところはない。そこで、原則的には検証を行う場合について定められた立会人や立入禁止等の諸規定が準用されるべきであるが、その全てではなく、任意処分としての実況見分の性質に反しないものについては、実況見分を行う場合にも準用されるものと解されている。

例えば、執行中の出入禁止（刑訴一一二）、責任者の立会い（同一一四）、執行の中止と必要な処分（同一一八）、検証と必要な処分（同一二九）、身体の検査に関する注意（同一三一）などの規定である。

実況見分をする場合は、それが公務所内であるときは、その長又はこれに代わるべき者を立ち会わせなければならないし、人の住居又は人の看守する邸宅・建造物・船舶内であるときは、住居主・看守者等をこれに立ち会わせなければならない。このように関係者の立会いを必要とするのは、実況見分が任意処分であり、承諾をした相手方の立会いを得ることによって、実況見分が承諾の範囲を越えないように担保するためである。また、関係者の説明を聞きながら実況見分をした方が、事実の調査をするのに便利であるからである。犯罪捜査規範第一〇四条も、実況見分をする場合は関係者の立会いを得なければならない旨規定している。

強制処分である検証の一方法として、身体検査をすることが許されているが、実況見分についても、相手方の承諾を得た上で任意にその身体を検査することが許される。この身体に対する実況見分は、たとえ任意の承諾があったとしても、これを受ける者の性別や健康状態等の事情を考慮した上、特にその方法に注意し、その者の名誉を害しないように注意しなければならない。

女子に対する任意の身体検査についても、相手方の任意の承諾を得た上、その方法が社会的に妥当なものである限り許されるとされている。この場合には、必ず医師又は成年の女子を立ち会わせなければならないし、たとえ相手方の承諾があったとしても、これを裸にしない限度においてのみその身体を検査することができると解されている（犯捜規一〇七）。

したがって、通常露出している顔や手足等以外の身体の部分について身体検査を行う必要のあるときは、身体検査令状の発付を得た上で行わなければならない。

立会人の指示・説明

捜査機関が強制処分としての検証や身体検査を行った場合には、検証調書や身体検査調書を作成しなければならないが、任意処分としての実況見分を行った場合には、その結果を記載した実況見分調書を作成しなければならない。この実況見分調書は検証調書と同様で、その作成者が公判廷において、「その真正に作成されたものであることを供述したとき」（刑訴三二一Ⅲ）に証拠として認められるという極めて証拠能力の高いものである。したがって、その作成に当たっては、五官によって実験・認識した事実を客観的かつ正確に、また分かりやすく具体的に記載しなければならない。

実況見分を行う場合には、被疑者・被害者その他目撃者等の関係者を実況見分の現場に立ち会わせ、この立会人に必要な指示、説明をさせることができ、この指示、説明を実況見分調書の「実況見分の結果」の項に記載することができる。立会人の行う指示、説明は、実況見分の目的を達成するために必要な一つの手段であり、これがなければ的確な実況見分を行うことはできないからである。

例えば、交通人身事故による過失運転致死事件において、立会人の指示、説明として、「A交差点方向へ時速六〇キロメートルくらいで運転し、①の地点で被害者が㋐のところに立っているのを発見したが、そのままの速度で進行したところ、②の地点に来たときに被害者が飛び出してきたのを認め、急ブレーキをかけたが、③の地点で被害者に衝突し……」などと記載する。

この場合の指示・説明は、被疑者等の供述とは異なるから、その内容は、実況見分の目的を達成するための手段として必要とされる最小限度のものでなければならないとされている。例えば、前の記載例の中に、「被害者がそのまま立ち止まってくれているものと信じて……」とか、「危いと思って急ブレーキをかけ……」などというような記載をすることは、その部分は、立会人（被疑者）の主観的な供述であり、許されない。つまり、当該事件を明らかにするための、被疑車両の進路、被害者を発見した地点、そのときの被害者の位置、急停車の措置をとった地点、衝突地点等を、現場に即して認識するという範囲に限っての指示、説明をすることが許されるのである。

判例も、実況見分調書における立会人の指示、説明は、供述者の署名押印がないから証拠能力がないとの主張に対し、「立会人をして実況見分の目的物その他必要な状態を任意に指示、説明させるのは、要するに、実況見分の一つの手段であるに過ぎず、被疑者及び被疑者以外の者を取り調べ、その供述を求めるのとは性質を異にする。したがって、……供述をした立会人の署名押印を必要としない」（最判昭36・5・26）としている。指示、説明の範囲を越える供述が必要な場合には、別に供述調書を作成すればよい。

もっとも、いわゆる再現見分調書は、「供述録取書」と同じ部分があることから、必要に応じ供述調書を作成するなどして証拠化を図る必要がある（最決平17・9・27）。

事例の検討

事例の窃盗（空き巣）事件を立証するためには、現場の状況を明らかにし、その内容を記録しておかなければならない。

その方法としては、令状に基づいて強制的に行う検証と任意に行う実況見分とがある。事例の場合には、被害者の任意の承諾が得られる事件であり、実況見分により行うことが妥当である。

実況見分をする場合には、立会人を置かなければならないが、現場の事情をよく知っている被害者をこれに立ち会わせ、その説明を受けながら見分をする必要がある。そして、その説明は、例えば、「外出する前には足跡はなかった」とか、「タンスの引き出しは全て閉めておいた」とか、「手提金庫はタンスの上に錠をかけて置いておいた」などと、事件の発生状況を認識するために必要不可欠な事項について行わせることになる。

実況見分の結果については、実況見分調書に記載して明らかにしておけばよい。

47　供述自由権の告知

A社の金庫から現金500万円がなくなったという届出を受けた。
合鍵を使いパスワードを知った者でなければできない犯行ですね。
犯行を行える可能性のある者数名に、ポリグラフ検査を実施——
陽性反応のあった経理課員・高山
すいません。私がやりました。
ギャンブルに凝ってサラ金からの借金を清算しようと思い……
供述するかどうかは、君の自由です。
被疑者としての取調べを開始した。

キーポイント
① 供述自由権の意義
② 供述自由権の告知方法
③ 供述自由権の告知と自白

供述自由権の意義

捜査機関が被疑者を取り調べるに際しては、「被疑者に対し、あらかじめ、自己の意思に反して供述をする必要がない旨を告げなければならない。」（刑訴一九八Ⅱ）とされている。これを供述自由権の告知義務という。

供述自由権告知の制度は、取調べを受ける被疑者を心理的な圧迫感から解放して、供述の任意性を確保するとともに、被疑者に対して自白を強要することがないよう取調官に自戒させるための制度であると解されている。つまり、取調べそのものは任意捜査の一方法であり、この制度により、憲法第三八条一項の「何人も、自己に不利益な供述を強要されない。」という規定の精神を実質的に保障しているのである（最判昭28・4・2）。

供述自由権の告知は、「被疑者を取り調べるに際し」告知することが義務付けられているものである。したがって、警察官職務執行法に基づく職務質問のように、犯罪捜査の端緒としての質問や、収税官吏の国税犯則事件についての調査のための質問など行政手続的は性格を有するものは、質問の前にあらかじめ供述自由権を告知する必要はないと解されている（福岡高判昭26・10・10）。

また、犯罪事実がまだ官に発覚する前に犯人自らが出頭して自己の犯罪事実を申告する「自首」については、被疑者から進んで取調べを求めるものであり、供述自由権を放棄しているものと解すべきものであるから、自首してきた事件について取り調べる際には、供述自由権を告知する必要はないとされている。

供述自由権の対象となる供述の範囲に、被疑者の氏名、年齢、職業、住居等のいわゆる「人定事項」が含まれるかどうかが問題となる。つまり、自己の刑事事件について取調べを受け、氏名を聞かれた場合に、その供述を拒むことが許されるか否かである。

この点についての肯定説は、供述自由権の対象は、自己に利益・不利益を問わず全ての事項に及ぶものであり、人定事項も当然これに含まれるとするものである。否定説は、被疑者の供述自由権は自己に不利益な供述についてのみ認められるのであって、人定事項の供述は不利益な供述には当たらないし、人定事項のように証拠上中立的意味しかもたない事項を述べることは供述には当たらず、これは含まれないとするもので、判例（最判昭32・2・20）は原則的にこの否定説の立場を採っている。

供述自由権の告知方法

供述自由権の告知は、被疑者に対して、憲法第三八条一項の「何人も、自己に不利益な供述を強要されない。」という権利が適正に行使されるために行われるものである。したがって、このことを単に告知すればよいというものでは足りず、実質的に相手方にその内容を理解させるような方法で行わなければならない。前歴がある等、被疑者が供述自由権の内容を理解していれば、その告知の方法はかなりゆるやかであっても許されるが、これを理解していない者に対しては、厳密にこれを告知しなければならないということになる。

原則的にいえば、供述自由権の告知は、取調べごとにその都度告げなければならないが、被疑者がこれをよく理解している場合には、必ずしもこの原則に従う必要はないとされている。この判断は、取調べが客観的に別個と認められるか否かによって決せられるべきであるとされ、例えば、同じ捜査機関であっても、司法警察職員と検察官はそれぞれ独立のものであるから、前者による取調べと後者による取調べとは客観的に別個のものであり、送致前に司法警察職員が被疑者に対して供述自由権の告知をしていたとしても、送致後検察官が同一の被疑者を取り調べるに際しては、あらためてその告知をしなければならない。

また、同じ司法警察職員が一連の同一手続において被疑者を取り調べる場合であっても、取調べと取調べとの間に相当の日数の隔たりがあって、客観的には別個の取調べであると認められるような場合には、やはりその都度供述自由権を告知する必要がある。しかし、同一事実につき同一の取調官によって接着して取調べが行われる場合で、被疑者が前に受けた供述自由権の告知の効果がなお残存していると認められる場合には、その都度告知することは要しないと解されている。判例も、八日間の間隔をおいた二回目の取調べを行った際、供述自由権の告知をしなかったという事案につ いて、「同一の犯罪につき、同一の検事によってなされた取調であるから、同女はこの時には供述を拒み得ることを既に十分知っていたものと認められる。このような場合には、あらためて供述拒否（自由）権のあることを告知しないでも、刑訴一九八条二項に違反するものとは言えない」（最判昭28・4・14）としている。

しかし、取調官が交代して取り調べる場合は、供述自由権を告知する制度が設けられている趣旨からみても、これを告知するのが妥当であるとされている。

また、相手を参考人として取り調べていた過程で、その者に対する犯罪の嫌疑が出てきて、それが濃厚となり被疑者として取り調べる必要が生じた場合には、その段階で、あらためて供述自由権を告知しなければならないのは当然である。

供述自由権の告知と自白

被疑者を取り調べるに際し、供述自由権の告知をしないで取り調べた場合に、その告知がなかったことを理由に、その供述の証拠能力が失われるのであろうか。

刑事訴訟法第三一九条一項は、「任意にされたものでない疑のある自白」は、これを証拠とすることができないとしている。つまり、捜査機関があらかじめ供述自由権を告知しないで被疑者を取り調べた場合に、これによって得られた供述、特に自白が、そのことによって任意性を欠くものとなり、その結果、証拠能力がなくなるのかどうかが問題となる。

この点について判例は、捜査機関が取調べに際し、供述自由権を告知しなかったからといって、そのことだけで被疑者の供述が任意性を欠くものと速断することはできないものとしている（最判昭25・11・21）。

供述自由権の告知が、供述自由権を実質的に保障するための手段にすぎないもので、この手続は、自白や自認内容の真実性自体には何ら関係はないとしているのである。そして、「所謂黙秘権の予告をすべき場合であるに拘らず、これをしないで取調をしたとすれば該取調官の過怠の責任はこれを免れ難いところであるとするもその予告をしなかったというだけの理由で直ちに当該供述調書に証拠能力がないとすることはできない」（東京高判昭26・6・18）としているのである。

つまり、供述の任意性は、供述自由権の告知の有無によって判断されるのではなく、取調べの実体いかんによって判断されるということである。しかし、被疑者を取り調べる際に供述自由権を告知することは、法律上義務付けられている手続であり、たとえそれが告知されなかったとしても任意性に影響を及ぼさないからといって、いたずらにこれを怠ることが許されないのは当然のことである。

また、あらかじめ供述自由権の告知をしたが、供述調書にその旨の記載がなされなかった場合についても、供述調書にその記載がないという一事から、直ちに供述自由権の告知がなかったとすることはできない。

事例の検討

事例は、ポリグラフ検査を実施した結果、陽性反応のあった高山について、あらためて「供述自由権」を告知して取り調べたところ犯行を自供したというものである。

この場合に、もし、ポリグラフ検査そのものが、被疑者の取調べに当たるものとすると、ポリグラフ検査をする前に供述自由権を告知しなければならないということになり、この点が問題となる。

ポリグラフ検査は、人が意識的に真実を隠そうとする場合には、これに伴って精神的動揺が発生し、これが人体の内部に生理的変化や身体的反応を起こすことに着目し、記録しやすい呼吸波運動、皮膚電気反射、血圧と脈搏の変化を記録し、検討する検査である。そして、その検査結果は、被検査者の自白の信用性を高めたり、否認を虚偽と判断するための補助的資料となるもので、被疑者の供述証拠として使用されるものではない。つまり、ポリグラフ検査は鑑定の一種であり、その経過や結果の記載されているポリグラフ検査書は、鑑定書（刑訴三二一Ⅳ）としての証拠能力が認められている（最決昭39・6・1）。

したがって、ポリグラフ検査を行うこと自体は取調べではないから、これに先立って供述自由権を告知する必要はなく（東京高判昭41・6・30）、事例の場合の手続は適法である。

48　取調受忍義務

放火犯として逮捕された早川は、取調べに対して黙秘を続けていた。
……
……
ある日留置施設で——
取調べだ。調べ室に同行しなさい。
そんな必要あるか！俺は行かないぜ！
くっ！
グイ
渋々取調室への同行に応じたが
そっそれは……
言い訳が苦しくなると……
もう帰る！
おとなしく取調べを受けるんだ。

キーポイント
① 取調べの意義
② 取調受忍義務
③ 余罪の取調べと取調受忍義務

取調べの意義

刑事訴訟法第一九八条一項は、「検察官、検察事務官又は司法警察職員は、犯罪の捜査をするについて必要があるときは、被疑者の出頭を求め、これを取り調べることができる。但し、被疑者は、逮捕又は勾留されている場合を除いては、出頭を拒み、又は出頭後、何時でも退去することができる。」と規定している。これが取調べの根拠規定である。

この場合の出頭要求は、呼出状によっても、電話その他口頭によっても、任意同行の形をとってもよく、その方法のいかんは問わないとされている。しかし、出頭を求められた被疑者は、逮捕又は勾留されている場合を除いては、出頭を拒み、いつでも退去できるとされているが、これは、被疑者に対する出頭要求及び取調べは、あくまでも任意捜査として行われるという大原則を示しているものである。

もし、出頭の方法が任意ではなく、強制であると判断されれば、それは逮捕状によらない違法な逮捕行為であると判断されることになる。また、出頭後、被疑者から退去したい旨の明確な意思表示があった場合には、実力をもってその退去を阻止することは許されないことになる。

しかし、この場合に、その退去を手をこまねいて傍観するだけでは、捜査の目的を達することができない。したがって、取調べに応じるよう被疑者を説得することになるが、被疑者を取調室内に滞留させるため、被疑者の態度に応じ、例えば、その肩を軽く押さえる程度の必要最小限度の有形力を行使することは許されると解されている（最判昭51・3・16）。

しかし、被疑者が明確に説得を拒否する意思表示をしているにもかかわらず、その意思を黙殺して取調べを継続したり、その意思を制圧するような言動をとることは許されないとされている。

取調受忍義務

被疑者が取調べに際し何時でも退去することができるのは、「逮捕又は勾留されている場合」を除いてである。逆に、逮捕又は勾留されている被疑者については、出頭要求を拒むことができ、出頭後任意に退去することは許されないと解されている。

ところで、逮捕・勾留されている被疑者が、取調室への出頭を拒み、同行要求に抵抗するような場合に、物理的な強制力を用いてでも取調室に出頭させることができるのか、また、取調室に実力を用いて滞留させることができるのかということが問題となる。

理論的には、被疑者に取調受忍義務がある以上、物理的な強制力を行使することができる。しかし、取調べの目的は、被疑者の供述を得ることであり、それが任意にされたものでなければ証拠能力が認められない。出頭を確保するためにある程度の実力を加えたとしても、その行為は直接的に供述を強制したものではないから、直ちに供述の任意性がなくなるというものではないが、そのことが、供述をめぐる任意性判断の一つの要素となる。したがって、被疑者が取調室への出頭を拒否したとしても、具体的事情に照らしてやむを得ない範囲と認められる限り、ある程度の実力を加えることも許される。例えば、判例は、被疑者が頑強に取調べの場への出頭・滞留することを拒んだ場合であって、その退出を拒否するため警察官が両手でその左手首をつかんだ行為を適法としている（最決昭53・3・16）。しかし、それはその後の供述の任意性判断との関連もあるので、できる限り説得して出頭させることが望ましい。

また、取調べに対し、住所・氏名等一切の供述を拒否し黙秘している被疑者について、さらに取調べを継続することが許されるであろうか。

憲法第三八条一項は、「何人も、自己に不利益な供述を強要されない。」と規定している。これは、自己に不利益な供述を罰則をもって強要できないという趣旨の規定で、被疑者に黙秘権を認めているものであるが、それは取調べの拒否権までを認めたものではないと解されている。したがって、たとえ被疑者が黙秘していたとしても、当然取調べを継続することが許される。

判例も、「黙秘権を行使したからといって、捜査機関は直ちに爾後全く被疑者を取調べることができなくなるものではなく、いやしくも被疑者の供述を強要することとならない限り取調べを続行し、あるいは日を改めて取調べをなすことはなんらさしつかえない。」(高松地判昭39・5・18)としている。

余罪の取調べと取調受忍義務

逮捕・勾留中の被疑者についての取調受忍義務は、逮捕又は勾留されている事実に限られるのか、又は、それ以外の余罪の事実にまで及ぶのかどうかが問題となる。

つまり、甲事件で逮捕・勾留されている被疑者に対し、これとは別個の乙事件の取調べをする場合、被疑者に取調受忍義務があり退去できる自由がないのか、それとも余罪の事件には取調受忍義務がなく、在宅被疑者と同様に出頭を拒んだり、任意にいつでも退去することができるのかということである。

この点については、いわゆる「別件逮捕」の問題と絡んで、三つの説が主張されている。

○　限定説

令状主義に基づく事件単位の原則を厳格に貫き、取調受忍義務は当該逮捕・勾留の基礎となった事実についてのみ認められ、余罪には及ばないとする説

○　中間説

事件単位の原則を採用しつつも一定の限度でこれを緩和し、同種の余罪など一定の範囲の余罪についても取調受忍義務を認めようとする説

○　非限定説

被疑者の取調受忍義務は、当該逮捕・勾留の基礎となった事実に限らず、全ての余罪に及ぶとする説

余罪取調べの適否は、限定説によれば、任意の取調べのみが許され、中間説では、当該余罪が取調受忍義務を課すことができる事実であるかどうかを判断したうえでその適否が決せられ、非限定説では、全ての余罪の取調べに取調受忍義務が課せられるから、その面からは全て適法ということになる。

通説は、刑事訴訟法第一九八条の規定は、特定の犯

罪事実ごとに定められた規定とは解し難く、むしろ出頭を求め取調べを受ける被疑者本人を中心として設けられた規定と解するのが相当とし、別件余罪に関する取調べについても、取調受忍義務があると解し、判例も、「刑事訴訟法第一九八条一項但書は、取調を受ける被疑者が逮捕又は勾留されているという状態に着目して規定されたものであって、特定の犯罪事実ごとに取調の限界を定めた規定と解するのは相当でない。ちなみに、右但書は、同法第二二三条により、取調を受ける第三者にも準用されているが、第三者については、当該被疑事実について逮捕又は勾留されている場合は考えられないのであって、これとの対比からも、被疑者について右但書の規定をことさら狭く解しなければならないとするのは不合理である。（もとより、そうだからといって、余罪の取調を、取調受忍義務のある被疑者に対して無制限に行なってよいということにはならないのであって、別件の逮捕又は勾留に名を借りて令状主義を潜脱する程度にまで至れば、余罪の取調が違法なものとなるものと解すべきで…ある。）」（東京高判昭53・3・29）と、非限定説に立っている。

したがって、余罪の取調べについても、原則的には被疑者に取調受忍義務があり、被疑者を取調室に同行したり、取調室内に滞留させるために必要最小限度の実力行使をすることも許されることになる。

事例の検討

事例の早川は、放火事件の被疑者として逮捕・勾留中のものであり、刑事訴訟法の規定により取調受忍義務が課せられている。したがって、早川が取調室への出頭を拒んだ場合には、ある程度の実力を用いてこれを取調室へ同行することが許されるし、退去しようとしても、これを押しとどめることが許される。

しかし、その強制力は、無制限に認められているのではなく必要とされる最小限度の範囲内のものでなければならないとされているが、事例の場合は、肩を軽く押さえて座らせる程度の実力行使であり、前掲の判例の趣旨からみても、当然許される限度内の実力行使と認められる。この場合の取調受忍義務は、あくまでも取調べを受忍する義務であり、それが供述の任意性に影響を及ぼさないよう十分に配意しなければならない。

第10章

証　拠

49　証拠能力

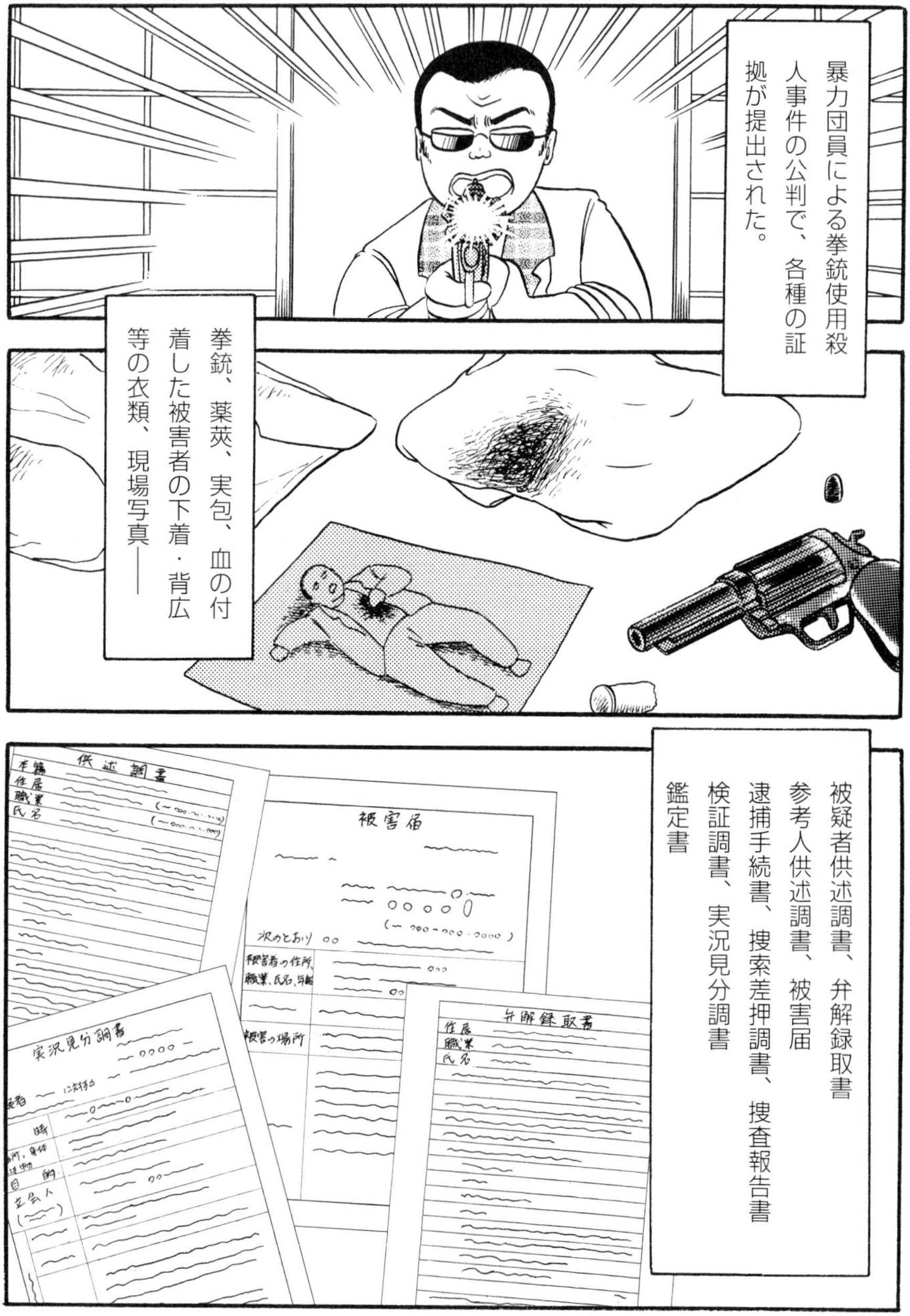
暴力団員による拳銃使用殺人事件の公判で、各種の証拠が提出された。
拳銃、薬莢、実包、血の付着した被害者の下着・背広等の衣類、現場写真――
被疑者供述調書、弁解録取書
参考人供述調書、被害届
逮捕手続書、捜索差押調書、捜査報告書
検証調書、実況見分調書
鑑定書
供述調書
被害届
実況見分調書
弁解録取書

キーポイント
① 証拠の意義・種類
② 証拠能力
③ 伝聞証拠

証拠の意義・種類

刑事訴訟法第三一七条は、「事実の認定は、証拠によ る。」と規定している。これは、いわゆる証拠裁判の原則、つまり、証拠裁判主義を宣言したものである。

このように、公判において事実を認定するための基礎となる資料を「証拠」というが、これには、

○ 証拠方法――事実を認定する材料となるべき人(証人・鑑定人)又は物(証拠物・証拠書類等)

○ 証拠資料――証拠方法を取り調べることによって感得された内容、つまり、証人尋問によって得られた証言、証拠物の取調べによって得られた物の性質・形状、証拠書類の取調べによって得られた供述記載等

の二種類のものがあり、この両者を含めて証拠という。

このうち、証拠資料は、次のように分類されている。

○ **直接証拠・間接証拠**

これは、要証事実との関係における分類であって、要証事実を直接証明することに役立つ証拠を「直接証拠」、要証事実を推認させる事実を証明することによって、間接的に要証事実を証明することに役立つ証拠を「間接証拠」という。直接証拠としては、犯罪事実たる犯行を目撃した証人やその証言等があり、間接証拠としては、犯行現場に遺留された指紋等がある。

○ **本証・反証**

これは、証拠の用法による分類で、「本証」とは、その事実につき挙証責任を負う検察官が提出する証拠、「反証」とは、本証により証明される事実を否定する弁護人側が提出する証拠をいう。反証の典型的なものとして、弁護人側から、犯行当時被告人が現場にいなかったこと(不在証明…アリバイ)を証明するために提出する証拠がある。

○ **人的証拠・物的証拠**

これは、証拠方法の物理的性質による区別で、「人的

証拠」は、生存する人が証拠となる場合、「物的証拠」はそれ以外の物が証拠になる場合をいう。

○ **人証・物証・証拠種類**

これは、証拠調べの方式からみた区別で、人証については「尋問」（刑訴三〇四）、証拠物については「展示」（同三〇六）、証拠書類については「朗読」（同三〇五）がなされる。

公判において、裁判官は、証拠によって事実の存否についての心証を得るのであるが、ここにいう事実は起訴されている公訴犯罪事実をいい、これを認定するための証拠は、法定の要件を備えた証拠能力をもつものでなければならず、このような証拠による証明を「厳格な証明」という。

証拠能力

証拠が厳格な証明の資料として用いられるための法律的な資格を「証拠能力」という。

証拠が事実の認定に用いられるのは、それ自体心証を形成させる効力をもつからである。しかし、その全ての証拠が十分な証明力をもっているものではない。

そこで、刑事訴訟法は、証拠が証明の資料として用いられるための形式的な資格としての証拠能力と、証拠のもつ実質的な価値としての証明力とを分離し、裁判官が証拠によって心証形成をする前に、まずその証拠のもつ証拠能力の有無を吟味しなければならないとしている。そして、その結果、証拠能力がないとされた証拠は、いかに内容的に価値が高く、証明力の高いものであっても、証拠とすることは許されないとされている。

現行刑事訴訟法上、その性質から証拠能力が否定、制限されるものとして、次のものがある。

○ 当該事件に関する意見・主張を内容とする意思表示的文書――例えば、起訴状、司法警察員の意見書、弁護人の弁論、判決書等がこれに当たる。

○ 事実上の根拠をもたない単なる噂・想像・意見を内容とする供述又は書面――経験則上証明力が極めて薄く、真実を誤る危険性が高いものである。

○ 他人の供述を内容とする供述及び代替的性質をもつ供述調書・被害届等の報告文書――本人が法廷で直接供述する場合と異なり、他人又は書面を介して供述が法廷に提供されるもので、反対尋問にもさらされない「伝聞証拠」と呼ばれるものである。しかし、その伝聞証拠については、前の二つの場合と異なり、一定の厳格な要件の下で、広く例外が認められている（刑訴三二一以下）。

伝聞証拠

伝聞証拠とは、反対尋問の機会が与えられていない法廷外の供述で、その供述内容が事実の証明に供せられるものをいう。例えば、次のようなものがある。

○ 供述書――ある事実を体験した者がその体験を自ら書面にしたもの

○ 供述調書――体験した者からそれを聞いた他人（捜査官）が、その内容を書面にしたもの

○ 伝聞供述・伝聞証言――体験した者の供述（原供述）を聞いた他人が、その内容を供述する場合

このような伝聞証拠は、「伝聞証拠排斥の原則」（伝聞法則）により、原則として証拠能力を有しないとされている。つまり、伝聞証拠を証拠として用いることは、原則として許されないのである（刑訴三二〇Ⅰ）。

伝聞証拠の原供述は、必ずしも正確なものとは限らないが、伝聞証拠の場合は、原供述者が直接法廷で供述する場合と異なり、書面又は他人を介して法廷に提出されるものであるから、反対尋問によってこれを確かめることができないというのが、その排斥の理由となっている。

しかし、伝聞証拠の中には、反対尋問を必要としないほど正確性・信用性の高いものもあるし、原供述者が死亡した場合のように、やむを得ない理由によって証拠能力を認めざるを得ないものもある。

そこで、刑事訴訟法は、例外的に、第三二一条から第三二八条に規定する要件を具備する場合には、伝聞証拠の証拠能力を認めている。

○ **被告人以外の者の供述書・供述録取書**（刑訴三二一Ⅰ）

裁判官面前調書、検察官面前調書、警察官等の作成するそれ以外の書面のいずれも、供述者が死亡、所在不明等のため法廷で供述できないときが要件となっている。警察官等の作成する書面については、さらに、「その供述が犯罪事実の存否の証明に欠くことができ

ないものであるとき。但し、その供述が特に信用すべき情況の下にされたものであるとき」（同三二一Ⅰ③）に限り証拠能力が認められている。

これらの書面は、いわゆる「三号書面」と呼ばれるもので、判例上、参考人供述調書、告訴状、逮捕手続書、始末書、上申書、酒酔い鑑識カード、被害届、手紙・メモ等がある。

○ **検証調書・実況見分調書**（同三二一Ⅱ・Ⅲ）

これら検証の結果を記載した書面について、裁判所裁判官の作成したものについては無条件で、また、捜査機関の作成したものについては、作成者が真正に作成した旨証言した場合に証拠能力を認めている。

○ **鑑定書**（同三二一Ⅳ）

鑑定の経過・結果を記載した書面については、検証調書と同様の証拠能力を認めている。医師の診断書（最判昭32・7・25）、ポリグラフ検査書（最決昭43・2・8）もこれに準じた証拠能力がある。

○ **被告人の供述書・供述録取書**（同三二二）

被告人の供述書には、被告人の手記、上申書、始末書、手紙、録音テープも含まれる。これらは、その供述が、「被告人に不利益な事実の承認を内容とするもの」又は「特に信用すべき情況の下にされたもの」であるときに限り、証拠能力が認められる。

○ **その他の文書**（同三二三）

その他、書面の性質上、特に高度の信用性が認められる戸籍謄本、公正証書謄本、印鑑証明書、前科照会回答書、指紋等確認通知書等、また業務の通常の過程で作成された商業帳簿、伝票、航海日誌、カルテ等の書面に証拠能力が認められている。

○ **当事者の同意がある書面・供述**（同三二六）

伝聞法則の例外規定により証拠能力が認められない書面であっても、当事者が証拠とすることに同意したときは、これらにも証拠能力が与えられる。

事例の検討

拳銃・衣類や現場写真等については、非供述証拠であるから、伝聞法則の適用は受けず、証拠能力が認められる。

他の書面については伝聞法則の例外として一定の要件の下で証拠能力が認められる。

50　自白の任意性

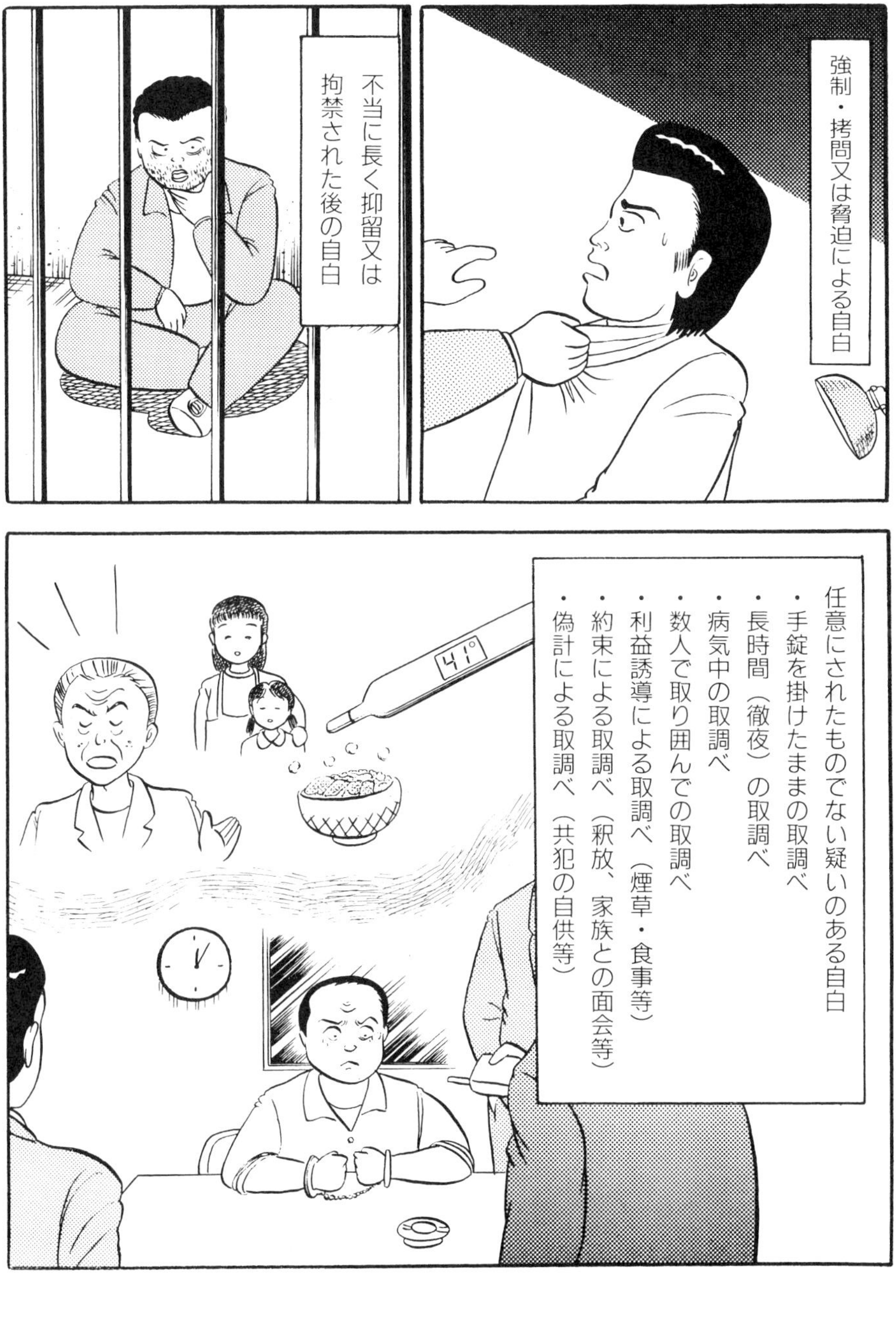
強制・拷問又は脅迫による自白
不当に長く抑留又は拘禁された後の自白
任意にされたものでない疑いのある自白
・手錠を掛けたままの取調べ
・長時間（徹夜）の取調べ
・病気中の取調べ
・数人で取り囲んでの取調べ
・利益誘導による取調べ（煙草・食事等）
・約束による取調べ（釈放、家族との面会等）
・偽計による取調べ（共犯の自供等）

キーポイント
① 自白の意義
② 自白の証拠能力
③ 自白の任意性

自白の意義

「自白」は、被告人又は被疑者が、犯罪事実の全部又は主要部分について自己の刑事責任を認める供述をいう。

これに対して、被告人又は被疑者が、犯罪事実を具体的に供述することなく、単に自己の不利益な事実を認める供述は、「不利益な事実の承認」といい、自白とは区別されている（福岡高判昭24・9・6）。

また、それが自白といえるためには、自己の犯罪事実及び刑事責任を認める供述であればよく、供述のなされた時期・場所・方法・相手方のいかんを問わないとされている。したがって、それが公判廷でなされようとそれ以外でなされようとを問わないし、裁判官に対してなされようと、捜査官に対してなされようとを問わない。

つまり、自白は、公判廷における供述によるものだけでなく、捜査官に対する自白を録取した自白調書、犯人自ら犯行を告白した上申書、手紙等が含まれるのはもちろん、単なる書き置きのように相手方の示されない自白も含まれることになる。

自白の証拠能力

憲法第三八条二項は、「強制、拷問若しくは脅迫による自白又は不当に長く抑留若しくは拘禁された後の自白は、これを証拠とすることができない。」とし、これを受けた刑事訴訟法第三一九条一項も、「強制、拷問又は脅迫による自白、不当に長く抑留又は拘禁された後の自白その他任意にされたものでない疑のある自白は、これを証拠とすることができない。」と自白の証拠能力について規定している。

このように、任意になされたものでない自白に証拠能力が認められない根拠としては、次のような各説が主張されている。

○ 虚偽排除説

任意にされたものでない自白には、虚偽の介入する余地が多く、真実の発見を誤らせるおそれが大きいから、あらかじめ証拠能力を排除する必要があるとするもの。

○ 人権擁護説

黙秘権を中心とする被告人・被疑者の人権保障の担保として、これらの者から強いて獲得した供述は自白から排除されるとするもの。

○ 違法排除説

自白を得る方法ないしその過程で違法がある場合には、ただそれだけの理由によってその後になされた自白は排除されるべきとするもの。

これらの各説のうち、虚偽排除説・人権擁護説は、強制等の事実があったからといって、直ちにその任意性を否定するものではなく、強制等の事実と自白との間に因果関係が存在するときに限って任意性を否定しようとするものである。

これに対し、違法排除説は、強制等の事実と自白との間の因果関係は必要なく、強制・拷問・脅迫等社会通念上許されない方法が用いられた場合には、それによって得られた全ての自白についてその任意性を認めないとするものである。

判例は、従来から、「憲法第三八条二項において『不当に長く……これを証拠とすることができない』と規定している趣旨は、単に自白の時期が不当に長い抑留又は拘禁の後に行われた一切の場合を包含するというように形式的、機械的に解すべきものではなくして、自白と不当に長い抑留又は拘禁との間の因果関係を考慮に加えて妥当な解釈を下すべきものと考える。」（最判昭23・6・23）とする虚偽排除説によっている。しかし、「共犯者が自白したとの偽計」を用いて自白させた事案について、虚偽排除説を基調としつつ、「偽計を用いて被疑者を錯誤に陥れ自白を獲得するような尋問方法を厳に避けるべきである。」（最判昭45・11・25）と違法排除説を取り入れる傾向にある。

自白の任意性

自白の任意性が否定され、証拠とすることができない自白は、「強制・拷問又は脅迫による自白」「不当に長く抑留又は拘禁された後の自白」「その他任意にされたものでない疑のある自白」である。

○　**強制、拷問又は脅迫による自白**

「強制、拷問又は脅迫による自白」は、任意性が否定される自白の典型的なものであるが、これはあくまでも、肉体的又は精神的な苦痛を与える強制行為の例示である。

強制力を行使した取調べによるものとされた自白としては、次のようなケースが問題となる。

・　手錠を施したままでの取調べによる自白

取調べに際し、手錠をかけられたままであるときは、その心身に何らかの圧迫を受けることになり、「任意の供述は期待できないものと推定せられ、反証のない限りその供述の任意性につき一応の疑いをさしはさむべきである」（最判昭38・9・13）。

・　徹夜又は深夜にまで及ぶ取調べによる自白

現行犯逮捕や緊急逮捕等の場合や複雑な事件では、取調べが深夜に及んだり、長時間になる場合があるが、このような場合、取調べが徹夜ないし深夜に及んだとしても、それだけの理由で自白の任意性を否定すべきではない（東京高判昭25・3・25）。

・　数人がかりの取調べによる自白

数人で被疑者を取り囲んで口々に自白を強要するような言動がなければ、単に数人がかりで取り調べたというだけで、自白の任意性を否定することにはならない（仙台高秋田支判昭25・10・30）。

・　病気中の取調べによる自白

経験則上、通常人ならば取調べに耐えないほどの心神状況にあったり、取調官が病気の状態を利用しようとする意図がなければ、単に、取調べ当時、被告人が病状にあったというだけではその任意性は否定されない。判例も、三日分の薬を服用し二回の注射を受けていた場合（東京高判昭26・10・16）、三七度余の発熱状態にあった場合（東京高判昭26・11・13）の取調べ結果につき、任意性を肯定している。

・　追及的取調べによる自白

取調べとは、本来、追及的要素をもったものであり、相当な証拠を前提とした上で、ある程度追及的、詰問的に取調べを行い自白を求めたとしても、その結果得られた自白に任意性がないとはいえない（最判昭

23・11・17)。判例も、否認被疑者が客観的証拠を突き付けられ、弁解の方途も立たなくなり自白した事案(名古屋高金沢支判昭28・5・28)などで、自白の任意性を認めている。

○ 不当に長く抑留又は拘禁された後の自白

「不当に長く抑留又は拘禁された後の自白」には証拠能力がないが、その抑留・拘禁が不当に長いものかどうかの判断基準について、判例は、「ただ拘束の期間の長短によって抽象的に判断されるべきことではなく、犯罪の個数・種類・性質・共犯者その他関係人の数、事件の繁簡、取調の難易等諸般の事情を考慮して、具体的に決すべきものである。」(最判昭35・3・4)としている。

○ その他任意にされたものでない疑のある自白

「その他任意にされたものでない疑のある自白」というのは、強制・拷問・脅迫による自白や不当に長期拘禁後の自白のように定型的に任意性が否定される以外のもので、これらと同じ程度に不当な外部的力の影響によってなされた疑いのある自白のことをいう(東京高判昭32・4・30)。

任意性に疑いのもたれた自白としては、次のようなものがある。

・ 約束に基づく自白

取調官が取調べに当たり、釈放・不起訴・保釈・刑の軽減等の約束をして自白を引き出した場合は、任意性に疑いがあるものとされている(福岡高判昭29・3・10)。

・ 偽計による自白

共犯者が自白していないのに「自白した」などと偽計や詐述を用いて自白を得た場合は、これによって被疑者が心理的強制を受け、虚偽の自白が誘発されるおそれのある場合には、任意性に疑いがあるものとされている(最判昭45・11・25)。

・ 利益誘導による自白

取調官が被疑者に法外な食事をとらせたり、接見禁止中なのに接見をさせるなどの便宜を与えて引き出した自白は、その利益供与により、被疑者が取調官の誘導に迎合して、虚偽の自白をしたり、取調官の期待に添う供述をするおそれがあり、任意性に疑いをもたれる(広島地福山支判昭40・8・13)。

刑事司法制度改革の概要

刑事司法制度については、従来から「裁判が長過ぎる」とか「内容が分かりづらい」などの批判がなされていたが、平成一三年六月、政府に設置された「司法制度改革審議会」から「二一世紀の日本を支える司法制度」についての意見書が提言された。

その内容としては、

① 刑事裁判の充実・迅速化
② 被疑者・被告人の公的弁護制度の整備
③ 公訴提起の在り方
④ 新たな時代における捜査・公判手続の在り方
⑤ 犯罪者の改善更生、被害者等の保護

の五項目が挙げられている。さらに、司法に対する国民の信頼を確保し、その国民的基盤を確立するため、一般国民の刑事訴訟手続への新たな参加制度となる「裁判員制度」の導入などが提言された。この提言に基づいていくつかの関連法を成立させるなどし、次のような改革が具体化している。

公判前整理手続

刑事裁判の公判審理を充実・迅速化するため、公判前にその争点を整理する、つまり、検察官がどのような証拠で犯罪を立証するのか、また、これに対して被告・弁護人が何を争うのかを明確にしておき、裁判所が審理計画を立てるために設けられた手続である。

具体的には、第一回公判期日前に十分な争点整理を行い、検察官が弁護人らに手持ちの証拠を開示することが定められている（刑訴三一六の二～二七）。

証拠開示命令（同三一六の二六Ⅰ）の対象となる証拠について、最高裁は、必ずしも検察官が現に保管している証拠に限らないとした上で「取調べの経過その他参考となるべき事項が記録され、捜査機関において保管されている書面は……捜査関係の公文書ということができる。」（最決平19・12・25）として、取調警察官が作成し現に保管している「備忘録」（犯捜規一三）についても、その対象になるとした。したがって、司法警察員が検察官に送致した一件書類等以外の記録も、その内容によっては開示の対象に含まれる場合がある。

即決裁判手続

起訴された事件のうち、その内容が争いのない単純なものについては、公判審理を簡略化するなどして手続の合理化・効率化を図る必要があり、そのために、「即決裁判手続」（刑訴三五〇の二～三五〇の一五）が設けられている。

対象となる事件は、事案が明白・軽微で、証拠調べが速やかに終わると見込まれることなどの事情から相当と認められるときであり、「死刑、又は無期若しくは短期一年以上の懲役若しくは禁錮に当たる事件」ではないことが必要で、同手続によることについての被疑者の同意がなければならない（同三五〇の二）。

起訴と同時に検察官が即決裁判手続の申立てをするが、公判期日はできる限り起訴から一四日以内に開かれる。被告人が有罪である旨の陳述をしたときは、簡略な方法による証拠調べが行われ、原則として即日判決が言い渡されるが、懲役又は禁錮の言渡しの場合は必ず執行猶予付きでなければならない（同三五〇の一四・三五〇の一五）。

被疑者国選弁護制度

被告人・被疑者には弁護人選任権（刑訴三〇Ⅰ）が認められているが、国選弁護人について従来は被告人のみに認められていた（同三七）。しかし、一貫した弁護体制が整備されるべきであるということから、捜査段階にある被疑者についても国選弁護人を選任することができるという公的弁護制度が拡充・導入された（同三七の二以下）。

対象事件は、「死刑又は無期若しくは長期三年を超える懲役若しくは禁錮に当たる事件」に限られていたが、平成三〇年六月一日から、前記量刑基準が外され、被疑者が勾留されたすべての事件が対象事件とされた。そして、その選任は裁判官に請求する場合と裁判官の職権による場合とが定められている（同三七の二～三七の四）。

司法警察員又は検察官は、同対象事件により逮捕した被疑者に弁護人選任権を告知する等の段階で、被疑者国選弁護人選任権についての一定の事項を教示しなければならないとされている（同二〇三Ⅳ、同二〇四・三五〇の一五）。

Ⅲ、犯捜規一三〇Ⅱ）。

裁判員制度

刑事司法制度の改革の目指すところは、「国民の司法参加」ということであるが、その最たるものが裁判員制度である。その基本法として、「裁判員の参加する刑事裁判に関する法律」（以下「裁判員法」という。）が制定され、平成二一年五月二一日から実施されている。同法は第一条で「国民の中から選任された裁判員が裁判官と共に刑事訴訟手続に関与することが司法に対する国民の理解の増進とその信頼の向上に資する」として、その趣旨を定めており、同法に定められた諸手続は、具体的には、迅速かつ分かりやすい刑事裁判の実現を目指している。

裁判員制度による公判審理は、第一審の地方裁判所でのみ行われるが、その対象となる事件は次のような重要事件である（裁判員法二Ⅰ）。

① 死刑又は無期の懲役若しくは禁錮に当たる罪に係る事件……殺人・強盗殺人・強盗致死傷・強制わいせつ等致死傷・現住建造物等放火等の罪で、その未遂・共犯も含まれる。

② 法定合議事件（裁判所法二六Ⅱ②）であって、故意の犯罪行為により被害者を死亡させた罪に係るもの（①に該当するものを除く。）……法定刑が短期一年以上の自由刑を指す。傷害致死・危険運転致死・逮捕監禁致死罪等がある。

ただし、裁判員やその親族に対して危害が加えられるおそれがあるような事件については、対象事件から除外されることがある（裁判員法三）。

裁判員の参加する裁判は、裁判官と裁判員からなる合議体を構成して行われるが、合議体は原則として、裁判官三人、裁判員六人により構成される（裁判員法二Ⅱ）。

裁判員の権限は、裁判官と同等で、「事実の認定」「法令の適用」「刑の量定」の判断に裁判官とともに関与する（同六Ⅰ）。これらの判断のために必要であれば、証人尋問、被告人質問等を行うこともできる（同五六・五九等）。公判審理終了後評議が行われ、その評議は多数決により決せられるが（同六六・六七）、評決に当たっても裁判官と同じ一票を有している。

判決の宣告は、裁判員が立会いの上、裁判官が行い（同六三）、宣告終了と同時に裁判員の任務は終了する。裁判員は第一審の裁判のみに関与するのであり、同事件が控訴された場合には、控訴審は裁判官だけで行うことになる。

裁判員の選任は、まず衆議院の選挙人名簿から抽選で裁判員候補者が選任されるが（裁判員法一三）、

「欠格事由」……義務教育の未終了者・禁錮以上の刑に処せられた者等（同一四）

「就職禁止事由」……国会議員・司法関係者（裁判官・検察官・弁護士等）・司法警察職員・知事・市町村長・自衛官等（同一五）

「中立て事由のある辞退申立て者」……七〇歳以上の者・地方公共団体の議会の議員・重い疾病や介護、養育等やむをえない事由で裁判員の職務を行うことが困難な者等（同一六）

「不適格事由」……その事件の被告人・被害者及びこれらの者の親族・告発人・証人等

に該当する者は除外される。

裁判員は事件ごとに選任されるため、第一回公判期日が定まると、各裁判所がその裁判員候補者名簿の中からさらに抽選で裁判員候補者を選任する。そして、この裁判員候補者は、事件の審理が開始する日に各裁判所に出頭し、裁判官・検察官・弁護人から質問等を受け、その事件の関係者ではないか、利害関係人ではないかなどが確認され（同三一・三四）、無作為抽出の方法で裁判員・補充裁判員が選任されることになる。

選任された裁判員・補充裁判員は、法令に従い公平誠実にその職務を行わなければならない（裁判員法九Ⅰ・一〇Ⅳ）。公判審理をすべき期日には出頭すべき義務があるし、評議に出席して意見を述べ、判決等の宣告期日にも出頭すべき義務がある。

さらに、裁判員及び補充裁判員は、その職を退いた後も含め、「評議の秘密その他の職務上知り得た秘密」を漏らしてはならないとされている（同九Ⅱ）ほか、裁判の公正さに対する信頼を損なうおそれのある行為やその品位を害するような行為をしてはならないとされている（同九Ⅲ・Ⅳ）。

公開の法廷で見聞した事実は秘密ではないが、構成裁判官及び裁判員が行う評議等の経過や各人の意見、その多少の数などが評議の秘密となる（同七〇）。この守秘義務に違反したときは、「裁判員等による秘密漏示罪」（同一〇八）により、六月以下の懲役又は五〇万円以下の罰金に処せられる。

また、裁判員は刑法上の公務員（刑七Ⅰ）に該当するため、その職務に関し賄賂を収受した場合には収賄罪（刑一九七）が成立することになる。

裁判員法は、裁判員等を保護し、その職務の公正さを確保するため、「裁判員、補充裁判員、選任予定裁判員又は裁判員候補者若しくはその予定者」の氏名・住所等の個人情報を公にしてはならないとし（裁判員法一〇一）、被告事件に関し、裁判員、補充裁判員、選任予定裁判員又はその職にあったものに接触してはならないとしている（同一〇二）。

裁判員・補充裁判員等に対し、その職務に関し請託等をした者（同一〇六）、裁判員・補充裁判員・その親族等に対し威迫の行為をした者（同一〇七）、また裁判員等の氏名・陳述内容等を漏示した者（同一〇九）は処罰の対象とされている。

公訴時効制度の見直し

公訴の手続には公訴時効期間制度（刑訴二五〇）が設けられている。つまり、犯罪発生から一定の時間が経過することによって公訴時効が完成して公訴権が消滅し、公訴の提起が許されなくなる。これは、時間の経過により、犯罪に対する処罰感情が希薄化したり、証拠物が散逸したりする等して事実認定が困難になるなどの理由がその趣旨として挙げられている。

しかしながら、ここ数年、殺人等の人を死亡させた凶悪・重大犯罪について、被害者の遺族らを中心に公訴時効制度見直しの声が高まった。「時間が経過をしても悲しみ・苦しみは残り続ける。」、「DNA鑑定などの捜査技術が大幅に進歩するなど証拠物の価値は変わらない。」など、公訴時効制度の趣旨が当てはまらなくなっているとの指摘がなされ、これらの犯罪に対する適正な公訴権の範囲を確保することが求められた。

その結果、平成二二年四月二七日（公布・施行）、公訴時効期間の規定が次のように改正、整備された（刑訴二五〇Ⅰ・Ⅱ）。

1　人を死亡させた罪であって死刑に当たるもの（殺人・強盗殺人罪等）……従来二五年のところ「廃止」

2　人を死亡させた罪であって懲役又は禁錮以上の刑に当たるものは次のとおり「延長」

①　無期の懲役又は禁錮に当たる罪（強制わいせつ致死罪等）……従来一五年のところ「三〇年」

②　長期二〇年の懲役又は禁錮に当たる罪（傷害致死罪等）……従来一〇年のところ「二〇年」

③　①・②の罪以外の懲役又は禁錮に当たる罪（過失運転致死罪等）……従来五年又は三年のところ「一〇年」

この改正については、その施行前に犯した罪であって、その施行の際公訴時効が完成していないものについても、改正された後の公訴時効が適用されることになる（附則三）とされている。

なお、同時に刑法の刑の時効についても、公訴時効の期間との均衡を考慮して規定が整備され、死刑を刑の時効の対象から除外するとともに、それぞれ刑の時効の期間を延長した（刑三一・三二・三四）。

記録命令付差押えの導入などについて

近年のサイバー犯罪に対応するため、平成二三年法律第七四号「情報処理の高度化等に対処するための刑法等の一部を改正する法律」により、刑事訴訟法の次の内容等が新設され、平成二四年六月二二日から施行されている。

なお、電磁的記録物に対する従来の捜索・差押え手段はそのまま存続しており、それによることができない場合、以下の手段を講じることになる。

○　電気通信回線で接続している記録媒体からの複写

（刑訴二一八Ⅱ・二一九Ⅱ）

検察官、検察事務官又は司法警察職員は、差し押さえるべき物が電子計算機であるとき、当該電子計算機に電気通信回線で接続している記録媒体であって、当該電子計算機で作成・変更した又は変更・消去ができる電磁的記録を保管するために使用されていると認めるに足りる状況にあるものから、その電磁的記録を当該電子計算機又は他の記録媒体に複写した上、これを差し押さえることができる（刑訴二一八Ⅱ）。つまり、差押え対象物たるコンピュータで作成したメールを保管しているメールサーバや、当該コンピュータで作成した文書ファイルを保管しているリモートストレージサービスのサーバ等から、当該コンピュータにデータを複写してこれを差し押さえることができるということである。

この場合、裁判官の令状が必要であり、逮捕の現場において無令状で行うことは許されない。また、令状には、電子計算機のほか、電磁的記録を複写すべき記録媒体の範囲を記載しなければならない（刑訴二一九Ⅱ）。

○ **記録命令付差押え**（刑訴二一八Ⅰ）

検察官、検察事務官又は司法警察職員は、電磁的記録の保管者等に命じて、証拠として必要な電磁的記録を記録媒体に記録等させた上、当該記録媒体を差し押さえる記録命令付差押えができる。つまり、プロバイダ等をしてサーバコンピュータ等から必要なデータをCD—R等に記録等させて、これを差し押さえることができるということである。この場合も、裁判官の令状が必要であり、逮捕の現場において無令状で行うことは許されない。

○ **電磁的記録に係る記録媒体の差押えの執行方法**（刑訴一一〇の二・二二二Ⅰ）

検察官、検察事務官又は司法警察職員は、差押え対象物が電磁的記録に係る記録媒体であるとき、電磁的記録の記録媒体の差押えに代えて、電磁的記録を他の記録媒体に複写等して、これを差し押さえることができる。つまり、コンピュータ等の差押えに代えて、必要なデータを複写、印刷又は移転した上で、これを差し押さえることができるということである。ここでいう「複写」とは、電磁的記録をCD—R等の記録媒体にコピーすること、「印刷」とは、電磁的記録を紙媒体にプリントアウトすること、「移転」とは、電磁的記録を他の媒体に移し、元の媒体からは消去することをいう。

なお、第一一〇条の二の規定は、検察官、検察事務官又は司法警察職員が第二一八条又は第二二〇条の規定によってする押収について準用される（刑訴二二二Ⅰ）。したがって、逮捕の現場において、無令状で第一一〇条の二の処分を行うことも可能である。また、第一一〇条の二の処分が原則となるものではなく、差押えに代えて行うか否かは、処分者の判断に委ねられる。

○　通信履歴の電磁的記録の保全要請（刑訴一九七Ⅲ・Ⅳ・Ⅴ）

検察官・検察事務官・司法警察員が、差押え又は記録命令付差押えをするため必要があるときは、通信事業者等に対し、業務上記録している通信履歴の電磁的記録のうち必要なものを特定し、三〇日を超えない期間（特に必要があり、延長する場合には、通じて六〇日を超えない期間）を定めて、これを消去しないように書面で求めることができる（刑訴一九七Ⅲ・Ⅳ）。つまり、プロバイダ等が業務上保管している通信履歴（通信の送信先、通信元、通信日時などで、通信内容は含まない。）のデータについて、暫定的に残しておくよう求めるもので、当該データを入手するためには、別途、裁判官の令状が必要となる。なお、保全要請を行う場合において、必要があるときは、みだりにこれらに関する事項を漏らさないよう求めることができる（刑訴一九七Ⅴ）。

○　電磁的記録に係る記録媒体についての差押状の執行を受ける者等に対する協力要請（刑訴一一一の二・一四二・二二二Ⅰ）

差し押さえるべき物が電磁的記録に係る記録媒体であるときは、差押状又は捜索状の執行をする者は、処分を受ける者に対し、電子計算機の操作その他の必要な協力を求めることができる。これは、被処分者の中には、当該記録媒体に記録されている電磁的記録について権限を有する者との関係で、これを開示しない義務を負っている者もあることから、このような者等に協力を可能とする法的根拠を示したものである。

なお、本条は、第二二二条一項により、捜査機関が行う押収及び検証にそれぞれ準用される。

3訂版　ヴィジュアル法学

事例で学ぶ　刑事訴訟法

平成10年6月10日　初　版　発　行
平成23年3月25日　2　訂　版　発　行（新装版）
平成27年12月10日　3　訂　版　発　行
令和6年3月25日　3訂版9刷発行

編　者　刑事法令研究会

作　画　追浜コーヘイ

発行者　星沢　卓也

発 行 所　東京法令出版株式会社

112-0002　東京都文京区小石川5丁目17番3号　03(5803)3304
534-0024　大阪市都島区東野田町1丁目17番12号　06(6355)5226
062-0902　札幌市豊平区豊平2条5丁目1番27号　011(822)8811
980-0012　仙台市青葉区錦町1丁目1番10号　022(216)5871
460-0003　名古屋市中区錦1丁目6番34号　052(218)5552
730-0005　広島市中区西白島町11番9号　082(212)0888
810-0011　福岡市中央区高砂2丁目13番22号　092(533)1588
380-8688　長野市南千歳町1005番地
〔営業〕TEL 026(224)5411　FAX 026(224)5419
〔編集〕TEL 026(224)5412　FAX 026(224)5439
https://www.tokyo-horei.co.jp/

ISBN978-4-8090-1339-3